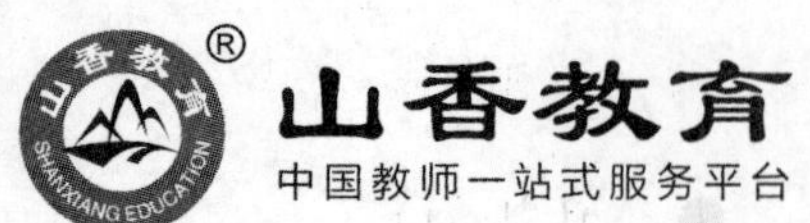

最后冲刺试卷

2022
教师招聘考试
终极密押12卷
参考答案及解析

中学数学

山香教师招聘考试命题研究中心　主编

目　录

最后冲刺试卷

教师招聘考试中学数学最后冲刺试卷(一)

一、单项选择题

1	2	3	4	5	6	7	8	9	10
C	A	A	A	C	D	C	C	C	A

1. C 【命题意图】本题考查集合与不等式的运算。

【解析】由题意可得,集合 $A=(1,2]$, $B=\left(-\infty,\frac{3}{2}\right)$,故 $A\cap B=\left(1,\frac{3}{2}\right)$。

2. A 【命题意图】本题考查复数的运算。

【解析】$\left(\frac{3-i}{1+i}\right)^2=\left[\frac{(3-i)(1-i)}{2}\right]^2=(1-2i)^2=-3-4i$。

3. A 【命题意图】本题考查代数式的运算。

【解析】$3x^2-4x+6=9$,则 $3x^2-4x=3$, $x^2-\frac{4}{3}x=1$,所以 $x^2-\frac{4}{3}x+6=1+6=7$。故选 A。

4. A 【命题意图】本题考查平面向量在平面几何中的应用。

【解析】由题意得,$\overrightarrow{BA}\cdot\overrightarrow{BC}=2\times2\times\cos\frac{\pi}{3}=2$, $\overrightarrow{BD}\cdot\overrightarrow{CP}=(\overrightarrow{BA}+\overrightarrow{BC})\cdot(\overrightarrow{BP}-\overrightarrow{BC})=(\overrightarrow{BA}+\overrightarrow{BC})\cdot[(\overrightarrow{AP}-\overrightarrow{AB})-\overrightarrow{BC}]=(\overrightarrow{BA}+\overrightarrow{BC})\cdot[(\lambda-1)\overrightarrow{AB}-\overrightarrow{BC}]=(1-\lambda)\overrightarrow{BA}^2-\overrightarrow{BA}\cdot\overrightarrow{BC}+(1-\lambda)\overrightarrow{BA}\cdot\overrightarrow{BC}-\overrightarrow{BC}^2=(1-\lambda)\cdot4-2+2\cdot(1-\lambda)-4=-6\lambda=-3$,解得 $\lambda=\frac{1}{2}$。

5. C 【命题意图】本题考查函数的奇偶性。

【解析】用“$-x$”代替“x”,得 $f(-x)-g(-x)=(-x)^3+(-x)^2+1$,化简得 $f(x)+g(x)=-x^3+x^2+1$,令 $x=1$,得 $f(1)+g(1)=1$。故选 C。

6. D 【命题意图】本题考查基本初等函数的图象及其性质。

【解析】方法一:因为 $a=\log_2 e>1$, $b=\ln 2\in(0,1)$, $c=\log_{\frac{1}{2}}\frac{1}{3}=\log_2 3>\log_2 e>1$,所以 $c>a>b$,故选 D。

方法二:$\log_{\frac{1}{2}}\frac{1}{3}=\log_2 3$,如图,在同一坐标系中作出函数 $y=\log_2 x$, $y=\ln x$ 的图象,由图知 $c>a>b$,故选 D。

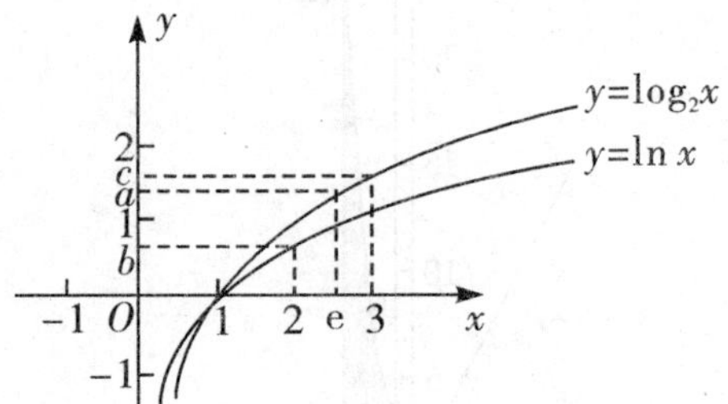

7. C 【命题意图】本题考查排列组合。

【解析】首先把甲、乙绑定即有 A_2^2 种,然后用全排减去重复的有 $A_2^2(A_6^6-2A_5^5+A_4^4)=1008$ 种,故选 C。

8. C 【命题意图】本题考查高中数学课程内容。

【解析】高中数学的课程设置分为必修和选修两大部分,必修课程是所有高中学生的基础,选修课程主要是为不同的学生提供多样性的选择,满足个性化的需求,为学生提供更广泛的发展空间。

9. C 【命题意图】本题考查模型思想。

【解析】数学与外部世界的联系是模型思想建立的依据。

10. A 【命题意图】本题考查“综合与实践”的内容。

【解析】逻辑顺序,先提出问题,再明确问题,接着探索问题,最后解决问题。

二、填空题

11. 132 【命题意图】本题考查等差数列的性质。

【解析】$\because\{a_n\}$ 是各项不为 0 的正项等比数列,$\therefore b_n=\ln a_n$ 是等差数列。又 $b_3=18$, $b_6=12$,所以 $b_1=22$, $d=-2$,所以 $S_n=22n+\frac{n(n-1)}{2}\times(-2)=-n^2+23n$, $(S_n)_{\max}=-11^2+23\times11=132$。

12. -1 【命题意图】本题考查极限的计算。

【解析】由 $\lim\limits_{x\to0}\frac{(\cos x-b)\sin x}{e^x-a}=3$,得 $\lim\limits_{x\to0}(\cos x-b)\sin x=0$, $\lim\limits_{x\to0}e^x-a=0$,则 $a=1$。由 $3=\lim\limits_{x\to0}\frac{(\cos x-b)\sin x}{e^x-1}=\lim\limits_{x\to0}\frac{x}{e^x-1}\cdot(\cos x-b)=1-b$,得 $b=-2$,故 $a+b=-1$。

13. e^3-e+8 【命题意图】本题考查定积分的应用。

【解析】围成的封闭图形如图所示,则其面积 $S=\int_1^3(e^x+2x)dx=(e^x+x^2)\Big|_1^3=e^3-e+8$。

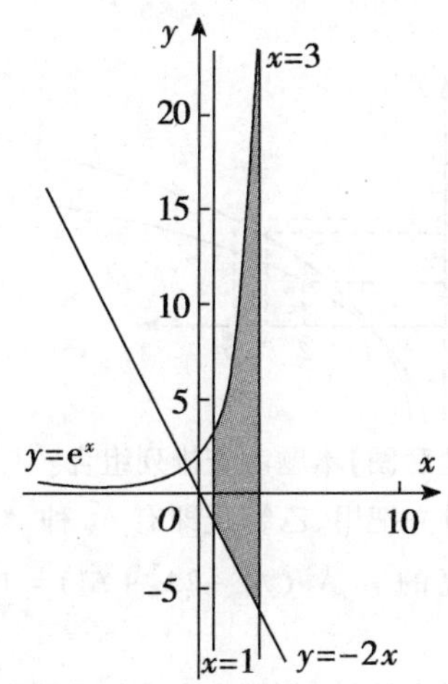

14. 发现问题;提出问题;知识;方法 【命题意图】本题考查《义务教育数学课程标准》(2011 年版)的学段目标。

15. 演绎推理 【命题意图】本题考查演绎推理的定义。

三、解答题

16.【解析】由题意知,M 为 AD 的中点,且 $NM\perp AD$,则 $NM/\!/DC$,因为 $AG=AF+FG=8$,$AB/\!/CD/\!/MN$,所以 $\frac{MN}{DG}=\frac{AM}{AD}=\frac{1}{2}$,$\frac{DG}{AB}=\frac{FG}{AF}=\frac{3}{5}$,则 $MN=\frac{1}{2}DG=\frac{1}{2}\times\frac{3}{5}AB=\frac{3}{10}AB$,又因为 $AB/\!/MN$,所以 $\frac{NE}{AE}=\frac{MN}{AB}=\frac{\frac{3}{10}AB}{AB}=\frac{3}{10}$,因为 $AN=\frac{1}{2}AG=4$,所以 $NE=\frac{3}{13}AN=\frac{3}{13}\times4=\frac{12}{13}$。

17.【解析】(1) $f(x)=\sin\left(\frac{\pi}{2}-x\right)\sin x-\sqrt{3}\cos^2x=\cos x\sin x-\sqrt{3}\cos^2x=\frac{1}{2}\sin2x-\frac{\sqrt{3}}{2}\cos2x-\frac{\sqrt{3}}{2}=\sin\left(2x-\frac{\pi}{3}\right)-\frac{\sqrt{3}}{2}$,

最小正周期 $T=\frac{2\pi}{\omega}=\frac{2\pi}{2}=\pi$,

$\sin\left(2x-\frac{\pi}{3}\right)$的最小值是 -1,故 $f(x)$ 的最小值为 $-1-\frac{\sqrt{3}}{2}$。

(2) $x\in\left[\frac{\pi}{6},\frac{2\pi}{3}\right]$,则 $2x-\frac{\pi}{3}\in[0,\pi]$,

易得 $2x-\frac{\pi}{3}\in\left[0,\frac{\pi}{2}\right]$时,$f(x)$为增函数,

$2x-\frac{\pi}{3}\in\left(\frac{\pi}{2},\pi\right]$时,$f(x)$为减函数,

即 $f(x)$ 的增区间为 $\left[\frac{\pi}{6},\frac{5\pi}{12}\right]$,减区间为$\left(\frac{5\pi}{12},\frac{2\pi}{3}\right]$。

18.【解析】(1)设 $F(c,0)$,由$\frac{1}{|OF|}+\frac{1}{|OA|}=\frac{3e}{|FA|}$,

即$\frac{1}{c}+\frac{1}{a}=\frac{3c}{a(a-c)}$,

可得 $a^2-c^2=b^2=3c^2$,

又 $b^2=3$,所以 $c^2=1$,因此 $a^2=4$,

所以椭圆的方程为$\frac{x^2}{4}+\frac{y^2}{3}=1$。

(2)由(1)知,$F(1,0)$,$A(2,0)$,设直线 l 的斜率为 $k(k\neq0)$,方程为 $y=k(x-2)$,设 $B(x_B,y_B)$,$M(x_0,k(x_0-2))$,$H(0,y_H)$,

联立 $\begin{cases}\frac{x^2}{4}+\frac{y^2}{3}=1,\\ y=k(x-2),\end{cases}$ 得 $(3+4k^2)x^2-16k^2x+16k^2-12=0,\Delta>0$,

由韦达定理,得 $2\cdot x_B=\frac{16k^2-12}{3+4k^2}$,$x_B=\frac{8k^2-6}{3+4k^2}$,

$y_B=k(x_B-2)=\frac{-12k}{3+4k^2}$,

$l_{MH}:y-k(x_0-2)=-\frac{1}{k}(x-x_0)$,

令 $x=0$,得 $y_H=\left(k+\frac{1}{k}\right)x_0-2k$,

$\because BF\perp HF,\therefore\overrightarrow{FH}\cdot\overrightarrow{FB}=(-1,y_H)\cdot(x_B-1,y_B)=0$,

即 $1-x_B+y_By_H=1-\frac{8k^2-6}{3+4k^2}-\frac{12k}{3+4k^2}\cdot\left[\left(k+\frac{1}{k}\right)x_0-2k\right]=0$,

由上式可得,$x_0=\frac{9+20k^2}{12(k^2+1)}$,

在 $\triangle MAO$ 中,$\because\angle MOA\leqslant\angle MAO$,$\therefore|MA|\leqslant|MO|$,

即$(x_0-2)^2+[k(x_0-2)]^2\leqslant x_0^2+[k(x_0-2)]^2$，

化简得 $x_0\geqslant 1$，

$\therefore x_0=\dfrac{9+20k^2}{12(k^2+1)}\geqslant 1$，$\therefore 8k^2\geqslant 3$，

$\therefore k\geqslant\dfrac{\sqrt{6}}{4}$或$k\leqslant-\dfrac{\sqrt{6}}{4}$。

所以，直线 l 的斜率的取值范围为 $\left(-\infty,-\dfrac{\sqrt{6}}{4}\right]\cup\left[\dfrac{\sqrt{6}}{4},+\infty\right)$。

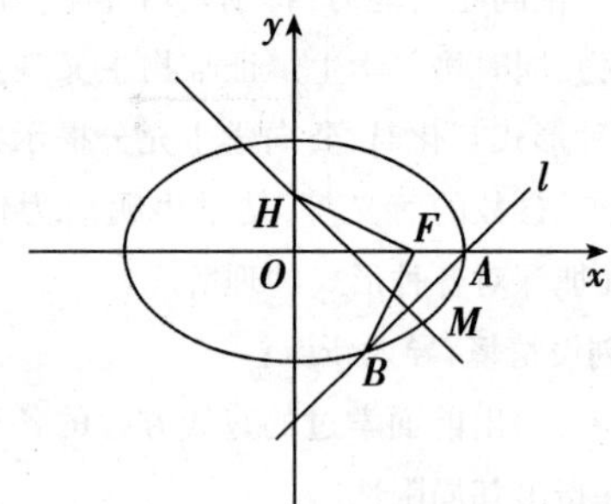

19.【解析】由题意可得，以 C 为原点，分别以$\overrightarrow{CA}$，$\overrightarrow{CB}$，$\overrightarrow{CC_1}$的方向为 x 轴，y 轴，z 轴的正方向建立空间直角坐标系（如图所示），可得 $C(0,0,0)$，$A(2,0,0)$，$B(0,2,0)$，$C_1(0,0,3)$，$A_1(2,0,3)$，$B_1(0,2,3)$，$D(2,0,1)$，$E(0,0,2)$，$M(1,1,3)$。

(1)证明：由题意得，$\overrightarrow{C_1M}=(1,1,0)$，$\overrightarrow{B_1D}=(2,-2,-2)$，从而$\overrightarrow{C_1M}\cdot\overrightarrow{B_1D}=2-2+0=0$，

$\therefore C_1M\perp B_1D$。

(2)由题意可得，$\overrightarrow{CA}=(2,0,0)$是平面 BB_1E 的一个法向量，$\overrightarrow{EB_1}=(0,2,1)$，$\overrightarrow{ED}=(2,0,-1)$，设 $\boldsymbol{n}=(x,y,z)$ 为平面 DB_1E 的法向量，则

$\begin{cases}\boldsymbol{n}\cdot\overrightarrow{EB_1}=0,\\ \boldsymbol{n}\cdot\overrightarrow{ED}=0,\end{cases}$即$\begin{cases}2y+z=0,\\ 2x-z=0,\end{cases}$不妨设 $x=1$，可得

$\boldsymbol{n}=(1,-1,2)$，$\therefore \cos\langle\overrightarrow{CA},\boldsymbol{n}\rangle=\dfrac{\overrightarrow{CA}\cdot\boldsymbol{n}}{|\overrightarrow{CA}|\cdot|\boldsymbol{n}|}=\dfrac{\sqrt{6}}{6}$，于是 $\sin\langle\overrightarrow{CA},\boldsymbol{n}\rangle=\dfrac{\sqrt{30}}{6}$，$\therefore$ 二面角 $B-B_1E-D$ 的正弦值为$\dfrac{\sqrt{30}}{6}$。

(3)由题意得，$\overrightarrow{AB}=(-2,2,0)$，由(2)知，$\boldsymbol{n}=(1,-1,2)$为平面 DB_1E 的一个法向量，

$\therefore \cos\langle\overrightarrow{AB},\boldsymbol{n}\rangle=\dfrac{\overrightarrow{AB}\cdot\boldsymbol{n}}{|\overrightarrow{AB}|\cdot|\boldsymbol{n}|}=-\dfrac{\sqrt{3}}{3}$，$\therefore$ 直线 AB 与平面DB_1E所成角的正弦值为$\dfrac{\sqrt{3}}{3}$。

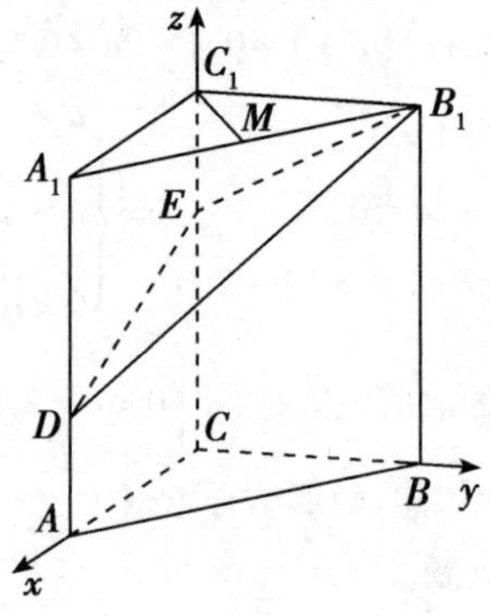

20.【解析】(1)$f'(x)=2x+1$。

$\because k=f'(0)=1$，$f(0)=\dfrac{1}{4}$，$\therefore y=f(x)$在点$(0,f(0))$处的切线方程为 $y=x+\dfrac{1}{4}$。

(2)$\because h(x)=\left(x+\dfrac{1}{2}\right)^2-\ln x(x>0)$，

$\therefore h'(x)=2x+1-\dfrac{1}{x}=\dfrac{2x^2+x-1}{x}=\dfrac{(x+1)(2x-1)}{x}$。令 $h'(x)=0$，解得 $x=\dfrac{1}{2}(x>0)$。

x	$\left(0,\dfrac{1}{2}\right)$	$\dfrac{1}{2}$	$\left(\dfrac{1}{2},+\infty\right)$
$h'(x)$	$-$	0	$+$
$h(x)$	减	极小值	增

故 $h(x)\geqslant h_{\min}(x)=h(\dfrac{1}{2})=1-\ln\dfrac{1}{2}$，即$h(x)\geqslant 1+\ln 2=1+\dfrac{1}{2}\ln 2^2>1+\dfrac{1}{2}\ln e=\dfrac{3}{2}$。

四、案例分析题

21.【参考答案】(1)忽略了偶次方，把问题复杂化导致分类不全面。

(2)构造函数$f(x)=x^{-2}$，$f(x)$的图象如图：

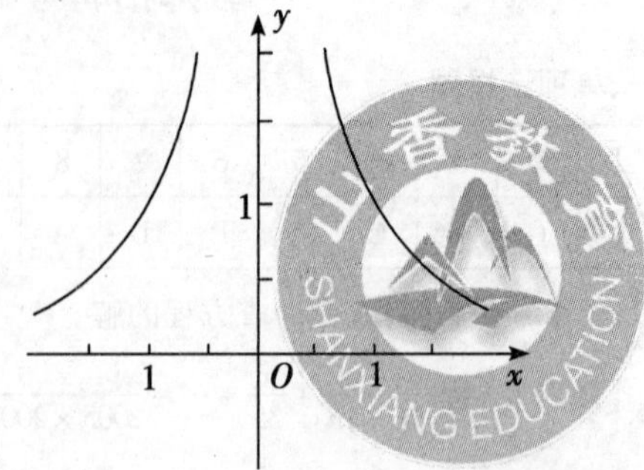

由图象可知$f(x)$为偶函数，根据偶函数的性质可知，要得到$(a+1)^{-2}<(1-2a)^{-2}$，则有$|a+1|>|1-2a|$，且$a+1\neq0,1-2a\neq0$，

则有$\begin{cases}a+1\neq0,\\1-2a\neq0,\\(a+1)^2>(1-2a)^2\end{cases}\Rightarrow\begin{cases}a\neq-1,\\a\neq\frac{1}{2},\\0<a<2,\end{cases}$

所以a的取值范围是$\left\{a\ \middle|\ 0<a<2\text{ 且 }a\neq\frac{1}{2}\right\}$。

(3)转化思想、数形结合思想。

五、教学设计题

22.【参考答案】(1)教学目标：

①知识与技能：明确直线方程一般式的形式特征；会把直线方程的点斜式、两点式化为一般式；会把直线方程的一般式化为斜截式，进而求斜率与截距。

②过程与方法：学会用分类讨论的思想方法解决问题。

③情感、态度与价值观：认识事物之间的普遍联系与相互转化，用联系的观点看问题，培养创新意识。

教学重点：对直线方程一般式的理解及直线方程各种形式的互化。

教学难点：对直线方程一般式与二元一次方程关系的深入理解及直线方程一般式的应用。

(2)本节课是《普通高中课程标准实验教科书·数学2(必修)》第三章直线与方程第二节第三课时的内容，教材中采取先特殊后一般的思路求直线方程，特殊形式的方程几何特征明显，但局限性强；一般形式的方程无任何局限性，但几何特征不明显。教学中各部分知识间过渡自然流畅，不生硬，符合学生的认知规律。直线方程的一般式反映了直线方程各种形式之间的统一性，教学中应充分揭示直线方程的本质属性，建立二元一次方程与直线的对应关系，为继续学习“曲线方程”打下基础；直线方程的一般式有字母系数，在揭示这一概念的深刻内涵时，还需要进行正反两面的分析论证，教学中应重点分析思路，使学生学会运用严谨科学的分类讨论方法，从而培养学生全面、系统、辩证、周密地分析和讨论问题的能力，特别是培养学生的逻辑思维能力，同时培养学生辩证唯物主义观点。在强调几种形式互化时，要向学生充分揭示各种形式的特点、参数的意义等，使学生明白为什么要转化，并加深对各种形式的理解。

(3)创设情境，导入新课：

①复习：写出前面学过的直线方程的各种不同形式，并指出其局限性。

直线方程	形式	限制条件
点斜式		
斜截式		
两点式		
截距式		

②问题：上述四种直线方程的表示形式都有其局限性，是否存在一种更为完美的代数形式可以表示平面中的所有直线？

提示：上述四种形式的直线方程有何共同特征？能否整理成统一的形式？(这些方程都是关于x,y的二元一次方程)

猜测：存在一种方程可以表示平面中的所有直线。

教师招聘考试中学数学最后冲刺试卷(二)

一、单项选择题

1	2	3	4	5	6	7	8	9	10
C	C	B	C	A	B	D	A	B	D

1. C 【命题意图】本题考查方程的解。

【解析】方程$\frac{x}{3}+\frac{x}{15}+\frac{x}{35}+\cdots+\frac{x}{2005\times2007}=1$可变形为$\frac{1}{2}\left(x-\frac{x}{3}+\frac{x}{3}-\frac{x}{5}+\frac{x}{5}-\frac{x}{7}+\cdots+\frac{x}{2005}-\frac{x}{2007}\right)=1$，即$\frac{1003x}{2007}=1$，解得$x=\frac{2007}{1003}$。

2. C 【命题意图】本题考查函数图象的性质。

【解析】$\because f(x)=e^{\ln|x|}+\frac{1}{x}$，$\therefore f(-x)=e^{\ln|x|}-\frac{1}{x}$，所以函数$f(x)$为非奇非偶函数，可排除A、B、D。

故选 C。

3. B 【命题意图】本题考查三角函数的诱导公式。

【解析】由 $\sin\left(\theta-\frac{\pi}{6}\right)=\frac{\sqrt{2}}{3}$ 可得 $\cos\left[2\left(\theta-\frac{\pi}{6}\right)\right]=\cos\left(2\theta-\frac{\pi}{3}\right)=1-2\sin^2\left(\theta-\frac{\pi}{6}\right)=\frac{5}{9}$，则 $\sin\left(\frac{7\pi}{6}+2\theta\right)=\sin\left[\frac{3\pi}{2}+\left(2\theta-\frac{\pi}{3}\right)\right]=-\cos\left(2\theta-\frac{\pi}{3}\right)=-\frac{5}{9}$。

4. C 【命题意图】本题考查复数的运算。

【解析】$(1+i)^2=2i$，$2i$ 是纯虚数。故选 C。

5. A 【命题意图】本题考查平面向量的运算。

【解析】根据条件，设 $\boldsymbol{a}=(1,\sqrt{3})$，$\boldsymbol{b}=(3,0)$，设 $\boldsymbol{c}=(x,y)$，则 $(\boldsymbol{c}-2\boldsymbol{a})\cdot\left(\boldsymbol{c}-\frac{2}{3}\boldsymbol{b}\right)=(x-2,y-2\sqrt{3})\cdot(x-2,y)=0$，$\therefore (x-2)^2+(y-\sqrt{3})^2=3$，$\therefore \boldsymbol{c}$ 的终点在以 $P(2,\sqrt{3})$ 为圆心，$\sqrt{3}$ 为半径的圆上，如图所示：

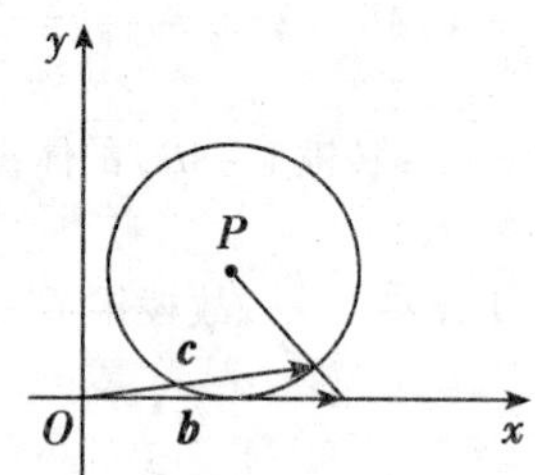

所以 $|\boldsymbol{b}-\boldsymbol{c}|$ 的最小值是 $\sqrt{(2-3)^2+(\sqrt{3}-0)^2}-\sqrt{3}=2-\sqrt{3}$，故选 A。

6. B 【命题意图】本题考查排列组合。

【解析】可先排 C,D,E 三人，共有 A_5^3 种，剩余 A,B 两人只有一种排法，故满足条件的排法共有 $A_5^3\times1=60$（种）。

7. D 【命题意图】本题考查抽象函数的运算。

【解析】令 $x=y=0$，则 $f(0)=0$；令 $x=y=1$，则 $f(2)=2f(1)+2=6$；令 $x=2,y=1$，则 $f(3)=f(2)+f(1)+4=12$；再令 $x=3,y=-3$，得 $0=f(3-3)=f(3)+f(-3)-18$，即 $f(-3)=18-f(3)=6$。

8. A 【命题意图】本题考查对立关系的定义。

【解析】有限小数与无限不循环小数的关系是对立关系，因为它们满足下列三个条件：①属于同一个属概念，即小数；②外延之和小于属概念的外延，即存在既不是有限小数又不是无限不循环小数的小数；③外延没有重合的部分，即不存在既是有限小数又是无限不循环小数的小数。

9. B 【命题意图】本题考查课程内容的核心概念。

【解析】创新意识的培养是现代数学教育的基本任务，应体现在数学教与学的过程之中。学生自己发现和提出问题是创新的基础；独立思考、学会思考是创新的核心；归纳概括得到猜想和规律，并加以验证，是创新的重要方法。创新意识的培养应该从义务教育阶段做起，贯穿数学教育的始终。

10. D 【命题意图】本题考查教学中应当注意的几个关系。

【解析】《义务教育数学课程标准》(2011 年版)指出，教学中应当注意：面向全体学生与关注学生个体差异的关系；“预设”与“生成”的关系；合情推理与演绎推理的关系；使用现代信息技术与教学手段多样化的关系。其中不包括理论与实践的关系。

二、填空题

11. $5\sqrt{2}$ 【命题意图】本题考查平面向量的运算。

【解析】由 $\boldsymbol{a}\perp\boldsymbol{c}$ 可得 $\boldsymbol{a}\cdot\boldsymbol{c}=2x-12=0$，由 $\boldsymbol{b}/\!/\boldsymbol{c}$ 可得 $\frac{1}{2}=\frac{y}{-6}$，解得 $x=6,y=-3$，故 $\boldsymbol{a}+\boldsymbol{b}=(7,-1)$，$|\boldsymbol{a}+\boldsymbol{b}|=5\sqrt{2}$。

12. 2 【命题意图】本题考查定积分的计算。

【解析】$\int_{-1}^{1}(3x^2+\sin x)\mathrm{d}x=(x^3-\cos x)\Big|_{-1}^{1}=2$。

13. $(-\infty,0)\cup(10,+\infty)$ 【命题意图】本题考查参数方程的转化。

【解析】曲线 $\begin{cases}x=1+\cos\theta,\\ y=-2+\sin\theta\end{cases}$（$\theta$ 为参数）表示圆心为 $(1,-2)$，半径为 1 的圆，直线与圆没有公共点即为直线与圆相离，则圆心到直线的距离 $d=\frac{|3\times1+4\times(-2)+m|}{\sqrt{3^2+4^2}}>1$，解得 $m>10$ 或 $m<0$，即实数 m 的取值范围是 $(-\infty,0)\cup(10,+\infty)$。

14. $\frac{1}{3}$ 【命题意图】本题考查数列极限的计算。

【解析】原式 $=\lim_{n\to\infty}\frac{4(1-a^n)}{(1-a)^2}=9$，即当 $n\to\infty$ 时，$4(1-a^n)\sim 9(1-a)^2$，由此可推断 $0<|a|<1$，当 $n\to\infty$ 时，$a^n\to 0$，所以 $(1-a)^2=\frac{4}{9}$，解得 $a=\frac{5}{3}$(舍去)或 $a=\frac{1}{3}$。

15. 观察;实验 【命题意图】本题考查《义务教育数学课程标准》(2011 年版)的课程基本理念。

三、解答题

16.【解析】(1)证明:如图所示，设 F 为 AD 延长线上的一点，$\because A,B,C,D$ 四点共圆，$\therefore \angle ABC+\angle ADC=180°$，$\therefore \angle CDF=\angle ABC$，$\because AB=AC$，$\therefore \angle ABC=\angle ACB$，$\angle ADB=\angle ACB$，$\therefore \angle ADB=\angle CDF$，$\therefore \angle EDF=\angle CDF$，$\therefore AD$的延长线平分$\angle CDE$。

(2)设 O 为$\triangle ABC$ 外接圆的圆心，连结 AO 交 BC 于 H，则 $AH\perp BC$，连结 OC。由题意知，$\angle OAC=\angle OCA=15°$，$\angle ACB=75°$，$\therefore \angle OCH=60°$，设$\odot O$ 的半径为 r，则 $r+\frac{\sqrt{3}}{2}r=2+\sqrt{3}$，解得 $r=2$，故$\triangle ABC$ 的外接圆的面积为 4π。

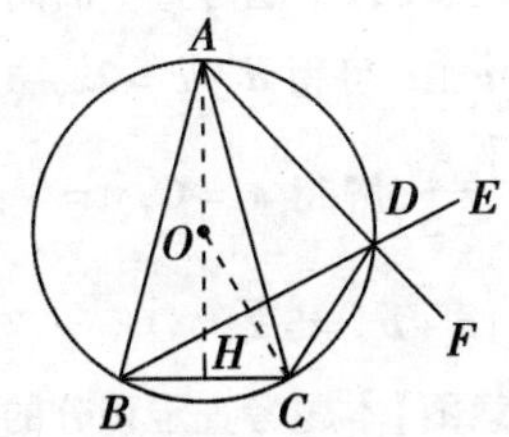

17.【解析】(1)$\because c\left(a\cos B-\frac{1}{2}b\right)=a^2-b^2$，由余弦定理得，$a^2+c^2-b^2-bc=2a^2-2b^2$，$a^2=b^2+c^2-bc$，$\because a^2=c^2+b^2-2bc\cos A$，$\therefore \cos A=\frac{1}{2}$。$\because \angle A\in(0,\pi)$，$\therefore \angle A=\frac{\pi}{3}$。

(2) $\sin B+\sin C=\sin B+\sin(A+B)=\sin B+\sin A\cos B+\cos A\sin B=\frac{3}{2}\sin B+\frac{\sqrt{3}}{2}\cos B=\sqrt{3}\sin\left(B+\frac{\pi}{6}\right)$。$\because \angle B\in\left(0,\frac{2\pi}{3}\right)$，$\therefore \angle B+\frac{\pi}{6}\in\left(\frac{\pi}{6},\frac{5\pi}{6}\right)$，$\sin\left(B+\frac{\pi}{6}\right)\in\left(\frac{1}{2},1\right]$，$\therefore \sin B+\sin C$ 的最大值为$\sqrt{3}$。

18.【解析】(1)方法一:$\because VA=VB$，O 为 AB 中点，$\therefore VO\perp AB$，连结 OC，在$\triangle VOA$ 和$\triangle VOC$ 中，$OA=OC$，$VO=VO$，$VA=VC$，$\therefore \triangle VOA\cong\triangle VOC$(SSS)，$\therefore \angle VOA=\angle VOC=90°$，$\therefore VO\perp OC$，$\because AB\cap OC=O$，$AB\subset$平面 ABC，$OC\subset$平面 ABC，$\therefore VO\perp$平面 ABC，$\because AC\subset$平面 ABC，$\therefore AC\perp VO$。又$\because VA=VC$，D 是 AC 的中点，$\therefore AC\perp VD$，$\because VD\cap VO=V$，$\therefore AC\perp$平面 VDO。

方法二:$\because VA=VC$，D 是 AC 的中点，$\therefore VD\perp AC$，$\because O$ 为 AB 的中点，$\therefore OD/\!/BC$，又$\because AB$ 为圆 O 的直径，$\therefore \angle ACB=90°$，$\therefore \angle ODC=90°$，即 $OD\perp AC$，$\because OD\cap VD=D$，且 VD，$OD\subset$面 VOD，$\therefore AC\perp$平面 VOD。

(2)由(1)知 VO 是棱锥 $V-ABC$ 的高，且 $VO=\sqrt{VA^2-AO^2}=\sqrt{3}$，点 C 是弧 AB 的中点，$\therefore CO\perp AB$，且 $CO=1$，$AB=2$，$\therefore S_{\triangle ABC}=\frac{1}{2}AB\cdot CO=\frac{1}{2}\times2\times1=1$，$\therefore$ 棱锥 $V-ABC$ 的体积为$\frac{1}{3}S_{\triangle ABC}\cdot VO=\frac{1}{3}\times1\times\sqrt{3}=\frac{\sqrt{3}}{3}$，故棱锥 $C-ABV$ 的体积为$\frac{\sqrt{3}}{3}$。

19.【解析】(1)由题意可得 $F\left(0,\frac{p}{2}\right)$，且焦点 F 到直线 $3x+4y-1=0$ 的距离为$\frac{7}{5}$，即$\frac{\left|4\times\frac{p}{2}-1\right|}{5}=\frac{7}{5}$，解得 $p=4$ 或 $p=-3$(舍去)，故抛物线 E 的标准方程为 $x^2=8y$。

(2)证明:联立方程$\begin{cases}x^2=8y,\\ y=k_1x+1,\end{cases}$消去 y 并整理得，$x^2-8k_1x-8=0$。设点 $A(x_1,y_1)$，$B(x_2,y_2)$，则 $x_1+x_2=8k_1$，则点 M 的横坐标为 $x_M=4k_1$，纵坐标为 $y_M=k_1x_M+1=4k_1^2+1$，即 $M(4k_1,4k_1^2+1)$，同理可得 $N(4k_2,4k_2^2+1)$，则直线 MN 的斜率为 $k_{MN}=\frac{(4k_2^2+1)-(4k_1^2+1)}{4k_2-4k_1}=$

k_1+k_2，故直线 MN 的方程为 $y-(4k_1^2+1)=(k_1+k_2)(x-4k_1)$，即 $y=(k_1+k_2)x-4k_1k_2+1$，由 $k_1k_2=2$ 可得直线 MN 的方程为 $y=(k_1+k_2)x-7$，则直线 MN 恒过点 $(0,-7)$。

20.【解析】(1) $f'(x)=\ln x+1$，令 $f'(x)=0$，则 $x=\frac{1}{e}$，由 $f'(x)<0$，得 $0<x<\frac{1}{e}$，

由 $f'(x)>0$，得 $x>\frac{1}{e}$，

故函数 $f(x)$ 在 $\left(0,\frac{1}{e}\right)$ 内单调递减，在 $\left(\frac{1}{e},+\infty\right)$ 内单调递增，

当 $0<t\leqslant\frac{1}{e}$ 时，$t+2>\frac{1}{e}$，所以 $f(x)_{\min}=f\left(\frac{1}{e}\right)=-\frac{1}{e}$；

当 $t>\frac{1}{e}$ 时，$f(x)$ 在 $[t,t+2]$ 上单调递增，$f(x)_{\min}=f(t)=t\ln t$，

所以 $f(x)_{\min}=\begin{cases}-\frac{1}{e},0<t\leqslant\frac{1}{e},\\ t\ln t,t>\frac{1}{e}。\end{cases}$

(2) 若对一切 $x\in(0,+\infty)$，$2f(x)\geqslant g(x)$ 恒成立，即 $a\leqslant 2\ln x+x+\frac{3}{x}$ 恒成立，

设 $h(x)=2\ln x+x+\frac{3}{x}\ (x>0)$，$h'(x)=\frac{(x+3)(x-1)}{x^2}(x>0)$，

当 $0<x<1$ 时，$h'(x)<0$，$h(x)$ 在 $(0,1)$ 内单调递减，

当 $x>1$ 时，$h'(x)>0$，$h(x)$ 在 $(1,+\infty)$ 内单调递增，

所以 $h(x)_{\min}=h(1)=4$，故 a 的取值范围是 $(-\infty,4]$。

四、案例分析题

21.【参考答案】(1)该教师的这种直接呈现偶函数定义的方法对抽象思维能力较高的学生来说较容易接受，使之能够直接进入学习状态，并对本节的学习内容有一个总的概念与基本轮廓的把握，但对于其他抽象思维能力较差的学生来说学习起来有一定的困难，而且不符合新的教学理念，学生并没有参与到偶函数的形成这个活动中来，没有体现其主体地位，教师也没有起到一个引导者的作用——创设出学习偶函数概念的学习情境。

(2)该教师的课堂提问违背了课堂提问的基本原则：①目的性原则与启发性原则。课堂提问应有效地引导学生积极思考，启迪学生思维，而该教师的提问太过盲目，没有针对性，无法达到应有的课堂效果。②适度性原则与循序渐进原则。课堂提问要考虑学生的认知水平，遵循由浅入深、由易到难的规律，使学生能够拾级而上，从而深刻地理解偶函数的概念，而该老师的提问不符合现阶段学生的认知水平，难度过大，无法达到学习的预期效果，学生能力也无法得到相应的提高。

五、教学设计题

22.【参考答案】(1)复习提问

回顾前面讨论过的问题，请学生概述用向量方法解决立体几何问题时经历的一般过程，引导学生结合前面的学习及例题从整体上归纳解题过程。

学生思考回答。

设计意图：学生通过思考明确认识向量法解决立体几何问题的一般过程，并能简明地叙述出来，为对本节后续内容的整体把握做准备。

(2)解决问题

问题1：阅读题目，请找出其中的已知条件和求解问题，这些求解问题能用向量方法解决吗？

引导学生认识到本题具有一定的综合性。

学生独立阅读并分析题意。

设计意图：通过阅读题目，学生明确任务，理出本题用向量法解决的大体思路。

问题2：应怎样把问题向量化？如何建立空间直角坐标系？

引导学生关注“三条线段两两垂直且彼此相等”这一隐含条件建立坐标系。

引导学生建立以点 D 为原点，DA，DC，DD' 为坐标轴的空间直角坐标系，并写出各点坐标。

求点 P 坐标（引导学生利用定比分点公式和 $\angle PDA=60°$ 这一条件）。

学生建立空间直角坐标系，并写出各点坐标。算出点 P 的坐标。

设计意图：使学生意识到通过把向量坐标化解决问题，形成结合题中条件建立适当坐标系的能力。

问题3：考虑材料中(1)：求 DP 与 CC' 所成角的大小。

启发学生利用向量数量积求线线夹角，$\cos\langle\overrightarrow{DP},\overrightarrow{CC'}\rangle=\dfrac{\overrightarrow{DP}\cdot\overrightarrow{CC'}}{|\overrightarrow{DP}||\overrightarrow{CC'}|}$。

设计意图：让学生熟悉并掌握利用向量数量积求线线夹角的方法。

问题4：考虑材料中问题(2)：求平面 DPA 与平面 $AA'D'D$ 所成的角。

引导学生用平面的法向量来求两平面所成角的大小，组织讨论怎么求平面的法向量。

学生在讨论的基础上写出求解过程。

设计意图：让学生熟悉平面法向量的求法，掌握利用平面法向量求解两平面所成角的大小。

(3)小结

总结向量法解立体几何题的类型和方法，及向量法解立体几何题的优缺点。

学生讨论在实际计算中遇到的问题和容易出错的情况。

设计意图：使学生加深对向量法解立体几何题的认识。

教师招聘考试中学数学最后冲刺试卷(三)

一、单项选择题

1	2	3	4	5	6
C	B	B	C	C	B
7	8	9	10	11	12
D	B	A	B	B	A

1. C 【命题意图】本题考查复数的运算。

【解析】由 z 为纯虚数，得 $1-m^2=0$，且 $1+m\neq0$，故 $m=1$。

2. B 【命题意图】本题考查三角函数的单调性。

【解析】由正弦函数的单调递减区间可得，$2k\pi+\dfrac{\pi}{2}\leqslant\omega x-\dfrac{\pi}{3}\leqslant\dfrac{3\pi}{2}+2k\pi(k\in\mathbf{Z})$，可得$\dfrac{2k\pi}{\omega}+\dfrac{5\pi}{6\omega}\leqslant x\leqslant\dfrac{2k\pi}{\omega}+\dfrac{11\pi}{6\omega}$，取 $k=0$，得$\dfrac{5\pi}{6\omega}\leqslant x\leqslant\dfrac{11\pi}{6\omega}$，又函数 $f(x)=\sin\left(\omega x-\dfrac{\pi}{3}\right)$在$\left(\dfrac{\pi}{3},\dfrac{\pi}{2}\right)$内单调递减，所以

$$\begin{cases}\dfrac{5\pi}{6\omega}\leqslant\dfrac{\pi}{3},\\ \dfrac{\pi}{2}\leqslant\dfrac{11\pi}{6\omega},\end{cases}$$ 解得$\dfrac{5}{2}\leqslant\omega\leqslant\dfrac{11}{3}$。故选 B。

3. B 【命题意图】本题考查平面向量的性质。

【解析】注意到 N,P,B 三点共线，因此 $\overrightarrow{AP}=m\overrightarrow{AB}+\dfrac{2}{11}\overrightarrow{AC}=m\overrightarrow{AB}+\dfrac{6}{11}\overrightarrow{AN}$，从而 $m+\dfrac{6}{11}=1\Rightarrow m=\dfrac{5}{11}$。故选 B。

4. C 【命题意图】本题考查指数函数与对数函数的性质。

【解析】由题意知，$2^{-0.2}\in\left(\dfrac{1}{2},1\right)$，$\lg\pi\in\left(0,\dfrac{1}{2}\right)$，$\log_{0.2}6<\log_{0.2}5=-1$，则 $|\log_{0.2}6|>1$，$\because$ 函数$f(x)=x^2+\ln|x|$是偶函数，$\therefore f(x)=f(|x|)$，$\because$ 函数 $f(x)$在$(0,+\infty)$上单调递增，$\therefore f(\lg\pi)<f(2^{-0.2})<f(|\log_{0.2}6|)$，即 $b<a<c$，故选 C。

5. C 【命题意图】本题考查线性规划与平面向量的综合应用。

【解析】O 是坐标原点，点 M 的坐标为$(2,1)$，则 $\overrightarrow{OM}\cdot\overrightarrow{ON}=2x+y$，作出可行域，移动目标函数 $z=2x+y$，可得其在点$\left(\dfrac{1}{2},\dfrac{1}{2}\right)$处取得最大值，$z_{\max}=2\times\dfrac{1}{2}+\dfrac{1}{2}=\dfrac{3}{2}$。故选 C。

6. B 【命题意图】本题考查函数与方程的根。

【解析】$f(x)=||x-2|-2|=\begin{cases}-x,x<0,\\x,0\leqslant x<2,\\-x+4,2\leqslant x<4,\\x-4,x\geqslant4,\end{cases}$ 作出函数$f(x)$的图象，根据图象可知，若关于 x 的方程 $f(x)=m(m\in\mathbf{R})$恰有四个互不相等的实根，则

$m\in(0,2)$，且 x_1,x_2,x_3,x_4 分别为 $-x_1=m,x_2=m,-x_3+4=m,x_4-4=m$，即 $x_1=-m,x_2=m,x_3=4-m,x_4=4+m$，$\frac{x_1x_2}{x_3x_4}=\frac{-m^2}{(4-m)(4+m)}=\frac{m^2}{m^2-16}=1+\frac{16}{m^2-16}$，$\because m\in(0,2)$，$\therefore m^2\in(0,4)$，$m^2-16\in(-16,-12)$，$\therefore \frac{16}{m^2-16}\in\left(-\frac{4}{3},-1\right)$，$\therefore 1+\frac{16}{m^2-16}\in\left(-\frac{1}{3},0\right)$，故 $\frac{x_1x_2}{x_3x_4}$ 的取值范围是 $\left(-\frac{1}{3},0\right)$。

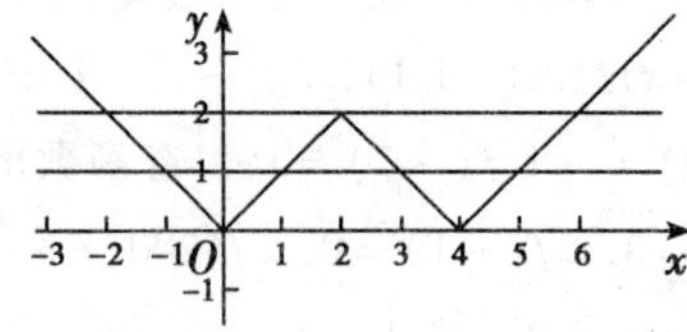

7. D 【命题意图】本题考查直线与圆的方程。

【解析】将直线 $mx-y-2m-1=0$ 变形得 $y+1=m(x-2)$，易知直线恒过点 $(2,-1)$，由题意得圆 C 的圆心坐标为 $(2,-1)$，$\because$ 直线 $x+y+1=0$ 与圆 C 相切，所以半径为 $r=\frac{|2-1+1|}{\sqrt{1^2+1^2}}=\sqrt{2}$，$\therefore$ 圆 C 的方程为 $(x-2)^2+(y+1)^2=2$。

8. B 【命题意图】本题考查程序框图。

【解析】由程序框图可知，当第一次执行循环体时，$x=2\times\frac{5}{4}-1=\frac{3}{2}$，$k=2$，不满足条件，继续执行；当第二次执行循环体时，$x=2\times\frac{3}{2}-1=2$，$k=3$，不满足条件，继续执行；当第三次执行循环体时，$x=2\times2-1=3$，$k=4$，不满足条件，继续执行；当第四次执行循环体时，$x=2\times3-1=5$，$k=5$，不满足条件，继续执行；当第五次执行循环体时，$x=2\times5-1=9$，$k=6$，满足条件，跳出循环，输出结果 $x=9$，即判断框中的条件为 $k>5$？故选 B。

9. A 【命题意图】本题考查函数与不等式的综合应用。

【解析】由题意知，$f(m\cdot\sin\theta)>-f(1-m)$，由于 $f(x)=x^3\ (x\in\mathbf{R})$ 是单调递增的奇函数，故有 $f(m\cdot\sin\theta)>f(m-1)$，所以 $m\sin\theta>m-1$，当 $\theta\in\left[0,\frac{\pi}{2}\right]$ 时，$\sin\theta\in[0,1]$，故当 $\sin\theta=1$ 时，不等式 $m>m-1$ 恒成立；当 $0\leqslant\sin\theta<1$ 时，$m<\frac{1}{1-\sin\theta}$，因为 $0<1-\sin\theta\leqslant1$，所以 $\frac{1}{1-\sin\theta}$ 的最小值为 1。因此 m 的取值范围为 $m<1$。

10. B 【命题意图】本题考查排列组合。

【解析】先将 5 名实习教师分成 3 组有 $\frac{C_5^2C_3^2C_1^1}{A_2^2}$ 种方法，再将这 3 个组分配到 3 个班级有 A_3^3 种方法，所以不同的分配方案有 $\frac{C_5^2C_3^2C_1^1}{A_2^2}\cdot A_3^3=90$ 种。

11. B 【命题意图】本题考查空间线面关系的判断。

【解析】$\begin{cases}m\perp l_1,\\ m\perp l_2\end{cases}\Rightarrow\begin{cases}m\perp\beta,\\ m\subset\alpha\end{cases}\Rightarrow\alpha\perp\beta$，但由 $\alpha\perp\beta\not\Rightarrow m\perp l_1,m\perp l_2$，故 $m\perp l_1,m\perp l_2$ 是 $\alpha\perp\beta$ 的充分不必要条件。

12. A 【命题意图】本题考查定积分。

【解析】选项 A，函数 $f(x)=\frac{\arctan x}{1+x^2}$ 在 $\left[-\frac{\pi}{4},\frac{\pi}{4}\right]$ 上是奇函数，故 $\int_{-\frac{\pi}{4}}^{\frac{\pi}{4}}\frac{\arctan x}{1+x^2}dx=0$；选项 B，函数 $f(x)=x\arcsin x$ 在 $\left[-\frac{\pi}{4},\frac{\pi}{4}\right]$ 上是偶函数，故 $\int_{-\frac{\pi}{4}}^{\frac{\pi}{4}}x\arcsin x dx\neq0$；选项 C，函数 $f(x)=\frac{e^x+e^{-x}}{2}$ 在 $[-1,1]$ 上是偶函数，故 $\int_{-1}^{1}\frac{e^x+e^{-x}}{2}dx\neq0$；选项 D，$\int_{-1}^{1}(x^2+x)\sin x dx\neq0$，故选 A。

二、填空题

13. $\frac{1}{4}$ 【命题意图】本题考查均值不等式。

【解析】因为 $a-3b+6=0$，所以 $a-3b=-6$，所以 $2^a+\frac{1}{8^b}=2^a+2^{-3b}\geqslant2\sqrt{2^a\cdot2^{-3b}}=2\sqrt{2^{a-3b}}=2\sqrt{2^{-6}}=2\times2^{-3}=\frac{1}{4}$，当且仅当 $2^a=2^{-3b}$ 即 $a=-3b$ 时，等号成立，此时 $2^a+\frac{1}{8^b}$ 取得最小值 $\frac{1}{4}$，结合 $a-3b+6=0$，知此时 $a=$

$-3,b=1$。

14. 文学与艺术 【命题意图】本题考查推理。

【解析】由丙说的话可知甲、乙两人至少选修了一门课程，且选修的课程中有一门课程是相同的，又甲比乙选修的课程多，且没有选修哲学初步，所以甲选修了文学与艺术和数学史，又乙没有选修数学史，所以乙选修的课程为文学与艺术。

15. $60°$ 【命题意图】本题考查异面直线所成的角。

【解析】由题意得，取 AC 的中点 M，连结 ME,MF。如图所示，$\because E,M,F$ 分别为 PA,AC,BC 的中点，故可得 $EM \mathrel{\underline{\parallel}} \frac{1}{2}PC$，$MF \mathrel{\underline{\parallel}} \frac{1}{2}AB$，故可得 $\angle EMF$ 即为 AB 与 PC 所成的角或其补角。在 $\triangle EMF$ 中，$\cos\angle EMF=\frac{EM^2+MF^2-EF^2}{2EM\cdot MF}=\frac{5^2+3^2-7^2}{2\times5\times3}=-\frac{1}{2}$，$\therefore\ \angle EMF=120°$，$\therefore\ AB$ 与 PC 所成的角为 $60°$。

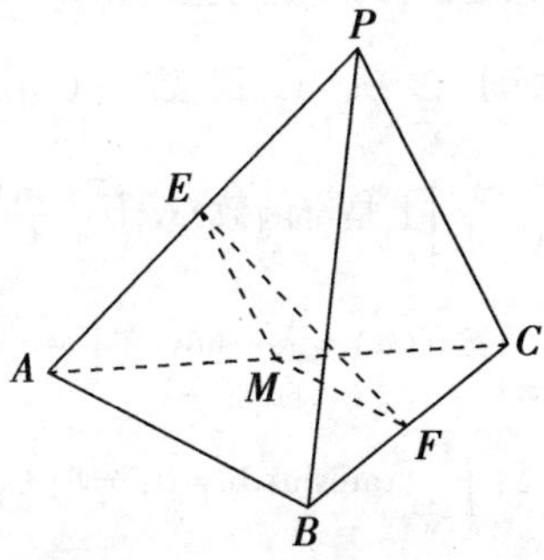

16. 7 【命题意图】本题考查椭圆的性质。

【解析】设 $A(5\cos\theta,3\sin\theta)$，易知该圆的圆心为 $C(1,0)$，半径为 1，$|AC|^2=(5\cos\theta-1)^2+(3\sin\theta)^2=25\cos^2\theta-10\cos\theta+1+9\sin^2\theta=16\cos^2\theta-10\cos\theta+10=16\cdot\left(\cos\theta-\frac{5}{16}\right)^2+\frac{135}{16}$，当 $\cos\theta=-1$ 时，$|AC|$ 取得最大值 6，从而 $|AB|$ 的最大值为 $6+1=7$。

17. 2 【命题意图】本题考查二项式定理与均值不等式的综合应用。

【解析】$\left(ax^2+\frac{b}{x}\right)^6$ 的展开式通项为 $T_{r+1}=C_6^r(ax^2)^{6-r}\left(\frac{b}{x}\right)^r=C_6^ra^{6-r}b^rx^{12-3r}$，令 $12-3r=3$，解得 $r=3$，故 x^3 项的系数为 $C_6^3a^3b^3=20a^3b^3=20\Rightarrow ab=1$，由于 $a^2+b^2\geqslant2ab$，当且仅当 $a=b=1$ 或 -1 时，等号成立，故 a^2+b^2 的最小值是 2。

18. -1 【命题意图】本题考查函数的奇偶性与周期性。

【解析】$\because$ 函数 $f(x)$ 是定义在 $\mathbf{R}$ 上的偶函数，$\therefore f(-x)=f(x)$，$\because g(x)$ 在 $\mathbf{R}$ 上是奇函数，$\therefore g(-x)=-g(x)$，$\because g(x)=f(x-1)$，$\therefore f(x-1)=g(x)=-g(-x)=-f(-x-1)=-f(x+1)$，则 $f[(x+2)-1]=-f[(x+2)+1]$，即 $f(x+1)=-f(x+3)$，即 $f(x-1)=f(x+3)$，$\therefore f(x)$ 的周期为 4，$\because g(x)$ 过点 $(-1,1)$，$\therefore g(-1)=1,g(1)=-1$，$\therefore f(0)=-1,f(-2)=1$，由奇函数的性质知，$g(0)=0$，$\therefore f(-1)=0$，$\therefore f(2007)+f(2008)=f(-1)+f(0)=-1$。

三、解答题

19. 【解析】(1) 由表中数据得 K^2 的观测值，$K^2=\frac{50\times(22\times12-8\times8)^2}{30\times20\times30\times20}=\frac{50}{9}\approx5.556>5.024$，

所以根据统计有 97.5% 的把握认为视觉和空间能力与性别有关。

(2) 设甲、乙解答一道几何题所用的时间分别为 x,y 分钟，则基本事件所在的区域满足 $\begin{cases}5\leqslant x\leqslant7,\\6\leqslant y\leqslant8,\end{cases}$（如图所示）

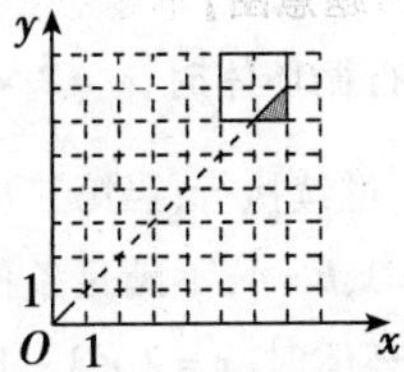

设事件 A 为“乙比甲先做完此道题”，则满足的区域为 $x>y$，$\therefore$ 由几何概型得 $P(A)=\frac{\frac{1}{2}\times1\times1}{2\times2}=\frac{1}{8}$，即乙比甲先解答完的概率为 $\frac{1}{8}$。

(3) 由题可知，在选择做几何题的 8 名女生中任意抽取两人，抽取方法有 $C_8^2=28$ 种，其中丙、丁两人都未被抽到的方法有 $C_6^2=15$ 种；恰有一人

被抽到的方法有 $C_2^1\cdot C_6^1=12$ 种；两人都被抽到的方法有 $C_2^2=1$ 种，则 X 的可能取值为 0,1,2，

$\therefore P(X=0)=\frac{15}{28}, P(X=1)=\frac{12}{28}=\frac{3}{7}$,

$P(X=2)=\frac{1}{28}$,

X 的分布列为：

X	0	1	2
P	$\frac{15}{28}$	$\frac{3}{7}$	$\frac{1}{28}$

$E(X)=0\times\frac{15}{28}+1\times\frac{3}{7}+2\times\frac{1}{28}=\frac{1}{2}$。

20.【解析】(1) 当 $1\leqslant x<4$ 时，合格的元件数为 $x-\frac{x^2}{6}$，利润为 $T=2\left(x-\frac{x^2}{6}\right)-\frac{x^2}{6}=2x-\frac{x^2}{2}$；当 $x\geqslant 4$ 时，合格的元件数为 $x-\left(x+\frac{3}{x}-\frac{25}{12}\right)=-\frac{3}{x}+\frac{25}{12}$，利润为 $T=2\left(-\frac{3}{x}+\frac{25}{12}\right)-\left(x+\frac{3}{x}-\frac{25}{12}\right)=-x-\frac{9}{x}+\frac{25}{4}$。综上所述，该工厂每天生产这种元件所获得的利润为 $T=\begin{cases}2x-\frac{x^2}{2},1\leqslant x<4,\\ -x-\frac{9}{x}+\frac{25}{4},x\geqslant 4。\end{cases}$

(2) 当 $1\leqslant x<4$ 时，$T=2x-\frac{x^2}{2}$，由二次函数的性质得，$T_{\max}=T(2)=2$。当 $x\geqslant 4$ 时，$T=-x-\frac{9}{x}+\frac{25}{4}$，$\because T'=-1+\frac{9}{x^2}=\frac{9-x^2}{x^2}=\frac{(3+x)(3-x)}{x^2}<0$，$\therefore T=-x-\frac{9}{x}+\frac{25}{4}$ 在 $[4,+\infty)$ 上是减函数，此时利润 T 的最大值为 $T_{\max}=T(4)=0$，综上所述，当 $x=2$ 时，T 的最大值为 2，即当日产量定为 2 万件时，工厂可获得最大利润为 2 万元。

21.【解析】(1) $\because$ 抛物线 $y^2=2px$ 的准线为 $x=-\frac{p}{2}$，

$\therefore 4+\frac{p}{2}=5$，$\therefore p=2$，

故所求抛物线的方程为 $y^2=4x$。

(2) 由 (1) 知点 A 的坐标是 $(4,4)$，由题意得 $B(0,4)$，$M(0,2)$。

$\because$ 点 F 的坐标是 $(1,0)$，$\therefore k_{FA}=\frac{4}{3}$。

又 $MN\perp FA$，$\therefore k_{MN}=-\frac{3}{4}$，

$\therefore$ 直线 FA 的方程为 $y=\frac{4}{3}(x-1)$，①

直线 MN 的方程为 $y-2=-\frac{3}{4}x$，②

联立方程①②，$\begin{cases}y=\frac{4}{3}(x-1),\\ y-2=-\frac{3}{4}x,\end{cases}$ 解得 $\begin{cases}x=\frac{8}{5},\\ y=\frac{4}{5},\end{cases}$ 故点 N 的坐标为 $\left(\frac{8}{5},\frac{4}{5}\right)$。

(3) 由题意得圆 M 的圆心为 $(0,2)$，半径为 2。

当 $m=4$ 时，直线 AK 的方程为 $x=4$，直线 AK 与圆 M 相离。

当 $m\neq 4$ 时，直线 AK 的方程为 $y=\frac{4}{4-m}(x-m)$，

即 $4x-(4-m)y-4m=0$，

圆心 $M(0,2)$ 到直线 AK 的距离 $d=\frac{|2m+8|}{\sqrt{16+(m-4)^2}}$，

令 $d=2$，解得 $m=1$，

综上，当 $m>1$ 时，直线 AK 与圆 M 相离；

当 $m=1$ 时，直线 AK 与圆 M 相切；

当 $m<1$ 时，直线 AK 与圆 M 相交。

22.【解析】(1) 设正项等差数列 $\{a_n\}$ 的公差为 $d(d>0)$，$\because a_2-1, a_3+5, a_6+39$ 成等比数列，$\therefore (a_3+5)^2=(a_2-1)(a_6+39)$，即 $(6+2d)^2=d(40+5d)$，$\therefore (d-2)(d+18)=0$，$\therefore d=2$ 或 $d=-18$（舍去），$\therefore a_n=1+(n-1)\times 2=2n-1$，$\because b_{n+1}-b_n=a_n=2n-1$，$\therefore b_2-b_1=1, b_3-b_2=3,\cdots,b_n-b_{n-1}=2(n-1)-1$，累加得，$b_n-b_1=\frac{(2n-2)(n-1)}{2}$，$\therefore b_n=n^2-2n+2$，当 $n=1$ 时，$b_1=1$ 满足上式，故数列 $\{b_n\}$ 的通项公式为 $b_n=n^2-2n+2$。

(2) 由 $2b_n+8>(-1)^n k(a_n+1)$，即 $2n^2-4n+12>(-1)^n k\cdot 2n$，$\therefore (-1)^n k<n+\frac{6}{n}-2$，当 n 为偶数时，$k<\left(n+\frac{6}{n}-2\right)_{\min}=3$；当 n 为奇数时，

$k>-\left(n+\frac{6}{n}-2\right)_{\max}=-3$,综上所述,实数 k 的取值范围为$(-3,3)$。

23.【解析】(1)证明:$f'(x)=(x+1)e^x+\frac{1-\ln x}{x^2}$,易知 $f'(x)$ 在$(0,1)$上为正数,因此 $f(x)$ 在区间$(0,1)$上为增函数,

又$f\left(\frac{1}{e}\right)=\frac{e^{\frac{1}{e}}-e^2}{e}<0,f(1)=e>0$,

因此$f\left(\frac{1}{e}\right)f(1)<0$,即$f(x)$在区间$(0,1)$上恰有一个零点,

由题可知 $f(x)>0$ 在$(1,+\infty)$上恒成立,即在$(1,+\infty)$上无零点,

所以$f(x)$在$(0,+\infty)$上有唯一零点。

(2)设$f(x)$的零点为 x_0,即 $x_0e^{x_0}+\frac{\ln x_0}{x_0}=0$。

原不等式可化为$\frac{xe^x-\ln x-1}{x}\geqslant k$,

令 $g(x)=\frac{xe^x-\ln x-1}{x}$,则 $g'(x)=\frac{xe^x+\frac{\ln x}{x}}{x}$

$=\frac{f(x)}{x}$,

结合(1)可知 $g(x)$ 在$(0,x_0)$上单调递减,在$(x_0,+\infty)$上单调递增,故 $g(x_0)$ 为 $g(x)$ 的最小值。

在 $x_0e^{x_0}+\frac{\ln x_0}{x_0}=0$ 中,设 $x_0e^{x_0}=t$,则$\frac{\ln x_0}{x_0}=-t$,可

得$\begin{cases}\ln x_0=-tx_0,\\ \ln x_0+x_0=\ln t,\end{cases}$ 即 $x_0(1-t)=\ln t$,因为 $x_0>0$,

若 $t>1$,等式左负右正不相等,

若 $t<1$,等式左正右负不相等,

所以只能是 $t=1$。

因此 $g(x_0)=\frac{x_0e^{x_0}-\ln x_0-1}{x_0}=\frac{-\ln x_0}{x_0}=\frac{tx_0}{x_0}=1$,所以 $k\leqslant 1$。

教师招聘考试中学数学最后冲刺试卷(四)

一、单项选择题

1	2	3	4	5	6
D	A	A	B	A	B
7	8	9	10	11	12
C	A	A	C	A	C

1. D 【命题意图】本题考查集合的概念与运算。

【解析】$\because |x-1|\leqslant 2,\therefore -2\leqslant x-1\leqslant 2$,即 $-1\leqslant x\leqslant 3$,又 $x\in\mathbf{Z},\therefore x=-1,0,1,2,3$,即 $A=\{-1,0,1,2,3\}$。$\because \frac{5}{x+1}\geqslant 1,\therefore -1<x\leqslant 4$,又 $x\in\mathbf{N},\therefore x=0,1,2,3,4,\therefore B=\{0,1,2,3,4\}$。$\therefore A\cap B=\{0,1,2,3\},A\cup B=\{-1,0,1,2,3,4\}$。满足$(A\cap B)\cup C=A\cup B$的集合 C 必须含有元素 $-1,4$。而其他的元素可以是集合$\{0,1,2,3\}$的任意子集的所有元素,而集合$\{0,1,2,3\}$的子集共有 16 个,故选 D。

2. A 【命题意图】本题考查列方程解应用题。

【解析】设原计划平均每天生产 x 台机器,则现在平均每天生产$(x+50)$台机器,现在生产 900 台机器所需时间可表示为$\frac{900}{x+50}$,原计划生产 600 台机器所需时间可表示为$\frac{600}{x}$,根据这两者时间相等,得方程$\frac{900}{x+50}=\frac{600}{x}$,故选 A。

3. A 【命题意图】本题考查二次函数的图象与性质、一元二次方程解的判定。

【解析】①$\because$ 顶点坐标为$\left(\frac{1}{2},m\right),n<\frac{1}{2},\therefore$ 点(n,y_1)关于抛物线的对称轴 $x=\frac{1}{2}$ 的对称点为$(1-n,y_1),\therefore$点$(1-n,y_1)$与$\left(\frac{3}{2}-2n,y_2\right)$在该抛物线上,$\because 1-n-\left(\frac{3}{2}-2n\right)=n-\frac{1}{2}<0,\therefore 1-n<\frac{3}{2}-2n,\because a>0,\therefore$ 当 $x>\frac{1}{2}$时,y 随 x 的增大而增大,$\therefore y_1<y_2$,故①正确;②由题意知,抛物线的对称轴 $x=-\frac{b}{2a}=\frac{1}{2}$,得 $b=-a$,把$\left(\frac{1}{2},m\right)$代

入$y=ax^2+bx+c$中,得$m=\frac{1}{4}a+\frac{1}{2}b+c$,∴一元二次方程$ax^2-bx+c-m+1=0$中,$\Delta=b^2-4ac+4a\left(\frac{1}{4}a+\frac{1}{2}b+c\right)-4a=(a+b)^2-4a=-4a<0$,∴一元二次方程$ax^2-bx+c-m+1=0$无实数解,故②正确。故选A。

4. B 【命题意图】本题考查充分、必要条件的判断,以及不等式性质的应用。

【解析】当$a>b,c=0$时,$a\ln(c^2+1)=b\ln(c^2+1)=0$,所以"$a>b$"推不出"$a\ln(c^2+1)>b\ln(c^2+1)$";当$a\ln(c^2+1)>b\ln(c^2+1)$时,$\ln(c^2+1)>0$,所以$a>b$,所以"$a\ln(c^2+1)>b\ln(c^2+1)$"能推出"$a>b$"。所以"$a>b$"是"$a\ln(c^2+1)>b\ln(c^2+1)$"的必要不充分条件。故选B。

5. A 【命题意图】本题考查直线与圆的位置关系、点到直线的距离公式。

【解析】圆心$P(3,-5)$到直线$4x-3y=2$的距离等于$\frac{|12-3\times(-5)-2|}{\sqrt{16+9}}=5$,则由题意知,$|5-r|<1$,解得$4<r<6$,故选A。

6. B 【命题意图】本题考查函数的单调性与周期性。

【解析】A项,$y=\cos^2x=\frac{1+\cos2x}{2}$,$T=\pi$,在区间$\left(\frac{\pi}{2},\pi\right)$上为增函数;B项,函数$y=2|\sin x|$的最小正周期$T=\pi$,在区间$\left(\frac{\pi}{2},\pi\right)$上为减函数;C项,函数$y=\cos x$在$\left(\frac{\pi}{2},\pi\right)$上为减函数,而函数$y=\left(\frac{1}{3}\right)^x$在$\mathbf{R}$上为减函数,由复合函数的单调性知$y=\left(\frac{1}{3}\right)^{\cos x}$在区间$\left(\frac{\pi}{2},\pi\right)$上为增函数;D项,函数$y=-\cot x$在$\left(\frac{\pi}{2},\pi\right)$上为增函数。故选B。

7. C 【命题意图】本题考查平面向量的数量积、三角形的外接圆的性质。

【解析】如图,取AC的中点D,AB的中点E,连结OD, OE,则$OD\perp AC$, $OE\perp AB$,∴$\overrightarrow{AO}\cdot\overrightarrow{AC}=|\overrightarrow{AO}|\cdot|\overrightarrow{AC}|\cos\angle OAC=|\overrightarrow{AD}|\cdot|\overrightarrow{AC}|=\frac{1}{2}\overrightarrow{AC}^2=\frac{25}{2}$,$\overrightarrow{AO}\cdot\overrightarrow{AB}=|\overrightarrow{AO}|\cdot|\overrightarrow{AB}|\cos\angle OAB=|\overrightarrow{AE}|\cdot|\overrightarrow{AB}|=\frac{1}{2}\overrightarrow{AB}^2=\frac{9}{2}$,∴$\overrightarrow{AO}\cdot\overrightarrow{BC}=\overrightarrow{AO}\cdot(\overrightarrow{AC}-\overrightarrow{AB})=\overrightarrow{AO}\cdot\overrightarrow{AC}-\overrightarrow{AO}\cdot\overrightarrow{AB}=\frac{25}{2}-\frac{9}{2}=8$。

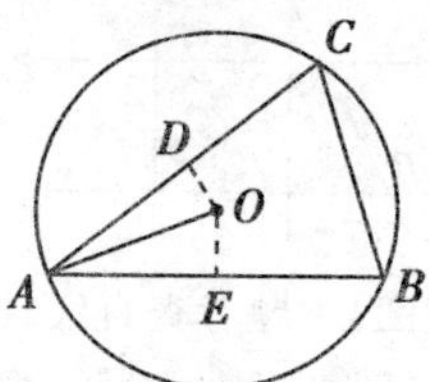

8. A 【命题意图】本题考查频率分布直方图。

【解析】由频率分布直方图可知,分数低于112分的频率为$(0.01+0.03+0.05)\times4=0.36$,因为分数低于112分的同学共有18人,所以高三(1)班总人数为:$n=\frac{18}{0.36}=50$(人),因为分数不低于120分的频率为$(0.03+0.02)\times4=0.2$,所以分数不低于120分的人数为$50\times0.2=10$人。

9. A 【命题意图】本题考查简单几何体体积的计算。

【解析】由祖暅原理可知,该不规则几何体的体积与已知三视图对应的几何体体积相等,如图所示,几何体是一个正方体去掉一个半圆柱,正方体的体积为$2\times2\times2=8$,半圆柱的体积为$\frac{1}{2}\pi\times1^2\times2=\pi$,从而其体积为$8-\pi$。

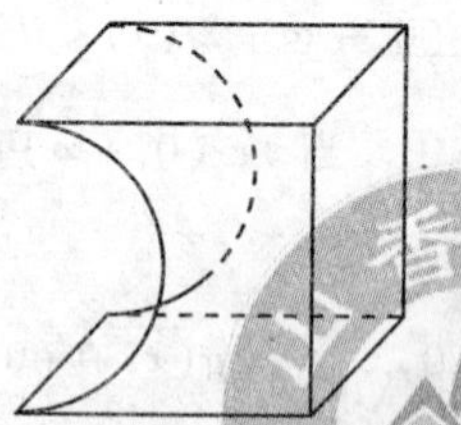

10. C 【命题意图】本题考查线性规划。

【解析】如图,作出约束条件表示的大致可行域,由图可知,当直线$z=x+y$经过$A(2,m+4)$时,z

取得最大值；当直线 $z=x+y$ 经过点 $B\left(-1-\frac{m}{2},-2\right)$ 时，z 取得最小值，故 $k=\frac{m+6}{-\frac{m}{2}-3}=-2$ 为定值。

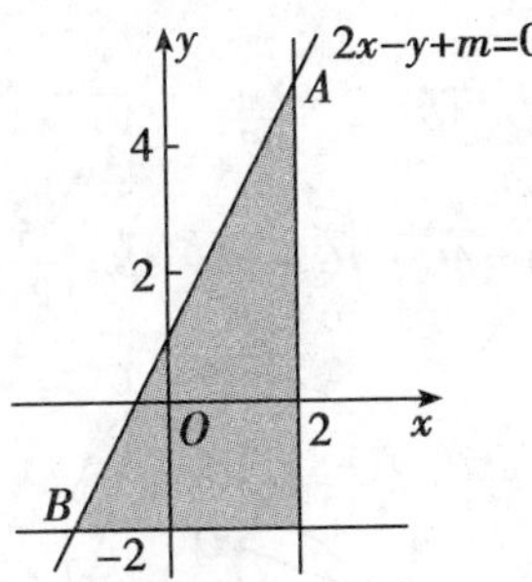

11. A 【命题意图】本题考查直线、抛物线与双曲线的综合应用。

【解析】∵ M 在第一象限且在抛物线 $y^2=2px$ $(p>0)$ 上，M 到抛物线焦点的距离为 p，∴ M 的坐标为 $(\frac{p}{2},p)$。设双曲线方程为 $\frac{x^2}{a^2}-\frac{y^2}{b^2}=1(a>0,b>0)$，$A(x_1,y_1)$，$B(x_2,y_2)$，则 $\frac{x_1^2}{a^2}-\frac{y_1^2}{b^2}=1$，$\frac{x_2^2}{a^2}-\frac{y_2^2}{b^2}=1$，两式相减，并将线段 AB 中点 M 的坐标代入，可得 $\frac{p(x_1-x_2)}{a^2}-\frac{2p(y_1-y_2)}{b^2}=0$，∴ $\frac{y_1-y_2}{x_1-x_2}=\frac{b^2}{2a^2}=\frac{c^2-a^2}{2a^2}=\frac{e^2-1}{2}$，故选 A。

12. C 【命题意图】本题考查导数的应用。

【解析】令 $g(x)=\frac{f(x)}{x^2}$，$x\in(0,+\infty)$，$g'(x)=\frac{xf'(x)-2f(x)}{x^3}$，

又对 $\forall x\in(0,+\infty)$，$2f(x)<xf'(x)<3f(x)$ 恒成立，$f(x)>0$，∴ 当 $x\in(0,+\infty)$ 时，$\frac{xf'(x)-2f(x)}{x^3}>0$，

∴ $g'(x)>0$，∴ 函数 $g(x)$ 在 $(0,+\infty)$ 上单调递增，∴ $g(2)<g(3)$，即 $\frac{f(2)}{4}<\frac{f(3)}{9}$，∴ $\frac{f(2)}{f(3)}<\frac{4}{9}$①，令 $h(x)=\frac{f(x)}{x^3}$，$x\in(0,+\infty)$，$h'(x)=\frac{xf'(x)-3f(x)}{x^4}$，

∵ $\forall x\in(0,+\infty)$，$2f(x)<xf'(x)<3f(x)$ 恒成立，

∴ 当 $x\in(0,+\infty)$ 时，$h'(x)=\frac{xf'(x)-3f(x)}{x^4}<0$，

∴ 函数 $h(x)$ 在 $(0,+\infty)$ 上单调递减，∴ $h(2)>h(3)$，即 $\frac{f(2)}{8}>\frac{f(3)}{27}$，∴ $\frac{f(2)}{f(3)}>\frac{8}{27}$②，因此综合①②可得 $\frac{8}{27}<\frac{f(2)}{f(3)}<\frac{4}{9}$，故选 C。

二、填空题

13. 120 【命题意图】本题考查分层抽样。

【解析】已知该校高一年级、高二年级、高三年级的人数之比为 6∶5∶5，则应从高一年级的学生中抽取 $320\times\frac{6}{6+5+5}=120$ 名。

14. $-\frac{e}{2}$ 【命题意图】本题考查函数极限的计算。

【解析】$\lim\limits_{x\to0}\frac{(1+x)^{\frac{1}{x}}-e}{x}=e\lim\limits_{x\to0}\frac{e^{\frac{1}{x}\ln(1+x)-1}-1}{x}$

$=e\lim\limits_{x\to0}\frac{\ln(1+x)-x}{x^2}=e\lim\limits_{x\to0}\frac{-\frac{1}{2}x^2}{x^2}=-\frac{e}{2}$。

15. −2 【命题意图】本题考查平面向量的运算。

【解析】由 $|\boldsymbol{a}+\boldsymbol{b}|^2=|\boldsymbol{a}|^2+|\boldsymbol{b}|^2$，得 $\boldsymbol{a}\perp\boldsymbol{b}$，∴ $m\times1+1\times2=0$，解得 $m=-2$。

16. $\frac{60}{13}$ 【命题意图】本题考查平面几何知识。

【解析】如图，过 A 点作 $AG\perp BD$ 于点 G，则 $S_{\triangle AOD}=\frac{1}{2}\times OD\times AG$，$S_{\triangle AOP}+S_{\triangle POD}=\frac{1}{2}\times AO\times PF+\frac{1}{2}\times DO\times PE=\frac{1}{2}\times DO\times(PE+PF)$，∵ $S_{\triangle AOD}=S_{\triangle AOP}+S_{\triangle POD}$，∴ $PE+PF=AG$，∵ $AD=12$，$AB=5$，∴ $BD=\sqrt{12^2+5^2}=13$，∴ $AG=12\times\frac{5}{13}=\frac{60}{13}$，

∴ $PE+PF=\frac{60}{13}$。

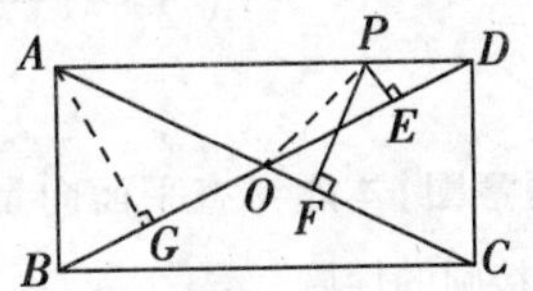

17. $\frac{\pi a^2}{4}$ 【命题意图】本题考查定积分的计算。

【解析】令 $x=a\sin t, t\in\left[0,\frac{\pi}{2}\right]$，由定积分的换元积分公式，得 $\int_0^a\sqrt{a^2-x^2}\mathrm{d}x = a^2\int_0^{\frac{\pi}{2}}\cos^2t\mathrm{d}t = \frac{a^2}{2}\int_0^{\frac{\pi}{2}}(1+\cos2t)\mathrm{d}t = \frac{a^2}{2}\left(t+\frac{1}{2}\sin2t\right)\Big|_0^{\frac{\pi}{2}} = \frac{\pi a^2}{4}$。

18. $-\frac{7}{8}$ 【命题意图】本题考查函数的基本性质。

【解析】根据题意，$f(x-1)$ 为奇函数，则函数 $f(x)$ 的图象关于点 $(1,0)$ 对称，则有 $f(-x) = -f(2+x)$，又函数 $f(x)$ 是定义在 $\mathbf{R}$ 上的偶函数，则 $f(x)=f(-x)$，则有 $f(x)=-f(x+2)$，变形可得 $f(x+4)=-f(x+2)=f(x)$，则函数 $f(x)$ 是周期为 4 的周期函数，$f\left(\frac{29}{2}\right)=f\left(16-\frac{3}{2}\right)= f\left(-\frac{3}{2}\right)= f\left(\frac{3}{2}\right) = -f\left(\frac{1}{2}\right) = -\left[1-\left(\frac{1}{2}\right)^3\right]=-\frac{7}{8}$。

三、解答题

19.【解析】(1) -6;5。

(2)如图1，过点 D 作 $DM\perp x$ 轴，垂足为 M，过点 A 作 $AN\perp x$ 轴，垂足为 N。$\because \frac{S_{\triangle ODC}}{S_{\triangle OAC}}=\frac{\frac{1}{2}OC\cdot DM}{\frac{1}{2}OC\cdot AN}=\frac{2}{3}$，$\therefore \frac{DM}{AN}=\frac{2}{3}$，又点 A 的坐标为 $(-1,6)$，$\therefore AN=6$，$\therefore DM=4$，即点 D 的纵坐标为 4，将 $y=4$ 代入 $y=-x+5$ 中得 $x=1$，$\therefore$ 点 D 的坐标为 $(1,4)$。

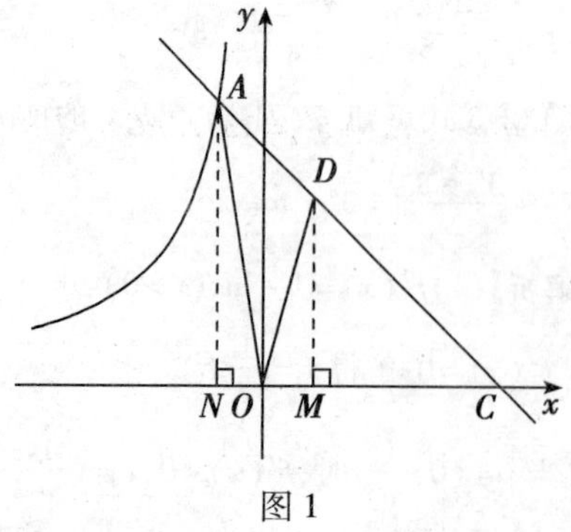

图 1

(3)由题意可知，$OD'=OD=\sqrt{OM^2+DM^2}=\sqrt{17}$，如图 2，过点 C' 作 $C'G\perp x$ 轴，垂足为 G，$\because S_{\triangle ODC}=S_{\triangle OD'C'}$，$\therefore OC\cdot DM = OD'\cdot C'G$，即 $5\times4=\sqrt{17}C'G$，$\therefore C'G=\frac{20}{17}\sqrt{17}$，在 $\mathrm{Rt}\triangle OC'G$ 中，$\because OG=\sqrt{OC'^2-C'G^2}=\sqrt{25-\frac{400}{17}}=\frac{5}{17}\sqrt{17}$，$\therefore$ 点 C' 的坐标为 $\left(-\frac{5}{17}\sqrt{17},\frac{20}{17}\sqrt{17}\right)$，$\because \left(-\frac{5}{17}\sqrt{17}\right)\times\frac{20}{17}\sqrt{17}\neq-6$，$\therefore$ 点 C' 不在函数 $y=-\frac{6}{x}$ 的图象上。

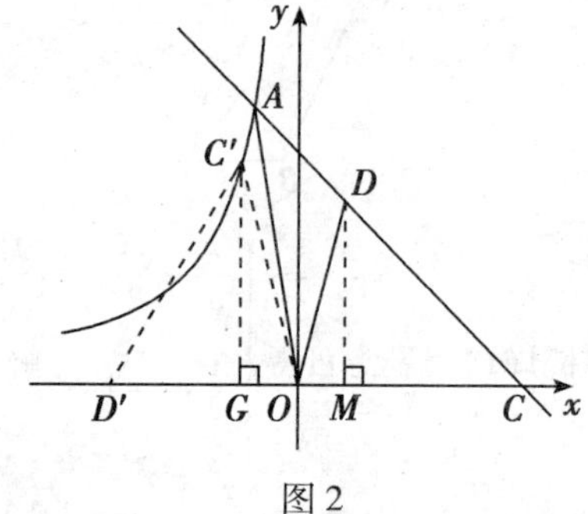

图 2

20.【解析】(1)证明：如图，取 PA 的中点 H，连结 BH，FH，

$\because F$ 是 PD 的中点，故 FH 是 $\triangle PAD$ 的中位线，

则 $FH=\frac{1}{2}AD=1$，$FH/\!/AD$。

又 $AD/\!/BC$，且 $BC=\frac{1}{2}AD$，故 $FH \underline{\underline{/\!/}} BC$，

$\therefore$ 四边形 $FHBC$ 是平行四边形，

则 $CF/\!/BH$，$\because BH\subset$ 平面 PAB，$CF\not\subset$ 平面 PAB，

$\therefore CF/\!/$ 平面 PAB。

(2)证明：$\because AD/\!/BC$，$AB\perp AD$，故 $AB\perp BC$。

$\because PB=2$，$BC=1$，$PC=\sqrt{5}$，

由勾股定理逆定理可知 $PB\perp BC$，

$\because AB\cap PB=B$，

$\therefore BC\perp$ 平面 PAB，故有 $BC\perp PE$。

又 E 是 AB 的中点，$PA=PB$，由等腰三角形的性质有 $PE\perp AB$。

$\because BC\cap AB=B$，故 $PE\perp$ 平面 $ABCD$。

(3)$\because BC\perp$ 平面 PAB，$\therefore \triangle PAC$ 在平面 PAB 内的投影为 $\triangle PAB$，

故二面角 $B-PA-C$ 的平面角的余弦值 $\cos\theta=\frac{S_{\triangle PAB}}{S_{\triangle PAC}}$。

$\because AB=PA=PB=2$，$\therefore S_{\triangle PAB}=\sqrt{3}$。

由 $AB\perp BC$ 可知，$AC=\sqrt{2^2+1^2}=\sqrt{5}$，

又 $PA=2$，$PC=\sqrt{5}$，$\therefore S_{\triangle PAC}=2$。

故二面角 $B-PA-C$ 的平面角的余弦值 $\cos\theta=\frac{\sqrt{3}}{2}$。

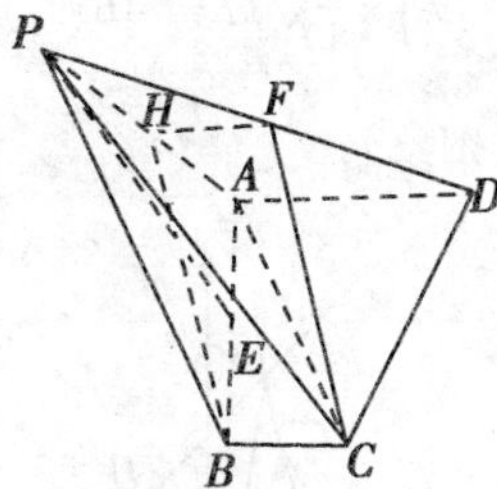

21.【解析】(1) 由题意可得 $\begin{cases}\frac{c}{a}=\frac{\sqrt{3}}{2},\\ \frac{1}{2}ab=1,\\ a^2=b^2+c^2,\end{cases}$ 解得 $a=2$，$b=1$，

所以椭圆 C 的方程为 $\frac{x^2}{4}+y^2=1$。

(2) 由 (1) 知，$A(2,0)$，$B(0,1)$，设 $P(x_0,y_0)$，则 $x_0^2+4y_0^2=4$，

①当 $x_0\neq0$ 时，直线 PA 的方程为 $y=\frac{y_0}{x_0-2}(x-2)$，

令 $x=0$，得 $y_M=-\frac{2y_0}{x_0-2}$，从而 $|BM|=|1-y_M|=\left|1+\frac{2y_0}{x_0-2}\right|$，

直线 PB 的方程为 $y=\frac{y_0-1}{x_0}x+1$，令 $y=0$，得 $x_N=-\frac{x_0}{y_0-1}$，

从而 $|AN|=|2-x_N|=\left|2+\frac{x_0}{y_0-1}\right|$，

所以 $|AN|\cdot|BM|=\left|2+\frac{x_0}{y_0-1}\right|\cdot\left|1+\frac{2y_0}{x_0-2}\right|$

$=\left|\frac{x_0^2+4y_0^2+4x_0y_0-4x_0-8y_0+4}{x_0y_0-x_0-2y_0+2}\right|$

$=\left|\frac{4x_0y_0-4x_0-8y_0+8}{x_0y_0-x_0-2y_0+2}\right|=4$。

②当 $x_0=0$ 时，$y_0=-1$，$|BM|=2$，$|AN|=2$，所以 $|AN|\cdot|BM|=4$。

综上，$|AN|\cdot|BM|$ 为定值。

22.【解析】(1) 由 $S_3=a_1+a_2+a_3=3a_2=15$ 得，$a_2=5$，

又 $a_3=7$，则 $a_1=3$，$d=2$。

故等差数列 $\{a_n\}$ 的首项为 3，公差为 2，通项 $a_n=2n+1$。

(2) 由 $T_{n+1}+3T_{n-1}=4T_n$ 可得，$T_n+b_{n+1}+3(T_n-b_n)=4T_n$，即 $b_{n+1}=3b_n$，

又已知 $b_2=3b_1$，故 $\{b_n\}$ 是首项为 1，公比为 3 的等比数列。

(3) 由 (2) 可知，$b_n=3^{n-1}$，结合 (1) 中所求，得 $a_n\cdot b_n=3^{n-1}(2n+1)$。

$a_1\cdot b_1+a_2\cdot b_2+\cdots+a_{n-1}\cdot b_{n-1}+a_n\cdot b_n$

$=3^0(2\times1+1)+3^1(2\times2+1)+\cdots+3^{n-2}[2(n-1)+1]+3^{n-1}(2n+1)$

$=2\times[3^0\times1+3^1\times2+\cdots+3^{n-2}\cdot(n-1)+3^{n-1}\cdot n]+(3^0+3^1+\cdots+3^{n-2}+3^{n-1})$，①

上式中 $3^0+3^1+\cdots+3^{n-2}+3^{n-1}=\frac{3^n-1}{2}$，②

令 $R_n=3^0\times1+3^1\times2+\cdots+3^{n-2}\cdot(n-1)+3^{n-1}\cdot n$，

则 $3R_n=3^1\times1+3^2\times2+\cdots+3^{n-1}\cdot(n-1)+3^n\cdot n$，

以上两式错位相减可得，$-2R_n=3^0\times1+3^1+3^2+\cdots+3^{n-1}-3^n\cdot n=3^0\times1+\frac{3\times(3^{n-1}-1)}{2}-3^n\cdot n$，

即 $R_n=\frac{3^n\cdot n}{2}-\frac{3^n-1}{4}$，③

由①②③式可知，数列 $\{a_n\cdot b_n\}$ 的前 n 项和为 $2R_n+\frac{3^n-1}{2}=3^n\cdot n$。

23.【解析】(1) $f'(x)=1+\ln x(x>0)$，

令 $f'(x)=0$，解得 $x=\frac{1}{\mathrm{e}}$，

且当 $x\in(0,\frac{1}{\mathrm{e}})$ 时 $f'(x)<0$，$x\in(\frac{1}{\mathrm{e}},+\infty)$ 时，

$f'(x)>0$,

因此$f(x)$的极小值为$f(\frac{1}{e})=-\frac{1}{e}$,无极大值。

(2)$g(x)=f(x+1)=(x+1)\ln(x+1)$,

令$h(x)=(x+1)\ln(x+1)-mx$,则$h'(x)=\ln(x+1)+1-m$,

因为$h(0)=0$,若要$h(x)\geqslant0$,则有$h'(0)\geqslant0$,即$1-m\geqslant0$,得$m\leqslant1$,

且当$m\leqslant1$时,$h'(x)=\ln(x+1)+1-m\geqslant0$恒成立。

故实数m的取值范围为$m\leqslant1$。

(3)一方面构造函数$F(x)=a\ln a+x\ln x-(a+x)\cdot\ln\frac{a+x}{2}$,$x>a$,

$F'(x)=1+\ln x-\ln\frac{a+x}{2}-1=\ln\frac{2x}{a+x}$,$x>a$,

$\therefore 0<a+x<2x$,$F'(x)>0$,$F(x)$在$(a,+\infty)$上是单调递增的。

故$F(b)>F(a)=0$,即$f(a)+f(b)-2f(\frac{a+b}{2})>0$。

另一方面,构造函数$G(x)=a\ln a+x\ln x-(a+x)\cdot\ln\frac{a+x}{2}-(x-a)\ln2$,

$G'(x)=\ln\frac{2x}{a+x}-\ln2=\ln\frac{x}{a+x}<0$,$G(x)$在$(a,+\infty)$上是单调递减的,

故$G(b)<G(a)=0$,

即$f(a)+f(b)-2f(\frac{a+b}{2})<(b-a)\ln2$。

综上,$0<f(a)+f(b)-2f(\frac{a+b}{2})<(b-a)\ln2$。

教师招聘考试中学数学最后冲刺试卷(五)

一、单项选择题

1	2	3	4	5	6
D	C	C	D	A	C
7	8	9	10	11	12
C	A	B	D	C	B

1. D 【命题意图】本题考查复数的运算与共轭复数。

【解析】因为$z=\frac{1}{1+i^3}=\frac{1}{1-i}=\frac{1}{2}+\frac{1}{2}i$,所以$z$的共轭复数是$\frac{1}{2}-\frac{1}{2}i$,故选D。

2. C 【命题意图】本题考查集合的关系与运算。

【解析】因为$A=\{x|x^2>4\}=\{x|x<-2$或$x>2\}$,$A\cap B=\{x|x<-2\}$,所以B必包含$(-\infty,-2)$中的数,且不含$(2,+\infty)$中的数,故B可以为$\{x|x<1\}$。

3. C 【命题意图】本题考查随机事件的概率计算。

【解析】从M,I,N中任取一个字母,再从1,2,3,4,5中任取一个数字,取法总数为$3\times5=15$种,其中只有一种是小敏的密码前两位,由随机事件发生的概率可得,小敏输入一次密码能够成功开机的概率是$\frac{1}{15}$。

4. D 【命题意图】本题考查三角函数的化简及三角函数的图象与性质。

【解析】$f(x)=1+\cos\left(4x+\frac{\pi}{3}\right)+\sqrt{3}\sin\left(4x+\frac{\pi}{3}\right)=1+2\sin\left(4x+\frac{\pi}{3}+\frac{\pi}{6}\right)=1+2\cos4x$,则A、B、C均正确,D项错误。

5. A 【命题意图】本题考查空间中直线、平面位置关系的判定。

【解析】②③中α和β也可以相交。

6. C 【命题意图】本题考查合情推理、等比数列的前n项和。

【解析】由图可知,第n行是4为首项,以3为公比的等比数列的前n项,和为$T_n=\frac{4(1-3^n)}{1-3}=2(3^n-1)$,设满足$S_n>2000$的最小正整数为$n$,项$a_n$在图中排在第$i$行第$j$列($i,j\in\mathbf{N}_+$,且$j\leqslant i$),所以有$S_n=2(3-1)+2(3^2-1)+\cdots+2(3^{i-1}-1)+2(3^j-1)=2(3+3^2+3^3+\cdots+3^{i-1})-2(i-1)+2(3^j-1)=3^i+2\cdot3^j-2i-3>2000$,则$i\geqslant6$,$j\geqslant6$,即图中从第6行第6列开始,和大于2000,因为前

6行共有 $1+2+\cdots+6=21$ 项，所以最小正整数 n 的值为21，故选C。

7. C 【命题意图】本题考查分段函数、函数的零点，以及函数的图象与性质。

【解析】因为 $g(x)=1-f(x)$，所以 $f(x)-g(x)=2\left[f(x)-\frac{1}{2}\right]$，又因为 $y=f(x)-g(x)$ 恰有3个零点，所以函数 $f(x)$ 的图象与 $y=\frac{1}{2}$ 的图象有3个交点，因为当 $x\in(-\infty,0]$ 时，$f(x)$ 的图象与 $y=\frac{1}{2}$ 必有1个交点，所以当 $x\in(0,+\infty)$ 时，$f(x)$ 的图象与 $y=\frac{1}{2}$ 必有2个交点，即 $h(x)=-2x^2+ax-\frac{1}{2}$ 在 $(0,+\infty)$ 上必有2个零点，故 $\begin{cases}a^2-4\times(-2)\times\left(-\frac{1}{2}\right)>0,\\ -\frac{a}{2\times(-2)}>0,\\ h(0)<0,\end{cases}$ 解得 $a>2$。所以实数 a 的取值范围为 $(2,+\infty)$。

8. A 【命题意图】本题考查函数性质的应用。

【解析】令 $f(x)=\frac{\ln^2x}{\ln b}(b\in(0,1))$，$\ln b<0$，$f'(x)=\frac{2\ln x}{x\ln b}$，当 $x\in(0,1)$ 时，$\ln x<0$，所以 $f'(x)=\frac{2\ln x}{x\ln b}>0$，所以函数 $f(x)=\frac{\ln^2x}{\ln b}(b\in(0,1))$ 在区间 $(0,1)$ 上单调递增，又 $\alpha\in\left(\frac{\pi}{4},\frac{\pi}{2}\right)$，所以 $1>\sin\alpha>\cos\alpha>\sin\alpha\cos\alpha>0$，所以 $\ln x=\frac{\ln^2\sin\alpha}{\ln b}>\ln y=\frac{\ln^2\cos\alpha}{\ln b}>\ln z=\frac{\ln^2\sin\alpha\cos\alpha}{\ln b}$，即 $x>y>z$。

9. B 【命题意图】本题考查极限的应用。

【解析】$\because \lim\limits_{n\to\infty}\left(\frac{n+2a}{n-a}\right)^{\frac{n}{3}}=\lim\limits_{n\to\infty}\left(1+\frac{3a}{n-a}\right)^{\frac{n}{3}}=e^{\lim\limits_{n\to\infty}\frac{na}{n-a}}=e^a$，$\therefore e^a=8$，故 $a=\ln8=3\ln2$。

10. D 【命题意图】本题考查矩阵的性质。

【解析】A项，$\boldsymbol{AB}=\boldsymbol{O}$ 不能保证 $\boldsymbol{BA}=\boldsymbol{O}$，而 $(\boldsymbol{A}+\boldsymbol{B})^2=\boldsymbol{A}^2+\boldsymbol{AB}+\boldsymbol{BA}+\boldsymbol{B}^2\neq\boldsymbol{A}^2+2\boldsymbol{AB}+\boldsymbol{B}^2$，错误；B项，当 $\boldsymbol{B}\neq\boldsymbol{O}$ 时，行列式 $|\boldsymbol{B}|$ 可以为零亦可不为零，由 $\boldsymbol{B}$ 是否可逆而定，又 $|\boldsymbol{B}^*|=|\boldsymbol{B}|^{n-1}$，故B、C两项错误；D项，由 $\boldsymbol{AB}=\boldsymbol{O}$，且 $\boldsymbol{B}\neq\boldsymbol{O}$ 知 $\boldsymbol{AX}=\boldsymbol{0}$ 有非零解，那么 $|\boldsymbol{A}|=0$，从而 $|\boldsymbol{A}^*|=|\boldsymbol{A}|^{n-1}=0$，正确。

11. C 【命题意图】本题考查函数的切线的相关计算。

【解析】由题意可设函数 $f(x)=\frac{x^2}{2}$，则 $f'(x)=x$，当 $x=4$ 时，$f(4)=8$，$f'(4)=4$，则抛物线在点 P 处的切线为：$y=4x-8$；当 $x=-2$ 时，$f(-2)=2$，$f'(-2)=-2$，则抛物线在点 Q 处的切线为：$y=-2x-2$，联立 $\begin{cases}y=4x-8,\\ y=-2x-2,\end{cases}$ 解得 $\begin{cases}x=1,\\ y=-4,\end{cases}$ 则点 A 的纵坐标为 -4。故选C。

12. B 【命题意图】本题考查空间解析几何。

【解析】方法一：易知曲面 $x^2+y^2+z^2-2x+8y+6z=10$ 为球面，标准方程为 $(x-1)^2+(y+4)^2+(z+3)^2=36$，球心的坐标为 $(1,-4,-3)$，半径为6。由于A、D两项不经过点 $(5,-2,1)$，故排除选项A、D，而B项，球心到平面的距离 $d=\frac{|2\times1+(-4)+2\times(-3)-10|}{\sqrt{2^2+1^2+2^2}}=6$，与半径相等，满足题意，故选B。

方法二：设空间曲面方程为 $F(x,y,z)=0$，则曲面在点 $M(x_0,y_0,z_0)$（M_0 在曲面上）的切平面的方程为：$F_x'(M)(x-x_0)+F_y'(M)(y-y_0)+F_z'(M)(z-z_0)=0$，由题意得 $F_x'(M)=2\times5-2=8$，$F_y'(M)=2\times(-2)+8=4$，$F_z'(M)=2\times1+6=8$，则该切平面方程为 $8(x-5)+4(y+2)+8(z-1)=0$，即 $2x+y+2z=10$。故选B。

二、填空题

13. 1 【命题意图】本题考查二项式定理与数列极限的计算。

【解析】$\left(ax^2+\frac{1}{\sqrt{x}}\right)^4$ 的展开式为 $T_{r+1}=C_4^ra^{4-r}x^{8-2r}x^{-\frac{1}{2}r}$，由 $x^{8-2r}x^{-\frac{1}{2}r}=x^3$，得 $r=2$，由 $C_4^2a^{4-2}=\frac{3}{2}$，且 $a>0$，知 $a=\frac{1}{2}$，

$\therefore \lim\limits_{n\to\infty}(a+a^2+\cdots+a^n)=\dfrac{\frac{1}{2}}{1-\frac{1}{2}}=1$。

14. 1 或 -2 【命题意图】本题考查线性方程组的解。

【解析】齐次线性方程组的系数行列式为 $\begin{vmatrix}\lambda & 1 & 1\\ 1 & \lambda & 1\\ 1 & 1 & \lambda\end{vmatrix}=(\lambda-1)^2(\lambda+2)$，若线性方程组有非零解，则其系数行列式的值为零，解得 $\lambda=1$ 或 -2。

15. $\rho\sin\theta=3$ 或 $\rho\sin\left(\dfrac{\pi}{3}-\theta\right)=3$ 【命题意图】本题考查极坐标与直角坐标的互化、直线与圆的位置关系。

【解析】圆 C 的直角坐标方程为 $(x-\sqrt{3})^2+(y-1)^2=4$，点 M 的直角坐标为 $(3\sqrt{3},3)$，当直线 l 的斜率不存在时，不合题意；当直线 l 的斜率存在时，设直线 l 的方程为 $y-3=k(x-3\sqrt{3})$，则圆心 C 到直线 l 的距离 $d=\dfrac{|2\sqrt{3}k-2|}{\sqrt{k^2+1}}=2$，所以 $k=0$ 或 $k=\sqrt{3}$，故所求直线的方程为 $y=3$ 或 $\sqrt{3}x-y-6=0$，其极坐标方程为 $\rho\sin\theta=3$ 或 $\rho\sin\left(\dfrac{\pi}{3}-\theta\right)=3$。

16. $(-\infty,+\infty)$ 【命题意图】本题考查收敛区间的计算。

【解析】$\because \lim\limits_{n\to\infty}\sqrt[n]{a_n}=\lim\limits_{n\to\infty}\sqrt[n]{\dfrac{1}{n^n}}=\lim\limits_{n\to\infty}\dfrac{1}{n}=0$，$\therefore$ 级数 $\sum\limits_{n=1}^{\infty}(-1)^{n-1}\dfrac{x^n}{n^n}$ 的收敛半径 $R=+\infty$，故收敛区间是 $(-\infty,+\infty)$。

17. $\dfrac{15}{28}$ 【命题意图】本题考查条件概率。

【解析】记事件"甲取到 2 个黑球"为 A，"乙取到 2 个黑球"为 B，则有 $P(B|A)=\dfrac{P(AB)}{P(A)}=\dfrac{\frac{C_8^2C_6^2}{C_{10}^2C_8^2}}{\frac{C_8^2}{C_{10}^2}}=\dfrac{15}{28}$，即所求事件的概率是 $\dfrac{15}{28}$。

18. $-\dfrac{27}{4}$ 【命题意图】本题考查曲线的切线。

【解析】设切点坐标为 $(t,2t^3+at+a)$，$\because y'=6x^2+a$，$\therefore 6t^2+a=\dfrac{2t^3+at+a}{t+1}$，即 $4t^3+6t^2=0$，解得 $t=0$ 或 $t=-\dfrac{3}{2}$，$\because |MA|=|MB|$，$\therefore y'|_{x=0}+y'|_{x=-\frac{3}{2}}=0$，即 $2a+6\times\left(-\dfrac{3}{2}\right)^2=0$，故 $a=-\dfrac{27}{4}$。

三、解答题

19. 【解析】(1) 由题意可得 $a_{n+1}-3^{n+1}=-3(a_n-3^n)$，$\because a_1-3=-2\neq 0$，$\therefore$ 数列 $\{a_n-3^n\}$ 是以 -2 为首项，-3 为公比的等比数列。

(2) 由(1)得，$a_n-3^n=-2\times(-3)^{n-1}$，则 $a_n=3^n-2\times(-3)^{n-1}\ (n\in\mathbf{N}_+)$，则 $S_{2n}=a_1+a_2+a_3+\cdots+a_{2n}=(3+3^2+3^3+\cdots+3^{2n})-2\times[(-3)^0+(-3)^1+(-3)^2+\cdots+(-3)^{2n-1}]=\dfrac{3(1-3^{2n})}{1-3}-2\times\dfrac{1-(-3)^{2n}}{1-(-3)}=2\times(9^n-1)$。

20. 【解析】(1) 证明：$\because$ 四边形 $ADEF$ 为正方形，$\therefore AD\perp AF$，

又 $AD\perp AB$，$AB\cap AF=A$，$\therefore AD\perp$ 平面 ABF，

$\because AD\subset$ 平面 $ADEF$，$\therefore$ 平面 $ADEF\perp$ 平面 ABF。

(2) $\because$ 平面 $ADEF\perp$ 平面 $ABCD$，$AD\perp AF$，平面 $ADEF\cap$ 平面 $ABCD=AD$，$\therefore AF\perp$ 平面 $ABCD$。

由(1)知 $AD\perp$ 平面 ABF，又 $AD/\!/BC$，则 $BC\perp$ 平面 ABF，从而 $BC\perp BF$，

又 $BC\perp AB$，$\therefore$ 二面角 $A-BC-E$ 的平面角为 $\angle ABF=30^\circ$。

以 A 为坐标原点建立空间直角坐标系 $A-xyz$，如图所示，则 $B(2\sqrt{3},0,0)$，$D(0,2,0)$，$C(2\sqrt{3},1,0)$，$E(0,2,2)$，$F(0,0,2)$。

$\because$ 三棱锥 $A-BDF$ 的外接球的球心为 O，$\therefore O$ 为线段 BE 的中点，则 O 的坐标为 $(\sqrt{3},1,1)$，$\overrightarrow{OC}=(\sqrt{3},0,-1)$，

又 $\overrightarrow{DF}=(0,-2,2)$，则 $\cos\langle\overrightarrow{OC},\overrightarrow{DF}\rangle=\dfrac{-2}{2\sqrt{2}\times 2}=-\dfrac{\sqrt{2}}{4}$，

故异面直线 OC 与 DF 所成角的余弦值为$\frac{\sqrt{2}}{4}$。

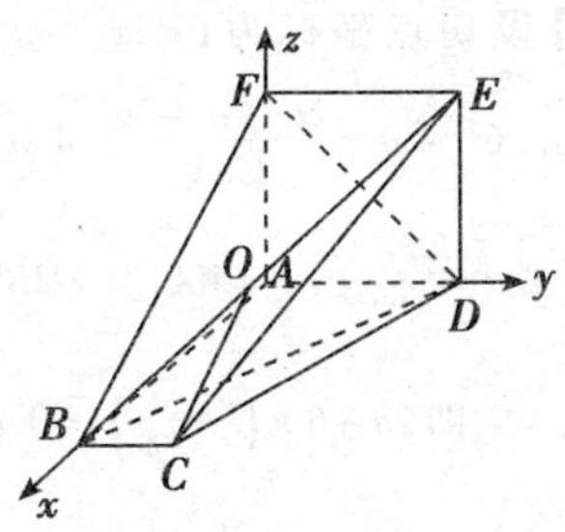

21.【解析】设袋中白色球共有 x 个，$x\in\mathbf{N}_+$，且 $x\geqslant2$，则依题意知$\frac{C_x^2}{C_7^2}=\frac{1}{7}$，所以得 $x^2-x-6=0$，解得 $x=3$($x=-2$ 舍去)。

(1)袋中有 3 个白球、4 个黑球，随机变量 X 的所有可能取值是 1,2,3,4,5。

$P(X=1)=\frac{3}{7}$，$P(X=2)=\frac{4\times3}{7\times6}=\frac{2}{7}$，$P(X=3)=\frac{4\times3\times3}{7\times6\times5}=\frac{6}{35}$，$P(X=4)=\frac{4\times3\times2\times3}{7\times6\times5\times4}=\frac{3}{35}$，

$P(X=5)=\frac{4\times3\times2\times1\times3}{7\times6\times5\times4\times3}=\frac{1}{35}$，

随机变量 X 的分布列为

X	1	2	3	4	5
P	$\frac{3}{7}$	$\frac{2}{7}$	$\frac{6}{35}$	$\frac{3}{35}$	$\frac{1}{35}$

所以 $E(X)=1\times\frac{3}{7}+2\times\frac{2}{7}+3\times\frac{6}{35}+4\times\frac{3}{35}+5\times\frac{1}{35}=2$。

(2)记事件 A 为“甲摸到白色球”，因为甲先取，所以事件 A 包括以下三个互斥事件：A_1＝“甲第 1 次摸球时摸出白色球”，A_2＝“甲第 2 次摸球时摸出白色球”，A_3＝“甲第 3 次摸球时摸出白色球”，所以甲摸到白色球的概率为 $P(A)=P(A_1)+P(A_2)+P(A_3)=\frac{3}{7}+\frac{6}{35}+\frac{1}{35}=\frac{22}{35}$。

22.【解析】(1)设动点 $P(x,y)$，则 $M(-4,y)$，则 $\overrightarrow{PF}=(-1-x,-y)$，$\overrightarrow{PM}=(-4-x,0)$，由 $\left(\overrightarrow{PF}-\frac{1}{2}\overrightarrow{PM}\right)\cdot\left(\overrightarrow{PF}+\frac{1}{2}\overrightarrow{PM}\right)=0$，得 $\overrightarrow{PF}^2=\frac{1}{4}\overrightarrow{PM}^2$，$\therefore(x+1)^2+y^2=\frac{1}{4}(x+4)^2$，化简得 $\frac{x^2}{4}+\frac{y^2}{3}=1$。

(2)由(1)知轨迹 C 的方程为$\frac{x^2}{4}+\frac{y^2}{3}=1$，①当直线 l_1 斜率不存在时，$A\left(-1,-\frac{3}{2}\right)$，$B\left(-1,\frac{3}{2}\right)$，

$\therefore S_{\triangle OAB}=\frac{1}{2}|AB|\cdot|OF|=\frac{3}{2}$。

②当直线 l_1 斜率存在时，设直线 l_1 的方程为 $x=my-1$ $(m\neq0)$，设 $A(x_1,y_1)$，$B(x_2,y_2)$，由 $\begin{cases}x=my-1,\\ \frac{x^2}{4}+\frac{y^2}{3}=1,\end{cases}$ 得 $(3m^2+4)y^2-6my-9=0$，则

$\Delta=144m^2+144>0$，$y_1+y_2=\frac{6m}{3m^2+4}$，$y_1y_2=\frac{-9}{3m^2+4}$，$S_{\triangle OAB}=\frac{1}{2}|OF|\cdot|y_1-y_2|=\frac{1}{2}\times1\times\sqrt{(y_1+y_2)^2-4y_1y_2}=\frac{1}{2}\sqrt{\frac{36m^2}{(3m^2+4)^2}+\frac{36}{3m^2+4}}$

$=6\sqrt{\frac{m^2+1}{(3m^2+4)^2}}$，令 $m^2+1=t(t>1)$，则 $S_{\triangle OAB}=6\sqrt{\frac{t}{(3t+1)^2}}=6\sqrt{\frac{t}{9t^2+6t+1}}=6\sqrt{\frac{1}{9t+\frac{1}{t}+6}}$，令 $f(t)=9t+\frac{1}{t}+6$，则 $f'(t)=9-\frac{1}{t^2}$，当 $t>1$ 时，$f'(t)>0$，$\therefore f(t)=9t+\frac{1}{t}+6$ 在 $(1,+\infty)$ 上单调递增，$\therefore f(t)>f(1)=16$，

$\therefore S_{\triangle OAB}<6\sqrt{\frac{1}{16}}=\frac{3}{2}$，

综上所述，$\triangle OAB$ 面积的取值范围是$\left(0,\frac{3}{2}\right]$。

23.【解析】(1)$f'(x)=xe^x+e^x+1-ae^x$，因为 $f'(1)=e+e+1-ae=1$，所以 $a=2$。

(2)$f'(x)=e^x+1+xe^x-ae^x$，设 $g(x)=e^x+1+xe^x-ae^x$，则 $g'(x)=e^x+(x+1)e^x-ae^x=(x+2-a)e^x$，设 $h(x)=x+2-a$，注意到 $f(0)=0$，$f'(0)=g(0)=2-a$。

(ⅰ)当 $a\leqslant2$ 时，$h(x)=x+2-a>0$ 在 $(0,+\infty)$ 上恒成立，所以 $g'(x)>0$ 在 $(0,+\infty)$ 上恒成立，所以 $g(x)$ 在 $(0,+\infty)$ 上是增函数，所以 $g(x)>g(0)=2-a\geqslant0$，所以

$f'(x)>0$在$(0,+\infty)$上恒成立,所以$f(x)$在$(0,+\infty)$上是增函数,所以$f(x)>f(0)=0$在$(0,+\infty)$上恒成立,符合题意;

(ⅱ)当$a>2$时,$h(0)=2-a<0$,$h(a)=2>0$,所以$\exists x_0\in(0,a)$,使得$h(x_0)=0$,当$x\in(0,x_0)$时,$h(x)<0$,所以$g'(x)<0$,所以$g(x)$在$(0,x_0)$上是减函数,所以$f'(x)$在$(0,x_0)$上是减函数,所以$f'(x)<f'(0)=2-a<0$,所以$f(x)$在$(0,x_0)$上是减函数,所以$f(x)<f(0)=0$,不符合题意。

综上所述,$a\leqslant 2$。

教师招聘考试中学数学最后冲刺试卷(六)

一、单项选择题

1	2	3	4	5	6	7	8	9	10
A	D	C	C	C	C	A	D	A	C
11	12	13	14	15					
C	A	D	C	C					

1. A 【命题意图】本题考查集合的运算。

【解析】由题意知,$M=\{x|x^2-x\leqslant 0\}=\{x|0\leqslant x\leqslant 1\}$,函数$f(x)=\ln(1-|x|)$的定义域为$N=\{x|1-|x|>0\}=\{x|-1<x<1\}$,则$M\cap N=\{x|0\leqslant x<1\}$。

2. D 【命题意图】本题考查基本不等式的应用。

【解析】$\because a>b>0,\therefore a-b>0,a^2+\frac{1}{ab}+\frac{1}{a(a-b)}=a^2-ab+ab+\frac{1}{ab}+\frac{1}{a(a-b)}=a(a-b)+\frac{1}{a(a-b)}+ab+\frac{1}{ab}\geqslant 2\sqrt{a(a-b)\cdot\frac{1}{a(a-b)}}+2\sqrt{ab\cdot\frac{1}{ab}}=4$,当且仅当$a(a-b)=\frac{1}{a(a-b)}$,且$ab=\frac{1}{ab}$,即$a=2b=\sqrt{2}$时,等号成立。故选D。

3. C 【命题意图】本题考查函数的奇偶性与单调性。

【解析】$\because$ 对任意的$x_1,x_2\in(-1,1)(x_1\neq x_2)$,都有$\frac{f(x_2)-f(x_1)}{x_2-x_1}<0$成立,$\therefore$ 函数$f(x)$在$(-1,1)$上单调递减,$\because$ 函数$f(x)$是奇函数,$f(2x-1)+f(3x-2)>0$,$\therefore f(2x-1)>-f(3x-2)=f(2-3x)$,$\therefore\begin{cases}-1<2x-1<1,\\-1<2-3x<1,\\2x-1<2-3x,\end{cases}$解得$\frac{1}{3}<x<\frac{3}{5}$。

4. C 【命题意图】本题考查三角函数的图象与性质。

【解析】由图可知,$A=2$,又由$f(x_1)=f(x_2)$知,函数的图象关于直线$x=\frac{a+b}{2}=\frac{x_1+x_2}{2}$对称,$\therefore a+b=x_1+x_2$,$\because 2a+\varphi=0,2b+\varphi=\pi,\therefore a+b=\frac{\pi}{2}-\varphi$,$\therefore f(a+b)=2\sin(\pi-2\varphi+\varphi)=2\sin\varphi=f(x_1+x_2)=\sqrt{3}$,即$\sin\varphi=\frac{\sqrt{3}}{2}$,$\therefore\varphi=\frac{\pi}{3}$,$\therefore f(x)=2\sin\left(2x+\frac{\pi}{3}\right)$,当$x\in\left(-\frac{5\pi}{12},\frac{\pi}{12}\right)$时,$2x+\frac{\pi}{3}\in\left(-\frac{\pi}{2},\frac{\pi}{2}\right)$,$\therefore f(x)$在$\left(-\frac{5\pi}{12},\frac{\pi}{12}\right)$上是增函数。

5. C 【命题意图】本题考查分段函数。

【解析】依题意知$f(0)=\log_2 4=2$,当$x>0$时,$f(x)-f(x-1)=1$,$f(4)=[f(4)-f(3)]+[f(3)-f(2)]+[f(2)-f(1)]+[f(1)-f(0)]+f(0)=4+f(0)=6$。

6. C 【命题意图】本题考查互斥事件与对立事件。

【解析】选项A,乙罐取出的球是红球的事件概率与前面是否取出红球相关,故A正确;选项B,A_1,A_2,A_3是两两不可能同时发生的,故B正确;选项C,$P(B)=\frac{5}{10}\times\frac{7}{11}+\frac{5}{10}\times\frac{6}{11}=\frac{13}{22}$,故C不正确;选项D,$P(B|A_1)=\frac{P(BA_1)}{P(A_1)}=\frac{\frac{1}{2}\times\frac{7}{11}}{\frac{1}{2}}=\frac{7}{11}$,故D正确。

7. A 【命题意图】本题考查复合函数的求导运算。

【解析】$\because f(x)=x^3$,则$f[\ln(3x)]=\ln^3(3x)$,则$f'[\ln(3x)]=[\ln^3(3x)]'=3\ln^2(3x)\cdot\frac{1}{3x}\cdot 3=\frac{3\ln^2(3x)}{x}$。

8. D 【命题意图】本题考查平面几何图形的证明与三角形的面积计算。

【解析】如图，作 $FH \perp CE$ 于 H，设 $FH = h$。$\because \angle ABE + \angle AEB = 90°$，$\angle FEH + \angle AEB = 90°$，$\therefore \angle ABE = \angle FEH$，$\therefore \mathrm{Rt}\triangle EHF \backsim \mathrm{Rt}\triangle BAE$，$\therefore \dfrac{EH}{FH} = \dfrac{AB}{AE}$，即 $EH = 2h$，所以 $HC = \dfrac{1}{2} - 2h$，又 $HC = FH$，所以 $h = \dfrac{1}{2} - 2h$，$h = \dfrac{1}{6}$。$\therefore S_{\triangle CEF} = \dfrac{1}{2}EC \times FH = \dfrac{1}{2} \times \dfrac{1}{2} \times \dfrac{1}{6} = \dfrac{1}{24}$。

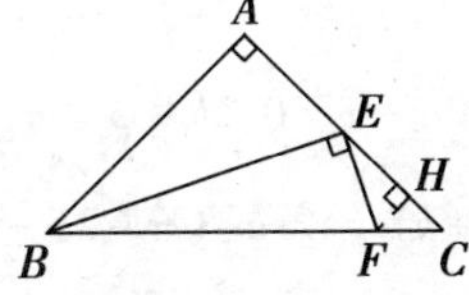

9. A 【命题意图】本题考查抛物线的性质。

【解析】由题意可知抛物线方程为 $y^2 = 4x$，设点 $M(x_1, y_1)$，点 $N(x_2, y_2)$，则由抛物线的定义知，$|MN| = |MF| + |NF| = x_1 + x_2 + 2$，$|MN| = 8$，则 $x_1 + x_2 = 6$。由 $y^2 = 4x$ 得 $y_1^2 = 4x_1$，$y_2^2 = 4x_2$，则 $y_1^2 + y_2^2 = 24$，又 MN 为过焦点的弦，所以 $y_1y_2 = -p^2 = -4$，$|y_2 - y_1| = \sqrt{y_1^2 + y_2^2 - 2y_1y_2} = 4\sqrt{2}$，所以 $S_{\triangle OMN} = \dfrac{1}{2}|OF| \cdot |y_2 - y_1| = 2\sqrt{2}$。

10. C 【命题意图】本题考查直线与圆的位置关系。

【解析】根据题意，由圆 C 的方程 $x^2 + \left(y - \dfrac{1}{2}\right)^2 = 1$，可得圆心坐标 C 为 $\left(0, \dfrac{1}{2}\right)$，半径 $r = 1$，如图所示，过点 M 作圆 C 的两条切线 MA 和 MB，切点分别为 A 和 B，分别连结 CA, CB, CM, AB，CM 与 AB 的交点为 N，根据圆的性质可得 $CA \perp AM$，$CB \perp BM$，$CM \perp AB$，当 $|AB| = \sqrt{2}$ 时，$\because CA = CB = 1$，$\therefore \triangle ABC$ 为等腰直角三角形，$\therefore CN = \dfrac{\sqrt{2}}{2}$，$AN = BN = \dfrac{\sqrt{2}}{2}$，$\because \triangle ANC \backsim \triangle MNA$，$\therefore \dfrac{AN}{MN} = \dfrac{CN}{AN}$，$\therefore MN = AN = \dfrac{\sqrt{2}}{2}$，$\therefore |CM| = |CN| + |MN| = \sqrt{2}$，要使得 $|AB| \geqslant \sqrt{2}$，则满足 $|CM| \geqslant \sqrt{2}$，即 $\sqrt{(0 - x_0)^2 + \left(\dfrac{1}{2} - 0\right)^2} \geqslant \sqrt{2}$，整理得 $x_0^2 \geqslant \dfrac{7}{4}$，解得 $x_0 \leqslant -\dfrac{\sqrt{7}}{2}$ 或 $x_0 \geqslant \dfrac{\sqrt{7}}{2}$，即 x_0 的取值范围是 $\left(-\infty, -\dfrac{\sqrt{7}}{2}\right] \cup \left[\dfrac{\sqrt{7}}{2}, +\infty\right)$。

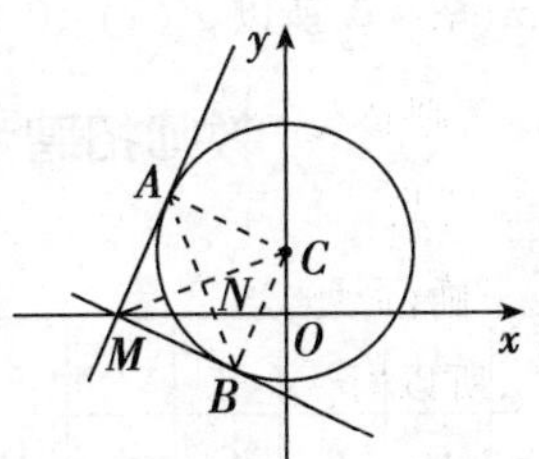

11. C 【命题意图】本题考查平面向量的运算。

【解析】取 $A(0,0)$，则 $C(1, \sqrt{3})$，设 $B(x_1, y_1)$，$D(x_2, y_2)$，则 $\begin{cases} x_2 - x_1 = -\sqrt{3}, \\ y_2 - y_1 = 1。\end{cases}$ $\therefore \overrightarrow{AB} = (x_1, y_1) = (x_2 + \sqrt{3}, y_2 - 1)$，$\overrightarrow{CD} = (x_2 - 1, y_2 - \sqrt{3})$，$\therefore \overrightarrow{AB} \cdot \overrightarrow{CD} = \left(x_2 + \dfrac{\sqrt{3} - 1}{2}\right)^2 + \left(y_2 - \dfrac{\sqrt{3} + 1}{2}\right)^2 - 2 \geqslant -2$，

当 $\begin{cases} x_1 = \dfrac{\sqrt{3} + 1}{2}, \\ y_1 = \dfrac{\sqrt{3} - 1}{2}, \end{cases}$ 且 $\begin{cases} x_2 = \dfrac{-\sqrt{3} + 1}{2}, \\ y_2 = \dfrac{\sqrt{3} + 1}{2}, \end{cases}$ 时，$\overrightarrow{AB} \cdot \overrightarrow{CD}$ 取到最小值为 -2，此时四边形 $ABCD$ 的对角线恰好相交于一点。故选 C。

12. A 【命题意图】本题考查空间几何体的三视图及其体积的计算。

【解析】由三视图可知，该几何体是棱长为 2 的正方体截去一个三棱锥 $A - BCD$ 后所得的多面体，其中 B, D 分别为棱的中点，则 $BC = CD = 1$，且 $AC \perp$ 平面 BCD，$\therefore$ 其体积为 $V = 2 \times 2 \times 2 - \dfrac{1}{3} \times \dfrac{1}{2} \times 1 \times 1 \times 2 = \dfrac{23}{3}\ \mathrm{cm}^3$。

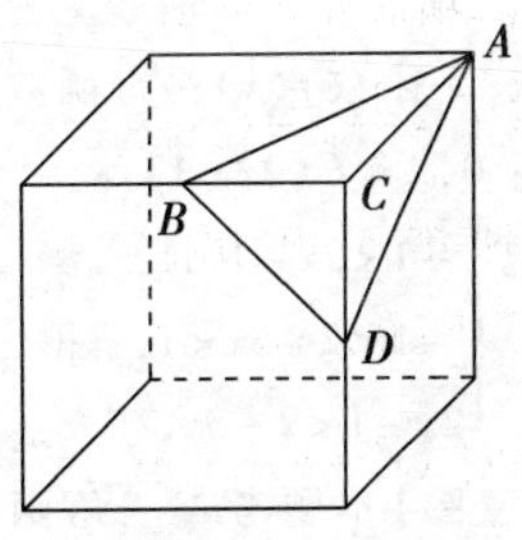

13. D 【命题意图】本题考查排列组合。

【解析】偶数字相邻，奇数字也相邻有 $A_3^3A_2^2A_2^2=24$，然后减去 0 在首位的 4 种情况，故该五位数的个数为 $A_3^3A_2^2A_2^2-A_2^2A_2^2=20$，选 D。

14. C 【命题意图】本题考查命题真假的判断。

【解析】命题①，$(|a|+|b|)^2=a^2+b^2+2|a||b|$，则若 $a^2+b^2\geqslant 1$，则必有 $|a|+|b|\geqslant 1$，反之不成立，故"$a^2+b^2\geqslant 1$"是"$|a|+|b|\geqslant 1$"的充分不必要条件，故①正确；命题②，"p 且 q 为真"，则命题 p,q 均为真，所以"p 或 q 为真"，反之"p 或 q 为真"，则 p,q 都为真或 p,q 为一真一假，所以不一定有"p 且 q 为真"，命题"p 且 q 为真"是"p 或 q 为真"的充分不必要条件，故②错误；命题③，由于幂函数 $f(x)=x^{\alpha}$ 的图象经过点 $\left(2,\frac{\sqrt{2}}{2}\right)$，所以 $2^{\alpha}=\frac{\sqrt{2}}{2}$，即 $\alpha=-\frac{1}{2}$，所以幂函数 $f(x)=x^{-\frac{1}{2}}$，$f(4)=\frac{1}{2}$，故③正确；命题④，若 $x+\ln x>1$，则 $x-1+\ln x>0$，设 $f(x)=x-1+\ln x(x>0)$，$\therefore f'(x)=1+\frac{1}{x}=\frac{1+x}{x}>0$ 恒成立，$\therefore f(x)$ 在 $(0,+\infty)$ 上单调递增，且 $f(1)=0$，$\therefore f(x)>0$ 时 $x>1$，即 $x+\ln x>1$ 时，$x>1$，故命题④正确。

15. C 【命题意图】本题考查矩阵的特征值的计算。

【解析】 $\begin{vmatrix}\lambda-2 & -1\\ -4 & \lambda+1\end{vmatrix}=(\lambda-2)(\lambda+1)-4=(\lambda-3)(\lambda+2)=0$，解得 $\lambda=3$ 或 $\lambda=-2$。

二、填空题

16. $e^2-\frac{1}{3}$ 【命题意图】本题考查二项式展开定理与定积分的应用。

【解析】由二项展开式的通项公式可得，$T_{r+1}=C_6^r(ax^2)^{6-r}\left(-\frac{1}{x}\right)^r=C_6^r(-1)^ra^{6-r}x^{12-3r}$，所以当 $r=4$，即第 5 项为常数项，所以 $T_5=C_6^4(-1)^4a^{6-4}=15a^2=60$，故 $a^2=4$。又 $a>0$，所以 $a=2$，所以 $\int_0^a(x^2+e^x-1)dx=\left(\frac{1}{3}x^3+e^x-x\right)\Big|_0^2=\left(\frac{8}{3}+e^2-2\right)-(0+e^0-0)=e^2-\frac{1}{3}$。

17. $\frac{1}{2}$ 【命题意图】本题考查函数的极限。

【解析】令 $t=\frac{1}{x}$，则原式 $=\lim\limits_{t\to 0}\left[\frac{1}{t}-\frac{\ln(1+t)}{t^2}\right]=\lim\limits_{t\to 0}\frac{t-\ln(1+t)}{t^2}=\lim\limits_{t\to 0}\frac{1-\frac{1}{1+t}}{2t}=\lim\limits_{t\to 0}\frac{1+t-1}{2t(1+t)}=\lim\limits_{t\to 0}\frac{1}{2(1+t)}=\frac{1}{2}$。

18. 73 【命题意图】本题考查线性回归方程的计算与运用。

【解析】由题意可得，$\bar{x}=\frac{1+2+3+4+5}{5}=3$，$\bar{y}=\frac{50+52+56+62+70}{5}=58$，所以 $58=\hat{a}+3\hat{b}$，$\hat{a}=58-3\hat{b}=43$，回归直线方程为 $\hat{y}=5x+43$，当 $x=6$ 时，$\hat{y}=5\times 6+43=73$。

19. $\frac{4^{2015}-1}{3}$ 【命题意图】本题考查新定义运算。

【解析】由 $g(n)$ 的定义易知，当 n 为偶数时，$g(n)=g\left(\frac{n}{2}\right)$；当 n 为奇数时，$g(n)=n$，令 $f(n)=g(1)+g(2)+g(3)+\cdots+g(2^n-1)$，则 $f(n+1)=g(1)+g(2)+g(3)+\cdots+g(2^{n+1}-1)=1+3+\cdots+(2^{n+1}-1)+g(2)+g(4)+\cdots+g(2^{n+1}-2)=\frac{2^n(1+2^{n+1}-1)}{2}+g(1)+g(2)+g(3)+\cdots+g(2^n-1)=4^n+f(n)$，即 $f(n+1)-f(n)=4^n$，分别取 $1,2,3,\cdots,n$ 并累加得，$f(n+1)-f(1)=4+4^2+\cdots+4^n=\frac{4}{3}(4^n-1)$，$\because f(1)=g(1)=1$，$\therefore f(n+1)=\frac{4}{3}(4^n-1)+1$，$\therefore f(n)=g(1)+g(2)+g(3)+\cdots+g(2^n-1)=\frac{4}{3}(4^{n-1}-1)+1$，令 $n=2015$，得 $g(1)+g(2)+g(3)+\cdots+g(2^{2015}-1)=\frac{4^{2015}-1}{3}$。

20. $\frac{4\sqrt{3}}{3}$ 【命题意图】本题考查正弦定理与余弦定理的应用。

【解析】$\because \frac{(a\cos B+b\cos A)\cos B}{2a+b}=\frac{1}{2}$，$\therefore 2(a\cos B+b\cos A)\cos B=2a+b$，由余弦定理得 $2c\cos B=2a+b$，$\therefore 2\sin C\cos B=2\sin A+\sin B$。$\because 2\sin C\cos B=2\sin(B+C)+\sin B$，$\therefore \sin B(2\cos C+1)=0$，$\because 0<\angle B<\pi$，$\therefore \sin B\neq 0$，$\therefore \cos C=-\frac{1}{2}$，$\because 0<\angle C<\pi$，$\therefore \angle C=\frac{2\pi}{3}$，$\sin C=\frac{\sqrt{3}}{2}$，$\because c=4$，根据余弦定理可得，$16=c^2=a^2+b^2-2ab\cos C=a^2+b^2+ab\geqslant 3ab$，$\therefore ab\leqslant\frac{16}{3}$，$S_{\triangle ABC}=\frac{1}{2}ab\sin C\leqslant\frac{1}{2}\times\frac{16}{3}\times\frac{\sqrt{3}}{2}=\frac{4\sqrt{3}}{3}$，当且仅当 $a=b$ 时，等号成立，$\triangle ABC$ 的面积取得最大值 $\frac{4\sqrt{3}}{3}$。

三、解答题

21.【解析】(1)证明：由弦切角定理可知，$\angle NTB=\angle TAB$，同理，$\angle NTB=\angle TCD$，所以 $\angle TCD=\angle TAB$，所以 $AB/\!/CD$。

(2)证明：连结 TM，AM。因为 CD 切内圆于点 M，所以由弦切角定理知，$\angle CMA=\angle ATM$，又由(1)知，$AB/\!/CD$，所以，$\angle CMA=\angle MAB$，又 $\angle MTD=\angle MAB$，所以 $\angle MTD=\angle ATM$。在 $\triangle MTD$ 中，由正弦定理知，$\frac{MD}{\sin\angle DTM}=\frac{TD}{\sin\angle TMD}$①，在 $\triangle MTC$ 中，由正弦定理知，$\frac{MC}{\sin\angle ATM}=\frac{TC}{\sin\angle TMC}$②，因为 $\angle TMC=180°-\angle TMD$，所以 $\sin\angle TMC=\sin\angle TMD$，所以结合①②可得 $\frac{MD}{MC}=\frac{TD}{TC}$，由 $AB/\!/CD$ 知，$\frac{TD}{TC}=\frac{BD}{AC}$，所以 $\frac{MD}{MC}=\frac{BD}{AC}$，即 $AC\cdot MD=BD\cdot CM$。

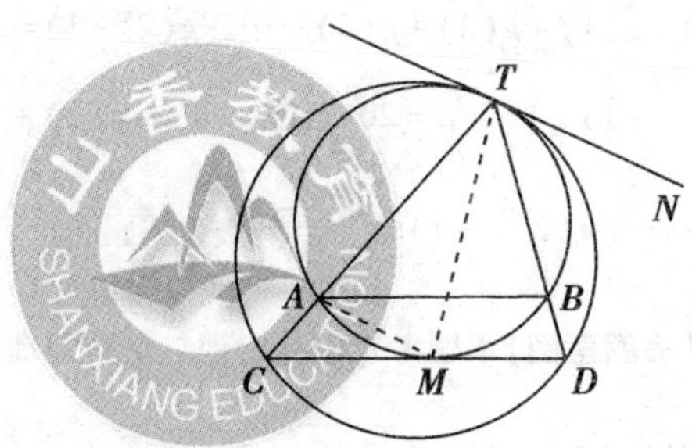

22.【解析】(1)由题设 $S_n=2a_n-2n(n\in\mathbf{N}_+)$，$S_{n-1}=2a_{n-1}-2(n-1)(n\geqslant 2)$，

两式相减得 $a_n=2a_{n-1}+2$，即 $a_n+2=2(a_{n-1}+2)$，又 $a_1+2=4$，所以 $\{a_n+2\}$ 是以 4 为首项，2 为公比的等比数列。

$a_n+2=4\times 2^{n-1}$，$a_n=4\times 2^{n-1}-2=2^{n+1}-2(n\geqslant 2)$，又 $a_1=2$，满足上式，所以 $a_n=2^{n+1}-2(n\in\mathbf{N}_+)$。

(2)由(1)知，$a_n=2^{n+1}-2$，则 $b_n=\log_2(a_n+2)=\log_2 2^{n+1}=n+1$，

则 $T_n=\frac{1}{b_1b_2}+\frac{1}{b_2b_3}+\cdots+\frac{1}{b_nb_{n+1}}=\frac{1}{2\times 3}+\frac{1}{3\times 4}+\cdots+\frac{1}{(n+1)(n+2)}=\frac{1}{2}-\frac{1}{3}+\frac{1}{3}-\frac{1}{4}+\cdots+\frac{1}{n+1}-\frac{1}{n+2}=\frac{1}{2}-\frac{1}{n+2}<\frac{1}{2}$，

因为 $T_n<a$ 对任意的正整数 n 都成立，

则 $a\geqslant\frac{1}{2}$。

23.【解析】(1)证明：由已知，平面 $ABCD\perp$ 平面 $ABPE$，且四边形 $ABCD$ 为矩形，则 $BC\perp AB$，则 $BC\perp$ 平面 $ABPE$，所以 BA，BP，BC 两两垂直，故以 B 为原点，$\overrightarrow{BA}$，$\overrightarrow{BP}$，$\overrightarrow{BC}$ 分别为 x 轴、y 轴、z 轴正方向，建立如图所示的空间直角坐标系。则 $P(0,2,0)$，$D(2,0,1)$，$M\left(1,1,\frac{1}{2}\right)$，$E(2,1,0)$，$C(0,0,1)$，所以 $\overrightarrow{EM}=\left(-1,0,\frac{1}{2}\right)$，易知平面 $ABCD$ 的一个法向量为 $\boldsymbol{n}=(0,1,0)$，$\because \overrightarrow{EM}\cdot\boldsymbol{n}=\left(-1,0,\frac{1}{2}\right)\cdot(0,1,0)=0$，$\therefore \overrightarrow{EM}\perp\boldsymbol{n}$，$\because EM\not\subset$ 平面 $ABCD$，$\therefore EM/\!/$ 平面 $ABCD$。

(2)当点 N 与点 D 重合时，直线 BN 与平面 PCD 所成角的正弦值为 $\frac{2}{5}$。理由如下：

$\because \overrightarrow{PD}=(2,-2,1)$，$\overrightarrow{CD}=(2,0,0)$，设平面 PCD 的一个法向量为 $\boldsymbol{n}_1=(x_1,y_1,z_1)$，由 $\begin{cases}\boldsymbol{n}_1\cdot\overrightarrow{PD}=0,\\ \boldsymbol{n}_1\cdot\overrightarrow{CD}=0\end{cases}$ 得 $\begin{cases}2x_1-2y_1+z_1=0,\\ 2x_1=0,\end{cases}$ 取 $y_1=1$，得平面 PCD 的一个法向量为 $\boldsymbol{n}_1=(0,1,2)$。假设线段 PD 上存在一点 N，使得直线 BN 与平面

PCD 所成角 α 的正弦值为$\frac{2}{5}$，设$\overrightarrow{PN}=\lambda\overrightarrow{PD}$ $(0\leqslant\lambda\leqslant1)$，则 $\overrightarrow{PN}=\lambda(2,-2,1)=(2\lambda,-2\lambda,\lambda)$，$\overrightarrow{BN}=\overrightarrow{BP}+\overrightarrow{PN}=(2\lambda,2-2\lambda,\lambda)$。

$\therefore\ \sin\alpha=|\cos\langle\overrightarrow{BN},\boldsymbol{n}_1\rangle|=\frac{|\overrightarrow{BN}\cdot\boldsymbol{n}_1|}{|\overrightarrow{BN}|\cdot|\boldsymbol{n}_1|}=\frac{2}{\sqrt{5}\cdot\sqrt{(2\lambda)^2+(2-2\lambda)^2+\lambda^2}}=\frac{2}{\sqrt{5}\cdot\sqrt{9\lambda^2-8\lambda+4}}=\frac{2}{5}$。$\therefore 9\lambda^2-8\lambda-1=0$，解得 $\lambda=1$ 或 $\lambda=-\frac{1}{9}$（舍去）。因此，线段 PD 上存在一点 N，当点 N 与点 D 重合时，直线 BN 与平面 PCD 所成角的正弦值等于$\frac{2}{5}$。

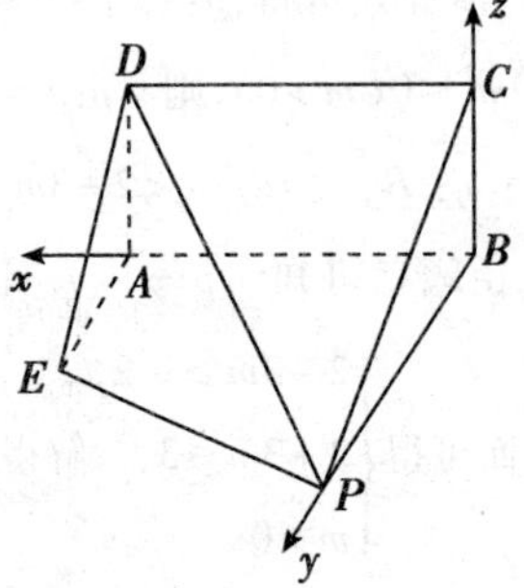

24.【解析】(1)由椭圆离心率为$\frac{c}{a}=\frac{\sqrt{2}}{2}$，得 $a=\sqrt{2}c$，

又 $2a+2c=4(\sqrt{2}+1)$，

解得 $a=2\sqrt{2}$，$c=2$。

又 $b^2=a^2-c^2=4$，

所以椭圆的标准方程为$\frac{x^2}{8}+\frac{y^2}{4}=1$。

因为椭圆的焦点坐标为$(\pm2,0)$，

又双曲线为等轴双曲线，且顶点是该椭圆的焦点，

所以该双曲线的标准方程为$\frac{x^2}{4}-\frac{y^2}{4}=1$。

(2)设点 $P(x,y)$，由(1)知，$F_1(-2,0)$，$F_2(2,0)$，

$\therefore k_1=\frac{y}{x+2}$，$k_2=\frac{y}{x-2}$，

$\therefore k_1\cdot k_2=\frac{y}{x+2}\cdot\frac{y}{x-2}=\frac{y^2}{x^2-4}$，

又点 $P(x,y)$ 在双曲线上，

$\therefore \frac{x^2}{4}-\frac{y^2}{4}=1$，即 $y^2=x^2-4$。

$\therefore k_1\cdot k_2=\frac{y^2}{x^2-4}=1$。

(3)假设存在常数 λ，使得 $|AB|+|CD|=\lambda|AB|\cdot|CD|$ 恒成立，则由(2)知，$k_1\cdot k_2=1$。

设直线 AB 的方程为 $y=k(x+2)$，则直线 CD 的方程为 $y=\frac{1}{k}(x-2)$。设 $A(x_1,y_1)$，$B(x_2,y_2)$，$C(x_3,y_3)$，$D(x_4,y_4)$，

由方程组$\begin{cases}y=k(x+2),\\ \frac{x^2}{8}+\frac{y^2}{4}=1\end{cases}$消去 y，得 $(2k^2+1)x^2+8k^2x+8k^2-8=0$。

则由韦达定理，得 $x_1+x_2=\frac{-8k^2}{1+2k^2}$，$x_1\cdot x_2=\frac{8k^2-8}{2k^2+1}$，

$\therefore |AB|=\sqrt{1+k^2}\cdot\sqrt{(x_1+x_2)^2-4x_1x_2}=\frac{4\sqrt{2}(1+k^2)}{2k^2+1}$，

同理可得 $|CD|=\sqrt{1+\left(\frac{1}{k}\right)^2}\cdot\sqrt{(x_3+x_4)^2-4x_3x_4}=\frac{4\sqrt{2}\left(1+\frac{1}{k^2}\right)}{\frac{2}{k^2}+1}=\frac{4\sqrt{2}(1+k^2)}{k^2+2}$。

$\because |AB|+|CD|=\lambda|AB|\cdot|CD|$，

$\therefore \lambda=\frac{1}{|AB|}+\frac{1}{|CD|}=\frac{2k^2+1}{4\sqrt{2}(k^2+1)}+\frac{k^2+2}{4\sqrt{2}(k^2+1)}=\frac{3+3k^2}{4\sqrt{2}(k^2+1)}=\frac{3\sqrt{2}}{8}$，

$\therefore$ 存在常数 $\lambda=\frac{3\sqrt{2}}{8}$，使得 $|AB|+|CD|=\lambda|AB|\cdot|CD|$ 恒成立。

25.【解析】(1)$\because$ 函数 $f(x)=x-1-a\ln x\ (x>0)$，

$\therefore f'(x)=1-\frac{a}{x}=\frac{x-a}{x}$，且 $f(1)=0$，

当 $a\leqslant0$ 时，$f'(x)>0$ 恒成立，此时 $y=f(x)$ 在 $(0,+\infty)$ 单调递增，这与 $f(x)\geqslant0$ 矛盾；

当 $a>0$ 时，令 $f'(x)=0$，解得 $x=a$，

$\therefore y=f(x)$ 在 $(0,a)$ 上单调递减，在 $(a,+\infty)$

上单调递增,即$f(x)_{\min}=f(a)$,

若$a\neq1$,则存在$x_0\in(0,+\infty)$,使$f(x_0)<f(1)=0$,与$f(x)\geqslant0$在$(0,+\infty)$上恒成立矛盾。

综上所述,$a=1$。

(2)由(1)知,当$a=1$时,$f(x)=x-1-\ln x\geqslant0$即$\ln x\leqslant x-1$,

$\therefore\ \ln(x+1)\leqslant x$,当且仅当$x=0$时取等号,

$\therefore\ \ln\left(1+\frac{1}{2^k}\right)<\frac{1}{2^k},k\in\mathbf{N}^*$,

$\therefore\ \ln\left(1+\frac{1}{2}\right)+\ln\left(1+\frac{1}{2^2}\right)+\cdots+\ln\left(1+\frac{1}{2^n}\right)<\frac{1}{2}+\frac{1}{2^2}+\cdots+\frac{1}{2^n}=1-\frac{1}{2^n}<1$,

即$\left(1+\frac{1}{2}\right)\left(1+\frac{1}{2^2}\right)\cdots\left(1+\frac{1}{2^n}\right)<\mathrm{e}$,

$\because\ m$为整数,且对于任意正整数n,$\left(1+\frac{1}{2}\right)\left(1+\frac{1}{2^2}\right)\cdots\left(1+\frac{1}{2^n}\right)<m$成立,

$\therefore\ m$的最小值为3。

教师招聘考试中学数学最后冲刺试卷(七)

一、单项选择题

1	2	3	4	5	6	7	8	9	10
C	B	D	A	C	D	D	D	A	B
11	12	13	14	15					
D	A	B	D	B					

1. C 【命题意图】本题考查集合的运算。

【解析】集合$A=\{x\mid2x-x^2\leqslant0\}=\{x\mid x\leqslant0$或$x\geqslant2\}=(-\infty,0]\cup[2,+\infty)$,$B=\left\{x\mid\frac{x-2}{x-1}\leqslant0\right\}=\{x\mid1<x\leqslant2\}=(1,2]$,$\therefore\ \complement_{\mathbf{R}}B=(-\infty,1]\cup(2,+\infty)$,$\therefore\ (\complement_{\mathbf{R}}B)\cap A=(-\infty,0]\cup(2,+\infty)$。故选C。

2. B 【命题意图】本题考查复数的性质及其运算。

【解析】由$(3+\mathrm{i})\cdot z=|1+3\mathrm{i}|$,得$z=\frac{|1+3\mathrm{i}|}{3+\mathrm{i}}=\frac{\sqrt{10}(3-\mathrm{i})}{(3+\mathrm{i})(3-\mathrm{i})}=\frac{3\sqrt{10}}{10}-\frac{\sqrt{10}}{10}\mathrm{i}$,$\therefore\ z$的虚部为$-\frac{\sqrt{10}}{10}$。故选B。

3. D 【命题意图】本题考查空间中线面位置关系的判断。

【解析】若$m/\!/\alpha,n/\!/\alpha$,则m,n可相交、平行、异面,A项错误;若$\alpha\perp\gamma,\beta\perp\gamma$,则$\alpha,\beta$可平行,也可相交,B项错误;若$m/\!/\beta,n/\!/\beta$无法决定$\alpha,\beta$的位置关系,C项错误;若$m\perp\alpha,n\perp\alpha$,则$m/\!/n$(线面垂直的性质定理),故选D。

4. A 【命题意图】本题考查充分、必要条件的判断。

【解析】解不等式可得,$p:\{x\mid-2\leqslant x\leqslant3\}$,$q:x^2-4x+4-9m^2\leqslant0(m>0)$,则$\neg p:A=\{x\mid x<-2$或$x>3\}$,$\neg q:B=\{x\mid x<2-3m$或$x>2+3m\}(m>0)$,由题意可知$\neg p\Rightarrow\neg q$,且$\neg q\nRightarrow\neg p$,即$A\subsetneqq B$,从而可得$\begin{cases}2-3m\geqslant-2,\\2+3m\leqslant3,\\m>0\end{cases}$解得$m\in\left(0,\frac{1}{3}\right]$。

5. C 【命题意图】本题考查平面向量的运算。

【解析】$\because\ \boldsymbol{a}=(1,2),\boldsymbol{b}=(-3,5)$,$\therefore\ \boldsymbol{a}+\boldsymbol{b}=(-2,7)$,又$\boldsymbol{a}+\boldsymbol{b}=\lambda\boldsymbol{c}=(4\lambda,\lambda x)$,$\therefore\ -2=4\lambda,7=\lambda x$,解得$\lambda=-\frac{1}{2},x=-14$,$\therefore\ \lambda+x=-\frac{1}{2}-14=-\frac{29}{2}$。故选C。

6. D 【命题意图】本题考查抛物线与直线的综合应用。

【解析】如图,点P到抛物线准线的距离等于点P到焦点F的距离,从而点P到y轴的距离等于到焦点F的距离减$\frac{p}{2}=1$。过焦点F作直线$x-y+4=0$的垂线,此时$d_1+d_2=|PF|+d_2-1$最小,由于F为$(1,0)$,故$|PF|+d_2=\frac{|1-0+4|}{\sqrt{1+1}}=\frac{5\sqrt{2}}{2}$,所以$d_1+d_2$的最小值为$\frac{5\sqrt{2}}{2}-1$。

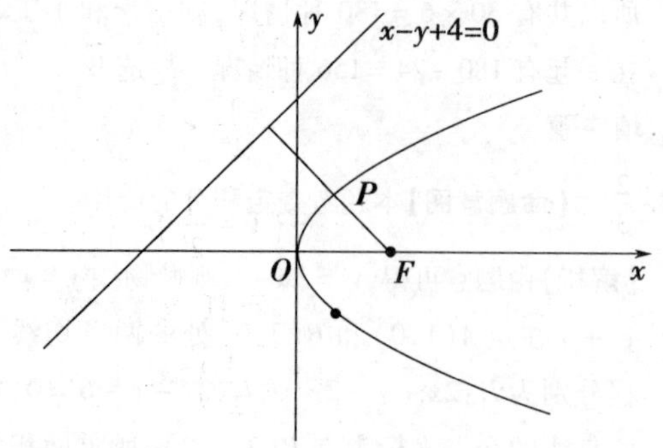

7. D 【命题意图】本题考查数学期望与方差。

【解析】$E(X(X+Y-2))=E(X^2+XY-2X)=E(X^2)+E(XY)-2E(X)=D(X)+(EX)^2+E(X)E(Y)-2E(X)=3+2\times2+2\times1-2\times2=5$。

8. D 【命题意图】本题考查三角函数图象的平移。

【解析】由题意得，$f(0)=f\left(-\dfrac{\pi}{2}\right)$，$\therefore\ \lambda=-1$，$\therefore f(x)=\sin x-\cos x=\sqrt{2}\sin\left(x-\dfrac{\pi}{4}\right)$，$g(x)=\sqrt{2}\sin\left[\dfrac{1}{2}\left(x-\dfrac{\pi}{3}\right)-\dfrac{\pi}{4}\right]=\sqrt{2}\sin\left(\dfrac{1}{2}x-\dfrac{5\pi}{12}\right)$，$\therefore$ 函数 $g(x)$ 的对称轴方程为 $\dfrac{1}{2}x-\dfrac{5\pi}{12}=k\pi+\dfrac{\pi}{2}$，解得 $x=2k\pi+\dfrac{11\pi}{6}(k\in\mathbf{Z})$，当 $k=0$ 时，对称轴的方程为 $x=\dfrac{11\pi}{6}$。

9. A 【命题意图】本题考查逻辑推理。

【解析】因为每天至少有四辆车可以上路行驶，E 车明天可以上路，E 车周四限行，所以今天不是周三；因为 B 车昨天限行，所以今天不是周一，不是周五，也不是周日；因为 A、C 两车连续四天都能上路行驶，所以今天不是周二和周六，所以今天是周四，故 A 项正确，B 项错误。C 项错误，因为昨天即周三限行的是 B 车；由于从今天算起，A、C 两车连续四天都能上路，故 C 车不可能周五限行，故 D 项错误。

10. B 【命题意图】本题考查等差数列的性质。

【解析】$\because\ \dfrac{S_n}{T_n}=\dfrac{2n+2}{n+3}$，$\therefore\ \dfrac{S_{29}}{T_{29}}=\dfrac{2\times29+2}{29+3}=\dfrac{15}{8}$，$\because S_{29}=\dfrac{29}{2}(a_1+a_{29})=29a_{15}$，$T_{29}=\dfrac{29}{2}(b_1+b_{29})=29b_{15}$，$\therefore\ \dfrac{S_{29}}{T_{29}}=\dfrac{a_{15}}{b_{15}}=\dfrac{15}{8}$。

11. D 【命题意图】本题考查函数的导数与函数性质的综合应用。

【解析】由 $f'(x)+f(x)>2020$ 可得，$f'(x)+f(x)-2020>0$，设 $F(x)=e^x[f(x)-2020]$，则 $F'(x)=e^x[f(x)-2020+f'(x)]>0$，可得到函数 $F(x)$ 在 $\mathbf{R}$ 上单调递增，且 $F(1)=e[f(1)-2020]=e$，由 $f(x)\leqslant2020+\dfrac{1}{e^{x-1}}$ 可得 $e^x[f(x)-2020]\leqslant e=e[f(1)-2020]=F(1)$，可得 $F(x)\leqslant F(1)$，故不等式的解集为 $x\leqslant1$。故选 D。

12. A 【命题意图】本题考查旋转体的体积。

【解析】设⊙O 的半径为 R，则⊙O 旋转一周所形成的几何体为一个球，半径为 R，则体积为 $V_1=\dfrac{4\pi R^3}{3}$，$\triangle ABC$ 以直线 AB 为轴旋转形成的几何体为两个有公共底面的圆锥的组合体，设其底面半径为 r，则 $V_2=\dfrac{\pi r^2}{3}\cdot AB=\dfrac{2\pi Rr^2}{3}$，在⊙$O$ 中，AB 为直径，$\triangle ABC$ 为直角三角形，则 $\begin{cases}AC^2+BC^2=4R^2,\\ \dfrac{1}{2}\times2R\times r=\dfrac{1}{2}\times AC\times BC,\end{cases}$ 故 $V_2=\dfrac{2\pi Rr^2}{3}=\dfrac{2\pi R\left(\dfrac{AC\cdot BC}{2R}\right)^2}{3}=\dfrac{\pi(AC\cdot BC)^2}{6R}\leqslant\dfrac{\pi\left(\dfrac{AC^2+BC^2}{2}\right)^2}{6R}=\dfrac{2\pi R^3}{3}$，当且仅当 $AC=BC$ 时，V_2 取得最大值，故 $\dfrac{V_1}{V_2}$ 的最小值为 2。故选 A。

13. B 【命题意图】本题考查函数与方程的根的综合应用。

【解析】令 $-1<x<0$，则 $0<x+1<1$，从而有 $f(x+1)=\dfrac{x+1}{2}$，故 $f(x)=\begin{cases}\dfrac{2}{x+1}-1,-1<x<0,\\ \dfrac{x}{2},0\leqslant x<1,\end{cases}$ 由 $f(x)-2ax=a-1$ 得 $f(x)=a(2x+1)-1$，如图所示，函数 $y=a(2x+1)-1$ 恒过点 $A\left(-\dfrac{1}{2},-1\right)$，由

$B\left(1,\frac{1}{2}\right)$，$C(0,1)$ 可得 $k_{AB}=\dfrac{\frac{1}{2}+1}{1+\frac{1}{2}}=1$，$k_{OA}=2$，$k_{AC}=\dfrac{1+1}{\frac{1}{2}}=4$，若方程 $f(x)-2ax=a-1$ 有唯一解，则 $1<2a\leqslant 2$ 或 $2a>4$，即 $\frac{1}{2}<a\leqslant 1$ 或 $a>2$；当 $2ax+a-1=\frac{2}{x+1}-1$，即图象相切时，有 $\Delta=0$，即 $9a^2-8a(a-2)=0$，解得 $a=-16$ 或 $a=0$（舍去）。则 a 的取值范围是 $\{-16\}\cup\left(\frac{1}{2},1\right]\cup(2,+\infty)$。故选 B。

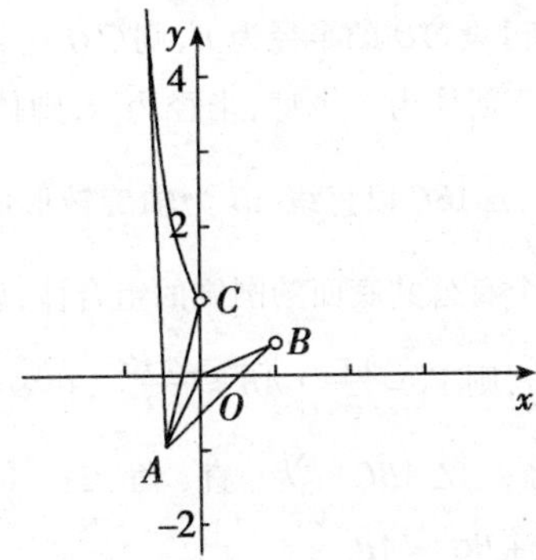

14. D 【命题意图】本题考查极坐标与参数方程的转化。

【解析】由直线 l 的参数方程得普通方程为 $x-y-4=0$，已知圆的极坐标方程为 $\rho=4\cos\theta$，转化后得圆的方程为 $x^2+y^2=4x$，则圆心坐标为 $(2,0)$，半径为 2，故圆心到直线的距离为 $d=\sqrt{2}$，弦长为 $2\times\sqrt{2^2-(\sqrt{2})^2}=2\sqrt{2}$。

15. B 【命题意图】本题考查排列组合。

【解析】若小李和小王在一起，则两个人只能在丙或丁比赛场地，共有 2 种情况，则剩下的四位志愿者选两位分别分配到甲、乙比赛场地，共有 $A_4^2=4\times3=12$ 种情况，所以小李和小王在一起共有 $2\times12=24$ 种情况，而不考虑小李和小王的限制时，从六个人中选两个分别放在甲、乙比赛场地，共有 $C_6^2\times A_2^2=30$ 种情况，将剩下四个人分两组分别放在丙、丁比赛场地，有 $\frac{C_4^2\times A_2^2}{A_2^2}=6$ 种情况，所以共有 $30\times6=180$ 种情况，则小李和小王不在一起有 $180-24=156$ 种情况。故选 B。

二、填空题

16. $\frac{2}{3}$ 【命题意图】本题考查定积分的应用。

【解析】由题意可得，$y'=2x-4$，则抛物线 $y=x^2-4x+3$ 在点 $A(1,0)$ 和 $B(3,0)$ 处的两条切线方程分别为 $l_1:2x+y-2=0$，$l_2:2x-y-6=0$，则两直线的交点坐标为点 $P(2,-2)$，所求面积为 $S=\int_1^2[(x^2-4x+3)-(-2x+2)]\mathrm{d}x+\int_2^3[(x^2-4x+3)-(2x-6)]\mathrm{d}x=\left(\frac{1}{3}x^3-x^2+x\right)\Big|_1^2+\left(\frac{1}{3}x^3-3x^2+9x\right)\Big|_2^3=\frac{2}{3}$。

17. $-\frac{15}{4}$ 【命题意图】本题考查极限的计算。

【解析】原式 $=\lim\limits_{n\to\infty}\dfrac{2\cdot2^n-15\cdot3^n}{3\cdot2^n+4\cdot3^n}=\lim\limits_{n\to\infty}\dfrac{2\cdot\left(\frac{2}{3}\right)^n-15}{3\cdot\left(\frac{2}{3}\right)^n+4}=\dfrac{2\lim\limits_{n\to\infty}\left(\frac{2}{3}\right)^n-\lim\limits_{n\to\infty}15}{3\lim\limits_{n\to\infty}\left(\frac{2}{3}\right)^n+\lim\limits_{n\to\infty}4}=\dfrac{2\times0-15}{3\times0+4}=-\dfrac{15}{4}$。

18. $3-\log_2 3$ 【命题意图】本题考查反函数以及函数的性质。

【解析】$\because f(x-1)=f(x+3)$，$\therefore f(x)=f(x+4)$，$\therefore$ 函数的周期为 $T=4$，$\therefore x\in[0,2]$ 时，$x+4\in[4,6]$，$\therefore f(x)=f(x+4)=2^{x+4}+1$，$\because$ 函数 $f(x)$ 为偶函数，$\therefore x\in[-2,0]$ 时，$-x\in[0,2]$，则 $f(x)=f(-x)=2^{-x+4}+1$，令 $f(x)=2^{-x+4}+1=19$，解得 $x=4-\log_2 18=3-2\log_2 3$，从而 $f^{-1}(19)=3-2\log_2 3$。

19. $\frac{5}{2}$ 【命题意图】本题考查线性规划的应用。

【解析】根据不等式组画出可行域，如图所示，目标函数可写为 $y=-\frac{1}{m}x+\frac{z}{m}$，因为 $m>1$，所以 $-1<-\frac{1}{m}<0$，将函数 $y=-\frac{1}{m}x$ 的图象平移经过可行域时，在点 $G(\frac{1}{3},\frac{2}{3})$ 处 z 取最大值，此时

$z=2$,所以 $2=\frac{1}{3}+\frac{2m}{3}$,解得 $m=\frac{5}{2}$。

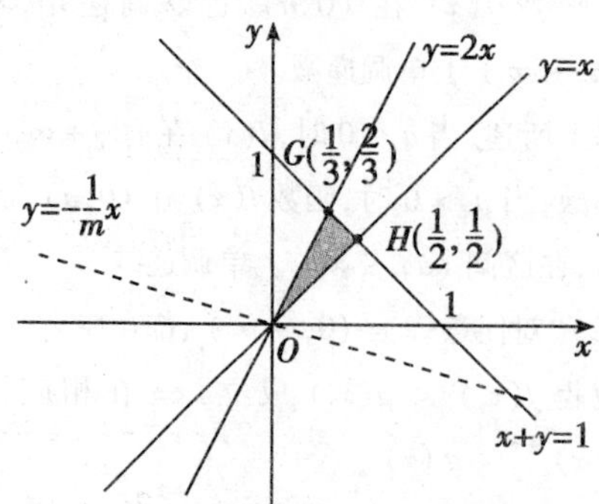

20. 125 【命题意图】本题考查二项式定理的应用。

【解析】令 $x=0$,解得 $a_0=1$;令 $x=1$,得 $-2=a_0+a_1+a_2+\cdots+a_8$,即 $a_1+a_2+\cdots+a_8=-3$,$\because a_8=(-2)^7C_7^7=-128$,$\therefore a_1+a_2+\cdots+a_7=-3-a_8=125$。

三、解答题

21.【解析】(1)由 $\frac{2\tan B}{\tan A+\tan B}=\frac{b}{c}$ 及正弦定理可知,$\frac{2\sin B}{\cos B}\cdot\frac{\cos A\cdot\cos B}{\sin(A+B)}=\frac{\sin B}{\sin C}$,化简得 $2\cos A=1$,又 $\angle A\in(0,\pi)$,故 $\angle A=\frac{\pi}{3}$。

(2)由余弦定理 $a^2=b^2+c^2-2bc\cos A$,得 $13=9+c^2-3c$,所以 $c^2-3c-4=0$,

即 $(c-4)(c+1)=0$,所以 $c=4$(负值舍去),从而 $S_{\triangle ABC}=\frac{1}{2}bc\sin A=\frac{1}{2}\times 3\times 4\times\frac{\sqrt{3}}{2}=3\sqrt{3}$。

22.【解析】(1)证明:$\because a_{n+1}=3a_n+1$,

$\therefore a_{n+1}+\frac{1}{2}=3(a_n+\frac{1}{2})$,又$\because a_1+\frac{1}{2}=\frac{3}{2}\neq 0$,$\therefore$ 数列 $\left\{a_n+\frac{1}{2}\right\}$ 是首项为 $\frac{3}{2}$,公比为3的等比数列,

$\therefore a_n+\frac{1}{2}=\frac{3}{2}\times 3^{n-1}=\frac{1}{2}\times 3^n$,$\therefore a_n=\frac{3^n-1}{2}$。

(2)由(1)知 $\frac{1}{a_n}=\frac{2}{3^n-1}$,

当 $n=1$ 时,$\frac{1}{a_1}=1$;

当 $n\geqslant 2$ 时,$3^n-1>2\times 3^{n-1}$,即 $\frac{2}{3^n-1}<\frac{2}{2\times 3^{n-1}}=\frac{1}{3^{n-1}}$,

$\therefore \frac{1}{a_1}+\frac{1}{a_2}+\cdots+\frac{1}{a_n}<1+\frac{1}{3}+\frac{1}{3^2}+\cdots+\frac{1}{3^{n-1}}$

$=\frac{1-\left(\frac{1}{3}\right)^n}{1-\frac{1}{3}}=\frac{3}{2}\left(1-\frac{1}{3^n}\right)<\frac{3}{2}$,

故当 $n\in\mathbf{N}^*$ 时,$\frac{1}{a_1}+\frac{1}{a_2}+\cdots+\frac{1}{a_n}<\frac{3}{2}$ 成立。

23.【解析】(1)由散点图可以判断 $y=c+d\sqrt{x}$ 适宜作为年销售量 y 关于年宣传费 x 的回归方程类型。

(2)令 $w=\sqrt{x}$,先建立 y 关于 w 的线性回归方程。由于 $\hat{d}=\frac{\sum_{i=1}^{8}(\omega_i-\bar{\omega})(y_i-\bar{y})}{\sum_{i=1}^{8}(\omega_i-\bar{\omega})^2}=\frac{108.8}{1.6}=68$,$\hat{c}=\bar{y}-\hat{d}\bar{\omega}=563-68\times 6.8=100.6$,

所以 y 关于 w 的线性回归方程为 $\hat{y}=100.6+68\omega$,因此 y 关于 x 的回归方程为 $\hat{y}=100.6+68\sqrt{x}$。

(3)①由(2)知,当 $x=49$ 时,年销售量 y 的预报值 $\hat{y}=100.6+68\sqrt{49}=576.6$,年利润 z 的预报值 $\hat{z}=576.6\times 0.2-49=66.32$。

②根据(2)的结果知,年利润 z 的预报值 $\hat{z}=0.2(100.6+68\sqrt{x})-x=-x+13.6\sqrt{x}+20.12$,

所以当 $\sqrt{x}=\frac{13.6}{2}=6.8$,即 $x=46.24$ 时,$\hat{z}$ 取得最大值。故年宣传费为46.24千元时,年利润的预报值最大。

24.【解析】(1)由已知可得 $c=2$,$\therefore a^2+b^2=4$,$\because$ 点 $P(3,\sqrt{7})$ 在双曲线 C 上得 $\frac{3^2}{a^2}-\frac{(\sqrt{7})^2}{b^2}=1$,解得 $a^2=18$(舍)或 $a^2=2$,$b^2=2$。故双曲线 C 的方程为 $\frac{x^2}{2}-\frac{y^2}{2}=1$。

(2)由题意知直线 l 的斜率存在,故设直线 l 的方

程为 $y=kx+2$，由 $\begin{cases}y=kx+2,\\ \frac{x^2}{2}-\frac{y^2}{2}=1\end{cases}$ 得 $(1-k^2)x^2-4kx-6=0$（$*$），设直线 l 与双曲线 C 交于 $E(x_1,y_1)$，$F(x_2,y_2)$，则 x_1,x_2 是方程（$*$）的两个不等的实根，$\therefore 1-k^2\neq 0$ 且 $\Delta=16k^2+24(1-k^2)>0$，即 $k^2<3$ 且 $k^2\neq 1$①，此时 $x_1+x_2=\frac{4k}{1-k^2}$，$x_1x_2=-\frac{6}{1-k^2}$，$\because S_{\triangle OEF}=\frac{1}{2}|OQ||x_1-x_2|=\frac{1}{2}\times 2|x_1-x_2|=2\sqrt{2}$，即 $(x_1+x_2)^2-4x_1x_2=8$，$\therefore \left(\frac{4k}{1-k^2}\right)^2+\frac{24}{1-k^2}=8$，$\therefore 3-k^2=(k^2-1)^2$，即 $k^4-k^2-2=0$，$\therefore (k^2+1)(k^2-2)=0$，$\because k^2+1\neq 0$，$\therefore k^2-2=0$，$\therefore k=\pm\sqrt{2}$，满足①，$\therefore$ 直线 l 的方程为 $y=\sqrt{2}x+2$ 或 $y=-\sqrt{2}x+2$。

25.【解析】(1) $f'(x)=-1+\frac{a}{x}=\frac{a-x}{x}(x>0)$，

①当 $a\leqslant 0$ 时，$a-x<0$，$f'(x)<0$，此时 $f(x)$ 在 $(0,+\infty)$ 单调递减；

②当 $a>0$ 时，令 $f'(x)=0$，解得 $x=a$，

在区间 $(0,a)$ 上，$f'(x)>0$，在区间 $(a,+\infty)$ 上，$f'(x)<0$，

$\therefore$ 函数 $f(x)$ 在 $(0,a)$ 上单调递增，在区间 $(a,+\infty)$ 上单调递减。

综上所述，当 $a\leqslant 0$ 时，$f(x)$ 在 $(0,+\infty)$ 上单调递减；当 $a>0$ 时，函数 $f(x)$ 在 $(0,a)$ 上单调递增，在区间 $(a,+\infty)$ 上单调递减。

(2)"对任意 $x_1\in(0,+\infty)$，都存在 $x_2\in[0,1]$，使得 $f(x_1)<g(x_2)$ 成立" $\Leftrightarrow$ 在相应区间上，$f(x)_{\max}<g(x)_{\max}$，

$\because$ 在区间 $[0,1]$ 上 $g'(x)=2x-2\leqslant 0$，

$\therefore g(x)$ 在区间 $[0,1]$ 上单调递减，$g(x)_{\max}=g(0)=2a$。

由(1)得，当 $a<0$ 时，$f(x)$ 在区间 $(0,+\infty)$ 上递减，值域是 $\mathbf{R}$，不符合题意；

当 $a=0$ 时，$f(x)=-x<0=g(x)_{\max}$，符合题意；

当 $a>0$ 时，$f(x)$ 在区间 $(0,a)$ 上递增，在区间 $(a,+\infty)$ 上递减，

$f(x)_{\max}=f(a)=-a+a\ln a$，

$\therefore 2a>-a+a\ln a$，解得 $0<a<e^3$。

综上，实数 a 的取值范围是 $[0,e^3)$。

教师招聘考试中学数学最后冲刺试卷(八)

一、单项选择题

1	2	3	4	5	6	7	8	9	10
B	A	B	A	B	A	A	D	C	C
11	12	13	14	15					
C	D	B	D	A					

1. B 【命题意图】本题考查复数的基本概念。

【解析】A 项错误，两个复数的虚部不为零时，不能比较大小；B 项正确，复数可以与实数比较大小，说明该复数的虚部为 0，即为实数；C 项错误，复数 z_1 表示复平面任一点到 $(1,0)$ 的距离等于 1 的点的集合，则轨迹是以 $(1,0)$ 为圆心，以 1 为半径的圆；D 项错误，$z=a+bi=\begin{cases}z^2=a^2-b^2+2abi,\\ |z|^2=a^2+b^2,\end{cases}$ 当且仅当 $b=0$ 时，$z^2=|z|^2$ 成立。

2. A 【命题意图】本题考查导数的应用。

【解析】$y'=\frac{-4e^x}{(e^x+1)^2}=\frac{-4}{e^x+2+e^{-x}}<0$。$\because e^x+e^{-x}\geqslant 2\sqrt{e^x\cdot e^{-x}}=2$，当且仅当 $x=0$ 时，等号成立，$\therefore e^x+e^{-x}+2\geqslant 4$，$\therefore y'\in[-1,0)$，即 $\tan\alpha\in[-1,0)$。$\because 0\leqslant\alpha<\pi$，$\therefore \frac{3\pi}{4}\leqslant\alpha<\pi$。

3. B 【命题意图】本题考查函数的奇偶性、函数的图象。

【解析】$\because f(-x)=\frac{(-x)^3}{e^{-x}-e^x}=\frac{x^3}{e^x-e^{-x}}=f(x)$，

$\therefore f(x)$ 为偶函数，图象关于 y 轴对称，排除 A、D，当 $x\to+\infty$ 时，$f(x)\to 0$，排除 C。故选 B。

4. A 【命题意图】本题考查向量的运算。

【解析】∵ 向量 $\boldsymbol{a}=(1,-1)$，$\boldsymbol{b}=(m,-1)$，$\boldsymbol{c}=(-4,1-m)$，$\boldsymbol{a}+\boldsymbol{b}=(1+m,-2)$，$\boldsymbol{a}-\boldsymbol{c}=(5,-2+m)$，又$(\boldsymbol{a}+\boldsymbol{b})\perp(\boldsymbol{a}-\boldsymbol{c})$，$\therefore 5+5m+4-2m=0$，解得 $m=-3$。

5. B 【命题意图】本题考查正弦定理与余弦定理的应用。

【解析】因为 $\sin B+\sin A(\sin C-\cos C)=0$，所以 $\sin(A+C)+\sin A\sin C-\sin A\cos C=0$，所以 $\sin A\cos C+\cos A\sin C+\sin A\sin C-\sin A\cos C=0$，整理得 $\sin C(\sin A+\cos A)=0$，因为 $\sin C\neq 0$，所以 $\sin A+\cos A=0$，所以 $\tan A=-1$，因为 $\angle A\in(0,\pi)$，所以 $\angle A=\frac{3\pi}{4}$，由正弦定理得 $\sin C=\frac{c\sin A}{a}=\frac{\sqrt{2}\times\frac{\sqrt{2}}{2}}{2}=\frac{1}{2}$，又 $0<\angle C<\frac{\pi}{4}$，所以 $\angle C=\frac{\pi}{6}$。

6. A 【命题意图】本题考查函数的连续性。

【解析】∵ $f(x)$ 在 $x=0$ 处连续，则 $\lim\limits_{x\to 0}f(x)=f(0)$，即有 $\lim\limits_{x\to 0}f(x)=\lim\limits_{x\to 0}(\frac{e^x-1}{x}-2)=-1=a$，故 $a=-1$。

7. A 【命题意图】本题考查几何概型。

【解析】设 $\triangle ABC$ 的三边 BC,AC,AB 的长分别为 a,b,c，则 $a^2=b^2+c^2$，则区域Ⅰ的面积 $S_{Ⅰ}=\frac{1}{2}bc$；区域Ⅱ的面积 $S_{Ⅱ}=\frac{1}{2}\cdot\pi\cdot\left(\frac{c}{2}\right)^2+\frac{1}{2}\cdot\pi\cdot\left(\frac{b}{2}\right)^2+\frac{1}{2}bc-\frac{1}{2}\cdot\pi\cdot\left(\frac{a}{2}\right)^2=\frac{1}{8}\cdot\pi\cdot(b^2+c^2-a^2)+\frac{1}{2}bc=\frac{1}{2}bc$；区域Ⅲ的面积 $S_{Ⅲ}=\frac{1}{2}\cdot\pi\cdot\left(\frac{a}{2}\right)^2-\frac{1}{2}bc=\frac{\pi a^2}{8}-\frac{1}{2}bc$。由几何概型的概率公式可知 $p_1=p_2$。故选 A。

8. D 【命题意图】本题考查函数的基本性质。

【解析】由 $f(x)=f(2-x)$ 可知，$y=f(x)$ 的图象关于直线 $x=1$ 对称，∵ $f(x)$ 在 $(-\infty,1)$ 上单调递增，$\therefore f(x)$ 在 $(1,+\infty)$ 上单调递减，$\therefore f(\log_2 x)>f(-2)$ 等价于 $|\log_2 x-1|<|-2-1|$，即 $-3<\log_2 x-1<3$，即 $-2<\log_2 x<4$，即 $\frac{1}{4}<x<16$，故选 D。

9. C 【命题意图】本题考查二项式定理。

【解析】$\left(x-\frac{1}{x}\right)^n$ 的展开式中只有第 7 项的二项式系数最大，$\therefore n=12$，通项为 $T_{r+1}=(-1)^r C_{12}^r\cdot x^{12-2r}$，令 $12-2r=2$，$\therefore r=5$，$\therefore$ 展开式中含 x^2 项的系数是 $(-1)^5C_{12}^5=-792$。

10. C 【命题意图】本题考查三棱锥的外接球的相关性质。

【解析】∵ 三棱锥 $P-ABC$ 中，PA,PB,PC 两两垂直，且长度相等，$\therefore$ 此三棱锥的外接球即以 PA,PB,PC 为三条共顶点棱的正方体的外接球 O，∵ 球O 的半径为 1，$\therefore$ 正方体的棱长为 $\frac{2\sqrt{3}}{3}$，即 $PA=PB=PC=\frac{2\sqrt{3}}{3}$，球心到平面 ABC 的距离即正方体中心到平面 ABC 的距离，设 P 到平面 ABC 的距离为 h，则正三棱锥 $P-ABC$ 的体积 $V=\frac{1}{3}S_{\triangle ABC}\times h=\frac{1}{3}S_{\triangle PAB}\times PC=\frac{1}{3}\times\frac{1}{2}\times\left(\frac{2\sqrt{3}}{3}\right)^3$，$\triangle ABC$ 是边长为 $\frac{2\sqrt{6}}{3}$ 的正三角形，$S_{\triangle ABC}=\frac{2\sqrt{3}}{3}$，$\therefore h=\frac{2}{3}$，$\therefore$ 球心 O 到平面 ABC 的距离为 $1-\frac{2}{3}=\frac{1}{3}$。故选 C。

11. C 【命题意图】本题考查由实际问题抽象出数学模型及余弦定理、勾股定理的计算。

【解析】如图，由 $Rt\triangle ASC\cong Rt\triangle BSC$，得 $CB=CA$，$SA=SB$。设 AB 的中点为 M，则 $SM\perp AB$，$CM\perp AB$，故 $AB\perp$ 平面 SMC，故 $V_{S-ABC}=V_{A-SCM}+V_{B-SCM}=\frac{1}{3}AB\cdot S_{\triangle SCM}$。在 $Rt\triangle SAC$ 与 $Rt\triangle SMA$ 中，可求得 $SA=2\sqrt{3}$，$AC=2$，$SM=\frac{3\sqrt{5}}{2}$。在等腰三角形 CAB 中，$CM\perp AB$ 且 $MC=\sqrt{AC^2-AM^2}=\frac{\sqrt{13}}{2}$，因为 $SM=\frac{3\sqrt{5}}{2}$，$CM=\frac{\sqrt{13}}{2}$，$SC=4$，所以由余弦定

理得，$\cos\angle SMC=\frac{SM^2+CM^2-SC^2}{2SM\cdot CM}=-\frac{1}{\sqrt{65}}$，则 $\sin\angle SMC=\sqrt{1-(-\frac{1}{\sqrt{65}})^2}=\frac{8}{\sqrt{65}}$，由三角形面积公式得 $\triangle SCM$ 的面积 $S=\frac{1}{2}\cdot SM\cdot CM\cdot\sin\angle SMC=\frac{1}{2}\times\frac{3\sqrt{5}}{2}\times\frac{\sqrt{13}}{2}\times\frac{8}{\sqrt{65}}=3$，故 $V_{S-ABC}=\frac{1}{3}AB\cdot S_{\triangle SCM}=\frac{1}{3}\times\sqrt{3}\times3=\sqrt{3}$。

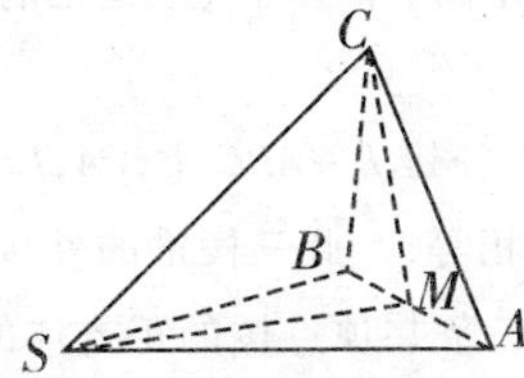

12. D 【命题意图】本题考查双曲线的几何性质、离心率，以及直线与圆的位置关系。

【解析】设 PF_1 与圆相切于点 M，因为 $|PF_2|=|F_1F_2|=2c$，所以 $\triangle PF_1F_2$ 为等腰三角形，又因为在 $\mathrm{Rt}\triangle F_1MO$ 中，$|F_1M|^2=|F_1O|^2-a^2=c^2-a^2$，所以 $|F_1M|=b$，在 $\triangle F_1F_2P$ 中，结合等腰三角形的性质可知，$|PF_1|=4|F_1M|=4b$①，又 $|PF_1|=|PF_2|+2a=2c+2a$②，$c^2=a^2+b^2$③，由①②③，得 $\frac{c}{a}=\frac{5}{3}$。故选 D。

13. B 【命题意图】本题考查函数的性质、导数的应用，以及点到直线的距离公式。

【解析】函数 $y=\frac{1}{2}e^x$ 与函数 $y=\ln(2x)$ 互为反函数，其图象关于直线 $y=x$ 对称，由图象知，$|PQ|$ 最小时，点 P,Q 也关于 $y=x$ 对称，此时 P 点的切线与 $y=x$ 平行，$y'|_{x=x_P}=\frac{1}{2}e^x\Big|_{x=x_P}=\frac{1}{2}e^{x_P}=1$，解得 $x_P=\ln2$，$\therefore P(\ln2,1)$，$\therefore P$ 点到直线 $y=x$ 的距离为 $d=\frac{|\ln2-1|}{\sqrt{2}}$，$\therefore |PQ|=2d=\sqrt{2}(1-\ln2)$。

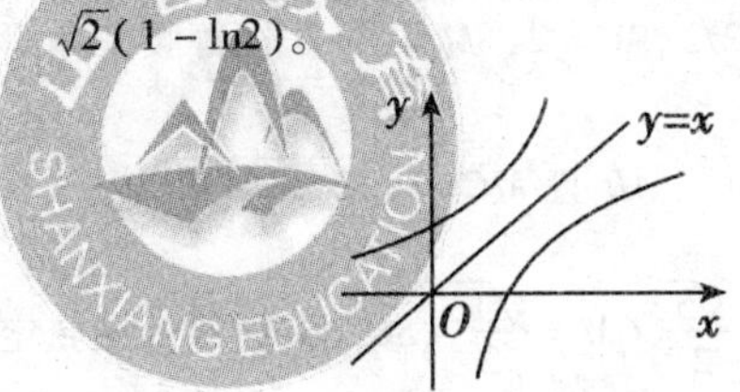

14. D 【命题意图】本题考查直线与圆的位置关系、基本不等式的应用。

【解析】圆 $x^2+y^2-4x-4y+4=0$ 可化为 $(x-2)^2+(y-2)^2=2^2$，其圆心为 $(2,2)$，半径 $r=2$，因为直线 $(m+1)x+(n+1)y-4=0$ 与圆相切，则 $2=\frac{|2(m+1)+2(n+1)-4|}{\sqrt{(m+1)^2+(n+1)^2}}$，整理得，$(m-1)(n-1)=2$，$\therefore m+n=mn-1\geqslant2\sqrt{mn}$，$\therefore \sqrt{mn}\geqslant\sqrt{2}+1$，$mn\geqslant3+2\sqrt{2}$，故选 D。

15. A 【命题意图】本题考查正态分布性质的应用与事件概率的计算。

【解析】$\because$ 学生成绩 X 服从正态分布 $N(85,\delta^2)$，且 $P(80<X<90)=0.3$，$\therefore P(X\geqslant90)=\frac{1}{2}[1-P(80<X<90)]=0.35$。

二、填空题

16. $\frac{2\sqrt{3}}{3}$ 【命题意图】本题考查函数极限的计算。

【解析】利用洛必达法则，$\lim\limits_{x\to\frac{\pi}{6}}\frac{\sin\left(2x-\frac{\pi}{3}\right)}{1-2\cos\left(x+\frac{\pi}{6}\right)}=\lim\limits_{x\to\frac{\pi}{6}}\frac{2\cos\left(2x-\frac{\pi}{3}\right)}{2\sin\left(x+\frac{\pi}{6}\right)}=\frac{2\sqrt{3}}{3}$。

17. $\frac{9}{8}+\frac{\pi}{2}$ 【命题意图】本题考查分段函数定积分的几何应用。

【解析】$\int_{\frac{1}{2}}^{4}f(x)dx=\int_{\frac{1}{2}}^{2}(-x+2)dx+\int_{2}^{4}\sqrt{1-(x-3)^2}dx$，其中 $\int_{\frac{1}{2}}^{2}(-x+2)dx=\left(-\frac{1}{2}x^2+2x\right)\Big|_{\frac{1}{2}}^{2}=\frac{9}{8}$，$\int_{2}^{4}\sqrt{1-(x-3)^2}dx$ 表示以 $(3,0)$ 为圆心，以 1 为半径的圆的面积的二分之一，故 $\int_{2}^{4}\sqrt{1-(x-3)^2}dx=\frac{\pi}{2}$，故原积分 $=\frac{9}{8}+\frac{\pi}{2}$。

18. 4 【命题意图】本题考查等比数列的性质以及不等式的求解。

【解析】设等比数列$\{a_n\}$的公比为$q(q>0)$，$\because \frac{S_7-S_5}{S_5-S_3}=\frac{1}{4}$，$\therefore \frac{a_7+a_6}{a_5+a_4}=\frac{q^2(a_5+a_4)}{a_5+a_4}=q^2=\frac{1}{4}$，解得$q=\frac{1}{2}$（$q=-\frac{1}{2}$舍去），$\therefore S_n=\frac{32\left[1-\left(\frac{1}{2}\right)^n\right]}{1-\frac{1}{2}}=64\left[1-\left(\frac{1}{2}\right)^n\right]$，$\therefore$不等式$S_k\leqslant 4\cdot(2^k-1)$，即$64\left[1-\left(\frac{1}{2}\right)^k\right]\leqslant 4\cdot(2^k-1)$，化简得$16\leqslant 2^k$，则正整数$k$的最小值为4。

19. $x^2+y^2-4x-2y=0$ 【命题意图】本题考查极坐标与直角坐标的互化。

【解析】已知$\rho=2\sin\theta+4\cos\theta$，则$\rho^2=2\rho\sin\theta+4\rho\cos\theta$，由$x=\rho\cos\theta,y=\rho\sin\theta,\rho^2=x^2+y^2$，得$x^2+y^2=4x+2y$，即$x^2+y^2-4x-2y=0$。

20. 1 【命题意图】本题考查行列式的计算。

【解析】从第1行开始，依次把每行加至下一行，得 $D=\begin{vmatrix}1&b_1&0&0\\0&1&b_2&0\\0&-1&1-b_2&b_3\\0&0&-1&1-b_3\end{vmatrix}=\begin{vmatrix}1&b_1&0&0\\0&1&b_2&0\\0&0&1&b_3\\0&0&-1&1-b_3\end{vmatrix}=\begin{vmatrix}1&b_1&0&0\\0&1&b_2&0\\0&0&1&b_3\\0&0&0&1\end{vmatrix}=1$。

三、解答题

21. 【解析】(1)由$10\times(0.010+0.015+a+0.030+0.010)=1$，得$a=0.035$，

平均年龄为$20\times0.1+30\times0.15+40\times0.35+50\times0.3+60\times0.1=41.5$(岁)。

设中位数为x岁，则$10\times0.010+10\times0.015+(x-35)\times0.035=0.5$，解得$x\approx42.1$，

故这200人年龄的中位数为42.1岁。

(2)第1,2小组的人数共有$(0.1+0.15)\times200=50$人，且抽取的人数比例为$\frac{5}{50}=\frac{1}{10}$，易知从第1,2组中抽取的人数分别为2人,3人，设“抽取的3人中恰有2人的年龄在第2组中”为事件A，则$P(A)=\frac{C_2^1C_3^2}{C_5^3}=\frac{3}{5}$。

(3)从所有参与调查的人员中任意选出1人，则其关注生态文明建设的概率为$\frac{4}{5}$。由题意知X的所有可能取值为0,1,2,3,

$P(X=0)=C_3^0\left(1-\frac{4}{5}\right)^3=\frac{1}{125}$；

$P(X=1)=C_3^1\left(\frac{4}{5}\right)^1\left(1-\frac{4}{5}\right)^2=\frac{12}{125}$；

$P(X=2)=C_3^2\left(\frac{4}{5}\right)^2\left(1-\frac{4}{5}\right)^1=\frac{48}{125}$；

$P(X=3)=C_3^3\left(\frac{4}{5}\right)^3=\frac{64}{125}$。

所以X的分布列为：

X	0	1	2	3
P	$\frac{1}{125}$	$\frac{12}{125}$	$\frac{48}{125}$	$\frac{64}{125}$

因为$X\sim B\left(3,\frac{4}{5}\right)$，所以$E(X)=3\times\frac{4}{5}=\frac{12}{5}$。

22. 【解析】(1)设动圆圆心的坐标为$C(x,y)$，由题意可得$2^2+x^2=(x-2)^2+y^2$，化为$y^2=4x$，$\therefore$动圆圆心的轨迹方程为：$y^2=4x$。

(2)设$P(a,0)$，$A(x_1,y_1)$，$B(x_2,y_2)$，由$\overrightarrow{AM}=\lambda\overrightarrow{MB}(\lambda\in\mathbf{R})$，可知$M$，$A$，$B$三点共线，设直线$AB$的方程为$x=my+2$，代入抛物线方程可得$y^2-4my-8=0$，$\therefore y_1+y_2=4m$，$y_1\cdot y_2=-8$，由$\triangle PAM$和$\triangle PBM$的面积之比等于$\frac{|PA|}{|PB|}$，可得$PM$平分$\angle APB$，因此直线$PA,PB$的倾斜角互补，$\therefore k_{PA}+k_{PB}=0$，$\therefore \frac{y_1}{x_1-a}+\frac{y_2}{x_2-a}=0$，把$x_1=my_1+2$，$x_2=my_2+2$代入可得$\frac{2my_1y_2+(2-a)(y_1+y_2)}{(my_1+2-a)(my_2+2-a)}=0$，$\because 2my_1y_2+(2-a)(y_1+y_2)=0$，即$-16m+(2-a)\times4m=0$，化为$-4m(2+a)=0$，由于对任意的$m$都成立，$\therefore a=-2$，故存在定点$P(-2,0)$满足条件。

23. 【解析】(1)$\because f(x)=x-a^2\ln x$，$\therefore f'(x)=1-\frac{a^2}{x}$

$=\dfrac{x-a^2}{x}$。令$f'(x)=\dfrac{x-a^2}{x}=0$,得$x=a^2>0$,

①当$a^2\leqslant a$,即$0<a\leqslant 1$时,则$f'(x)>0$,$\therefore f(x)$在$(a,+\infty)$上单调递增;

②当$a^2>a$,即$a>1$时,令$f'(x)>0$,得$x>a^2$,令$f'(x)<0$,得$a<x<a^2$。

$\therefore$ 在(a,a^2)上单调递减,在$(a^2,+\infty)$上单调递增。

综上,当$0<a\leqslant 1$时,$f(x)$在$(a,+\infty)$上单调递增;当$a>1$时,$f(x)$在(a,a^2)上单调递减,在$(a^2,+\infty)$上单调递增。

(2)证明:先证$x^3-x^2\ln x\geqslant x^2$,当$a=1$时,$f(x)=x-\ln x$,

$\therefore$ 当$0<x<1$时,$f'(x)<0$,$f(x)$单调递减;当$x>1$时,$f'(x)>0$,$f(x)$单调递增,

$\therefore f(x)_{\min}=f(1)=1$,$\therefore x-\ln x\geqslant 1$,$\therefore x^3-x^2\ln x\geqslant x^2$。

再证$2x^3-x^2\ln x-16x+20>0$。

设$g(x)=2x^3-x^2\ln x-16x+20$,则$g(x)=x^3+(x^3-x^2\ln x)-16x+20\geqslant x^3+x^2-16x+20$,当且仅当$x=1$时取等号。

设$h(x)=x^3+x^2-16x+20(x>0)$,则$h'(x)=3x^2+2x-16=(3x+8)(x-2)$,

$\therefore$ 当$x>2$时,$h'(x)>0$,$h(x)$单调递增;当$0<x<2$时,$h'(x)<0$,$h(x)$单调递减。

$\therefore h(x)_{\min}=h(2)=0$,$\therefore g(x)\geqslant h(x)\geqslant 0$,

又此不等式中两个等号的成立条件不同,故$g(x)>0$,

从而得证$2x^3-x^2\ln x-16x+20>0$。

综上,可得$x^3-x^2\ln x\geqslant x^2$且$2x^3-x^2\ln x-16x+20>0$。

24.【解析】(1)设数列$\{b_n\}$的公差为d,

由题意得$\begin{cases}b_1=1,\\10b_1+\dfrac{10(10-1)}{2}d=145\end{cases}\Rightarrow\begin{cases}b_1=1,\\d=3,\end{cases}$

$\therefore b_n=3n-2$。

(2)由$b_n=3n-2$知,$S_n=\log_a(1+1)+\log_a\left(1+\dfrac{1}{4}\right)+\cdots+\log_a\left(1+\dfrac{1}{3n-2}\right)=\log_a\left[(1+1)\left(1+\dfrac{1}{4}\right)\cdot\cdots\cdot\left(1+\dfrac{1}{3n-2}\right)\right]$,

而$\dfrac{1}{3}\log_a b_{n+1}=\log_a\sqrt[3]{3n+1}$,于是,比较$S_n$与$\dfrac{1}{3}\log_a b_{n+1}$的大小,即比较$(1+1)\left(1+\dfrac{1}{4}\right)\cdot\cdots\cdot\left(1+\dfrac{1}{3n-2}\right)$与$\sqrt[3]{3n+1}$的大小,

取$n=1$,有$(1+1)=\sqrt[3]{8}>\sqrt[3]{4}=\sqrt[3]{3\cdot1+1}$,

取$n=2$,有$(1+1)\left(1+\dfrac{1}{4}\right)>\sqrt[3]{8}>\sqrt[3]{7}=\sqrt[3]{3\times2+1}$,猜想$(1+1)\left(1+\dfrac{1}{4}\right)\cdot\cdots\cdot\left(1+\dfrac{1}{3n-2}\right)>\sqrt[3]{3n+1}$,(*)

具体证明如下:

当$n=1,2$时,(*)式成立,

假设$n=k(k\geqslant1)$时(*)式成立,即$(1+1)\left(1+\dfrac{1}{4}\right)\cdots\left(1+\dfrac{1}{3k-2}\right)>\sqrt[3]{3k+1}$,

则当$n=k+1$时,$(1+1)\left(1+\dfrac{1}{4}\right)\cdot\cdots\cdot\left(1+\dfrac{1}{3k-2}\right)\left(1+\dfrac{1}{3(k+1)-2}\right)>\sqrt[3]{3k+1}\cdot\left(1+\dfrac{1}{3k+1}\right)=\dfrac{3k+2}{3k+1}\sqrt[3]{3k+1}$,

$\because\left(\dfrac{3k+2}{3k+1}\sqrt[3]{3k+1}\right)^3-(\sqrt[3]{3k+4})^3=\dfrac{(3k+2)^3-(3k+4)(3k+1)^2}{(3k+1)^2}=\dfrac{9k+4}{(3k+1)^2}>0$,

$\therefore\dfrac{\sqrt[3]{3k+1}}{3k+1}(3k+2)>\sqrt[3]{3k+4}=\sqrt[3]{3(k+1)+1}$,

从而$(1+1)\left(1+\dfrac{1}{4}\right)\cdot\cdots\cdot\left(1+\dfrac{1}{3k-2}\right)\left(1+\dfrac{1}{3k+1}\right)>\sqrt[3]{3(k+1)+1}$,

即当$n=k+1$时,(*)式成立

综上,(*)式对任意正整数n都成立。

于是,当$a>1$时,$S_n>\dfrac{1}{3}\log_a b_{n+1}$;

当$0<a<1$时,$S_n<\dfrac{1}{3}\log_a b_{n+1}$。

25.【解析】(1)取BD的中点O,在线段CD上取点

F,使得 $DF=3CF$,连结 OP,OF,FQ。

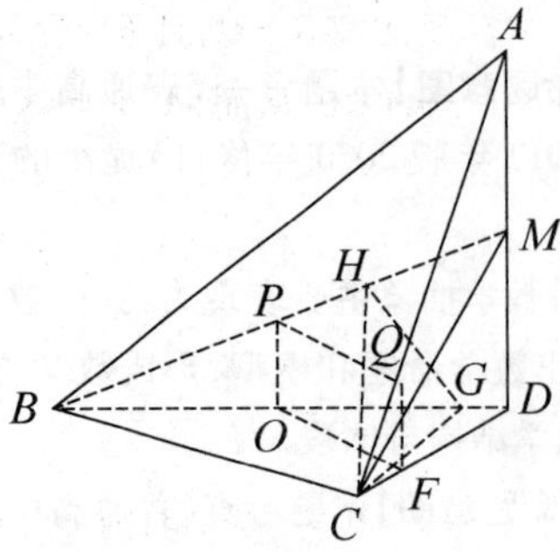

$\because$ 在 $\triangle ACD$ 中,$AQ=3QC$,且 $DF=3CF$,

$\therefore QF /\!/ AD$,且 $QF=\frac{1}{4}AD$。

$\because$ 在 $\triangle BDM$ 中,O,P 分别为边 BD,BM 的中点,

$\therefore OP /\!/ DM$,且 $OP=\frac{1}{2}DM$,

$\therefore OP /\!/ AD$,且 $OP=\frac{1}{4}AD$,

$\therefore OP /\!/ QF$,且 $OP=QF$,

$\therefore$ 四边形 $OPQF$ 是平行四边形,

$\therefore PQ /\!/ OF$。

$\because PQ \not\subset$ 平面 BCD,且 $OF \subset$ 平面 BCD,

$\therefore PQ /\!/$ 平面 BCD。

(2)过点 C 作 $CG \perp BD$ 于点 G,过点 G 作 $GH \perp BM$ 于点 H,连结 CH。

$\because AD \perp$ 平面 BCD,$CG \subset$ 平面 BCD,

$\therefore AD \perp CG$。

又 $CG \perp BD$,AD,BD 是平面 ABD 内的相交直线,

$\therefore CG \perp$ 平面 ABD,

$\therefore CG \perp BM$。

$\because GH \perp BM$,CG,GH 是平面 CGH 内的相交直线,

$\therefore BM \perp$ 平面 CGH,

$\therefore BM \perp CH$,

$\therefore \angle CHG$ 是二面角 $C-BM-D$ 的平面角,$\angle CHG=60°$。

设 $\angle BDC=\theta$,则

在 $\mathrm{Rt}\triangle BCD$ 中,$CD=BD\cos\theta=2\sqrt{2}\cos\theta$,$CG=CD\sin\theta=2\sqrt{2}\sin\theta\cos\theta$,$BG=BC\sin\theta=BD\sin^2\theta=2\sqrt{2}\sin^2\theta$。

在 $\mathrm{Rt}\triangle BMD$ 中,$DM=\frac{1}{2}AD=1$,$BD=2\sqrt{2}$,$BM=\sqrt{BD^2+DM^2}=3$。

$\because \triangle BGH \backsim \triangle BMD$,

$\therefore \frac{HG}{DM}=\frac{BG}{BM}$,

$\therefore HG=\frac{BG\cdot DM}{BM}=\frac{2\sqrt{2}}{3}\sin^2\theta$。

在 $\mathrm{Rt}\triangle CHG$ 中,$\tan\angle CHG=\frac{CG}{GH}=\frac{3\cos\theta}{\sin\theta}=\sqrt{3}$。

$\therefore \tan\theta=\sqrt{3}$,

$\therefore \theta=60°$,即 $\angle BDC=60°$。

终极密押试卷

教师招聘考试中学数学终极密押试卷(一)

一、单项选择题

1	2	3	4	5	6	7	8	9	10
D	A	D	A	A	C	A	D	B	C

1. D **【命题意图】**本题考查复数的运算。

【解析】由题意知,$z=\frac{(1+\mathrm{i})^2}{-1+\mathrm{i}}=-\frac{(1+\mathrm{i})^2(1+\mathrm{i})}{(1-\mathrm{i})(1+\mathrm{i})}=-\frac{2\mathrm{i}(1+\mathrm{i})}{2}=-\mathrm{i}-\mathrm{i}^2=1-\mathrm{i}$,则复平面上复数 z 对应的点在第四象限。

2. A **【命题意图】**本题考查二项式定理。

【解析】因为 $T_3=\mathrm{C}_6^2(ax)^4(-1)^2$,所以 $\mathrm{C}_6^2a^4=240(a>0)$,解得 $a=2$。

3. D **【命题意图】**本题考查等比数列与不等式。

【解析】因为 $\sqrt{3}$ 是 3^a 与 3^b 的等比中项,所以 $3^a\cdot 3^b=(\sqrt{3})^2$,即 $3^{a+b}=3$,则 $a+b=1$。$\frac{1}{a}+\frac{1}{b}=\left(\frac{1}{a}+\frac{1}{b}\right)(a+b)=1+1+\frac{a}{b}+\frac{b}{a}\geqslant 1+1+2\sqrt{1}=4$(当且仅当 $a=b=\frac{1}{2}$ 时等号成立)。故选 B。

4. A 【命题意图】本题考查导数的应用。

【解析】$y'=x^2+1$,则切线的斜率 $k=2$,在点 $\left(1,\frac{4}{3}\right)$处的切线方程是 $y-\frac{4}{3}=2(x-1)$,它与坐标轴的交点是$\left(\frac{1}{3},0\right)$,$\left(0,-\frac{2}{3}\right)$,围成的三角形面积为$\frac{1}{9}$。

5. A 【命题意图】本题考查函数的单调性。

【解析】$\because$ 函数 $f(x)=4x^2-mx+5$ 在区间 $[-2,+\infty)$上是增函数,$\therefore$ 由二次函数的性质可得,其对称轴$\frac{m}{8}\leqslant -2$,解得 $m\leqslant -16$,$\therefore$ $f(1)=4-m+5=9-m\geqslant 25$,故选 A。

6. C 【命题意图】本题考查均值不等式的应用。

【解析】$\left(x+\frac{1}{2y}\right)^2+\left(y+\frac{1}{2x}\right)^2\geqslant 2\left(x+\frac{1}{2y}\right)\left(y+\frac{1}{2x}\right)\geqslant 8\sqrt{x\cdot\frac{1}{2y}}\sqrt{y\cdot\frac{1}{2x}}=4$,当且仅当 $\begin{cases}x+\frac{1}{2y}=y+\frac{1}{2x},\\ x=\frac{1}{2y},\\ y=\frac{1}{2x},\end{cases}$ 即 $x=y=\frac{\sqrt{2}}{2}$时,等号成立。故 $\left(x+\frac{1}{2y}\right)^2+\left(y+\frac{1}{2x}\right)^2$ 的最小值是4。

7. A 【命题意图】本题考查简易逻辑与圆锥曲线的综合应用。

【解析】双曲线$\frac{x^2}{8}-\frac{y^2}{24}=1$ 的准线为 $x=\pm\sqrt{2}$,则椭圆$\frac{x^2}{8}+\frac{y^2}{b^2}=1$ 的半焦距 $c=\sqrt{2}$,于是 $8=b^2+2$,$b^2=6$,所以椭圆方程为$\frac{x^2}{8}+\frac{y^2}{6}=1$。联立方程 $\begin{cases}y=kx+3,\\ \frac{x^2}{8}+\frac{y^2}{6}=1,\end{cases}$ 消去 y,得 $3x^2+4(kx+3)^2=24$,整理得$(3+4k^2)x^2+24kx+12=0$。要使直线 $y=kx+3$与椭圆至少有一个交点,则有 $\Delta\geqslant 0$,即 $(24k)^2-4\times(3+4k^2)\times 12\geqslant 0$,化简得 $8k^2-3\geqslant 0$,解得 $k\geqslant\frac{\sqrt{6}}{4}$或 $k\leqslant -\frac{\sqrt{6}}{4}$,故选 A。

8. D 【命题意图】本题考查《义务教育数学课程标准》(2011 年版)提出的课程目标。

【解析】D 项属于"数学思考"方面的目标。故选 D。

9. B 【命题意图】本题考查《普通高中数学课程标准》(2017 年版 2020 年修订)提出的数学学科核心素养。

【解析】数学抽象主要表现为:获得数学概念和规则,提出数学命题和模型,形成数学方法与思想,认识数学结构与体系。

10. C 【命题意图】本题考查《普通高中数学课程标准》(2017 年版 2020 年修订)的课程设计依据。

【解析】《普通高中数学课程标准》(2017 年版 2020 年修订)提出了高中课程的设计依据:依据高中数学课程性质,体现课程的基础性、选择性和发展性,为全体学生提供共同基础,为满足学生的不同志趣和发展提供丰富多样的课程,C 项错误。

二、填空题

11. 0.936 【命题意图】本题考查随机事件的概率。

【解析】根据题意可得此人至少击中目标一次的概率为 $P=1-(1-0.6)^3=0.936$。

12. $\pm\sqrt{5}$ 【命题意图】本题考查平面向量的运算。

【解析】$\lambda\boldsymbol{a}=-\boldsymbol{b}=(-2,-1)$,$\therefore$ $|\lambda\boldsymbol{a}|=|\lambda||\boldsymbol{a}|=|-\boldsymbol{b}|=\sqrt{5}$,即$|\lambda|=\sqrt{5}$,故 $\lambda=\pm\sqrt{5}$。

13. 4π;6 【命题意图】本题考查矩阵的变换。

【解析】由题意可得,变换后的曲线方程为$\frac{y'}{3}=2\sin\left(\frac{x'}{2}+\frac{\pi}{3}\right)$,即 $y=6\sin\left(\frac{x}{2}+\frac{\pi}{3}\right)$,由三角函数的性质可知,变换后曲线方程的最小正周期为 4π,最大值为 6。

14. $2e-\frac{7}{4}$ 【命题意图】本题考查定积分的运算。

【解析】$\int_0^1(x^3+2e^x)\,dx=\left(\frac{1}{4}x^4+2e^x\right)\Big|_0^1=\left(\frac{1}{4}\times 1^4+2e^1\right)-\left(\frac{1}{4}\times 0^4+2e^0\right)=2e-\frac{7}{4}$。

15. 证明 【命题意图】本题考查《义务教育数学课程标准》(2011 年版)的课程基本理念。

三、解答题

16.【解析】(1)$f(x)=\frac{1}{2}\sin 2x\sin\varphi+\cos^2x\cos\varphi-\frac{1}{2}\sin\left(\frac{\pi}{2}+\varphi\right)=\frac{1}{2}\sin 2x\sin\varphi+\frac{1+\cos 2x}{2}\cos\varphi-$

$\frac{1}{2}\cos\varphi = \frac{1}{2}\cos(2x-\varphi)$，∵ 函数图象过点$\left(\frac{\pi}{6},\frac{1}{2}\right)$，

∴ $\frac{1}{2}=\frac{1}{2}\cos\left(2\times\frac{\pi}{6}-\varphi\right)$，即 $\cos\left(\frac{\pi}{3}-\varphi\right)=1$，

∵ $0<\varphi<\pi$，∴ $\varphi=\frac{\pi}{3}$。

(2)由(1)知，$f(x)=\frac{1}{2}\cos\left(2x-\frac{\pi}{3}\right)$，将函数 $y=f(x)$的图象上各点的横坐标缩短到原来的$\frac{1}{2}$，纵坐标不变，得到函数 $y=g(x)$ 的图象，可知 $g(x)=\frac{1}{2}\cos\left(4x-\frac{\pi}{3}\right)$，∵ $x\in\left[0,\frac{\pi}{4}\right]$，∴ $4x\in[0,\pi]$，∴ $4x-\frac{\pi}{3}\in\left[-\frac{\pi}{3},\frac{2\pi}{3}\right]$，∴ $-\frac{1}{2}\leqslant\cos\left(4x-\frac{\pi}{3}\right)\leqslant1$，∴ $g(x)$ 在$\left[0,\frac{\pi}{4}\right]$上的最大值为$\frac{1}{2}$，最小值为$-\frac{1}{4}$。

17.【解析】证明：(1)在图 1 中，连结 DP 交 AE 于点 O，在Rt△ADE中，由 $AD=BC=2\sqrt{5}$，$DE=\sqrt{5}$，得$\tan\angle DAE=\frac{1}{2}$，在 Rt△$PCD$ 中，由 $DC=AB=3\sqrt{5}$，$PC=BC-BP=2\sqrt{5}-\frac{\sqrt{5}}{2}=\frac{3\sqrt{5}}{2}$，

得$\tan\angle PDC=\frac{1}{2}$，∴ $\tan\angle PDC=\tan\angle DAE$，则 $\angle PDC=\angle DAE$，又∵ $\angle ADP=\angle DPC$，

∴ $\angle DOA=\angle C=90°$，从而有 $AE\perp OD$，$AE\perp OP$，

即在图 2 中有 $AE\perp OD'$，$AE\perp OP$，

∴ $AE\perp$平面 POD'，∵ $D'P\subset$面 POD'，所以 $AE\perp D'P$。

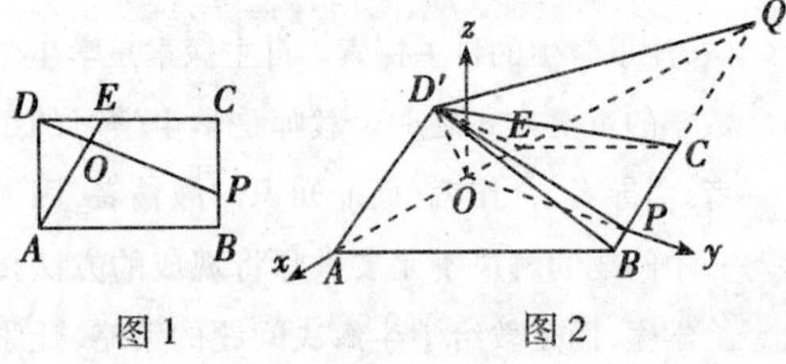

图 1　　　　图 2

(2)延长 AE，BC 交于点 Q，连结 $D'Q$，则直线 $D'Q$ 即为 l，

根据二面角定义得到 $\angle D'OP=\frac{2\pi}{3}$，由(1)知，$\tan\angle PDC=\frac{1}{2}$，$DE=\sqrt{5}$，则 $DO=2$。

在平面 POD'内过点 O 作底面的垂线，以 O 为原点，分别以 OA，OP，及所作垂线为 x 轴、y 轴、z 轴建立空间直角坐标系，

则 $D'(0,-1,\sqrt{3})$，$E(-1,0,0)$，$Q(-11,0,0)$，$C(-3,4,0)$，

$\overrightarrow{D'Q}=(-11,1,-\sqrt{3})$，$\overrightarrow{EC}=(-2,4,0)$，$\overrightarrow{ED'}=(1,-1,\sqrt{3})$，

设平面 $D'EC$ 的一个法向量为 $\boldsymbol{n}=(x,y,z)$，由 $\begin{cases}\boldsymbol{n}\cdot\overrightarrow{EC}=-2x+4y=0\\ \boldsymbol{n}\cdot\overrightarrow{ED'}=x-y+\sqrt{3}z=0\end{cases}$，取 $y=1$，得 $\boldsymbol{n}=\left(2,1,-\frac{\sqrt{3}}{3}\right)$，

∴ l 与平面 $D'CE$ 所成角的正弦值为 $|\cos\langle\boldsymbol{n},\overrightarrow{D'Q}\rangle|=\frac{|\boldsymbol{n}\cdot\overrightarrow{D'Q}|}{|\boldsymbol{n}|\cdot|\overrightarrow{D'Q}|}=\frac{\sqrt{15}}{5}$。

18.【解析】(1)设$\{a_n\}$的公差为 d，$\{b_n\}$的公比为 q，则 d 为正整数，$a_n=3+(n-1)d$，$b_n=q^{n-1}$，

依题意有$\begin{cases}\frac{b_{a_{n+1}}}{b_{a_n}}=\frac{q^{3+nd}}{q^{3+(n-1)d}}=q^d=64,\\ S_2b_2=(6+d)q=64,\end{cases}$ ①

由$(6+d)q=64$ 知 q 为正有理数，故 $6+d$ 为 64 的因子且 $d>0$，则 $6+d=8,16,32,64$，

联立①得 $d=2$，$q=8$，

故 $a_n=3+2(n-1)=2n+1$，$b_n=8^{n-1}$。

(2)$S_n=3+5+\cdots+(2n+1)=n(n+2)$，$\frac{1}{S_1}+\frac{1}{S_2}+\cdots+\frac{1}{S_n}=\frac{1}{1\times3}+\frac{1}{2\times4}+\frac{1}{3\times5}+\cdots+\frac{1}{n(n+2)}$

$=\frac{1}{2}\left(1-\frac{1}{3}+\frac{1}{2}-\frac{1}{4}+\frac{1}{3}-\frac{1}{5}+\cdots+\frac{1}{n}-\frac{1}{n+2}\right)$

$=\frac{1}{2}\left(1+\frac{1}{2}-\frac{1}{n+1}-\frac{1}{n+2}\right)<\frac{3}{4}$。

19.【解析】(1)设 $M(x,y)$，则 $|MF|=\sqrt{(x-1)^2+y^2}$，$d=4-x$，

∴ $\frac{|MF|}{d}=\frac{\sqrt{(x-1)^2+y^2}}{4-x}=\frac{1}{2}$，化简得$\frac{3x^2}{4}+y^2=3$，故曲线 E 的方程为$\frac{x^2}{4}+\frac{y^2}{3}=1$。

(2)①当直线 AB 的斜率不存在时，$|AB| = 2\times\sqrt{3\left(1-\frac{1}{4}\right)} = 3$，$|CD| = 2a = 4$，

$\therefore$ 四边形 $ABCD$ 的面积为 $\frac{1}{2}\cdot|AB|\cdot|CD| = 6$。

②当直线 AB 的斜率存在且不为 0 时，

由题意可设直线 AB 的方程为 $y = k(x-1)$，$A(x_1,y_1)$，$B(x_2,y_2)$，

联立 $\begin{cases}\frac{x^2}{4}+\frac{y^2}{3}=1,\\ y=k(x-1),\end{cases}$ 化简得 $(3+4k^2)x^2-8k^2x+4k^2-12=0$，且 $\Delta>0$，

$\therefore x_1+x_2=\frac{8k^2}{3+4k^2}$，$x_1x_2=\frac{4k^2-12}{3+4k^2}$，

$\therefore |AB| = \sqrt{1+k^2}\cdot\sqrt{(x_1+x_2)^2-4x_1x_2} = \frac{12+12k^2}{3+4k^2}$，同理可得 $|CD| = \frac{12+12k^2}{4+3k^2}$。

$\therefore$ 四边形 $ABCD$ 的面积为 $\frac{1}{2}\cdot|AB|\cdot|CD| = \frac{1}{2}\cdot\frac{12+12k^2}{3+4k^2}\cdot\frac{12+12k^2}{4+3k^2} = 6\left(1-\frac{k^2}{12k^4+25k^2+12}\right) = 6\left(1-\frac{1}{12k^2+\frac{12}{k^2}+25}\right)\geqslant\frac{288}{49}$（当且仅当 $12k^2=\frac{12}{k^2}$，即 $k=\pm1$ 时，等号成立）

综上所述，四边形 $ABCD$ 面积的最小值为 $\frac{288}{49}$。

20.【解析】(1)由函数 $f(x)>\ln x$ 可得 $\frac{e^x}{x}-mx>\ln x$，且 $x\in(1,2)$，故只需 $m<\frac{e^x}{x^2}-\frac{\ln x}{x}$ 在 $(1,2)$ 上恒成立。设函数 $h(x)=\frac{e^x}{x^2}-\frac{\ln x}{x}$，则 $h'(x)=\frac{e^x(x^2-2x)}{x^4}-\frac{1-\ln x}{x^2}=\frac{e^x(x-2)+x\ln x-x}{x^3}$，设函数 $\varphi(x)=e^x(x-2)+x\ln x-x$，且 $x\in(1,2)$，则 $\varphi'(x)=e^x(x-1)+\ln x>0$，即函数 $\varphi(x)$ 在 $(1,2)$ 上单调递增，故 $\varphi(x)<\varphi(2)=2(\ln2-1)<0$，故 $h'(x)<0$，故函数 $h(x)$ 在 $(1,2)$ 上单调递减，$\therefore h(x)>h(2)=\frac{e^2-2\ln2}{4}$，故 $m\leqslant\frac{e^x-2\ln2}{4}$，即实数 m 的取值范围是 $\left(-\infty,\frac{e^2-2\ln2}{4}\right]$。

(2)由 $f(x)=\frac{e^x}{x}-mx$ 可得 $f'(x)=\frac{e^x(x-1)}{x^2}-m$，由题可得，$f'(1)=-m=-2$，故 $m=2$，$\therefore f(x)=\frac{e^x}{x}-2x$，则 $f'(x)=\frac{e^x(x-1)}{x^2}-2=\frac{e^x(x-1)-2x^2}{x^2}(x>0)$，设 $g(x)=e^x(x-1)-2x^2(x>0)$，则 $g'(x)=xe^x-4x=x(e^x-4)$，由 $g'(x)=0$，可得 $x=2\ln2$，当 $0<x<2\ln2$ 时，$g'(x)<0$，即 $g(x)$ 在 $(0,2\ln2)$ 上单调递减；当 $x>2\ln2$ 时，$g'(x)>0$，$g(x)$ 在 $(2\ln2,+\infty)$ 上单调递增，$\therefore g(x)$ 的最小值为 $g(2\ln2)=4(2\ln2-1)-8\ln^2 2=8\ln2(1-\ln2)-4<4\ln2-4=4(\ln2-1)<0$，$\because g(0)<0$，$g(3)=2e^3-18>0$，$\therefore g(x)$ 在 $(0,2\ln2)$ 上没有零点，在 $(2\ln2,+\infty)$ 上存在唯一的 x_0，使 $g(x_0)=0$，$\therefore f'(x_0)=0$，且当 $x\in(0,x_0)$ 时，$f'(x)<0$，当 $x\in(x_0,+\infty)$ 时，$f'(x)>0$，$\therefore$ 函数 $f(x)$ 有且只有 1 个极值点。

四、案例分析题

21.【参考答案】(1)课堂中，教师营造了宽松的学习氛围，让学生参与到学习的过程中去，自主探索，大胆发表自己的观点，让学生在自主探索中不断地获得发展。主要表现在：①在课堂中，教师放手让学生自主探索证明三角形内角和定理的方法，注重学生的自主探索。自主探索是学生学习数学的重要方式之一。教师是学生学习的组织者、引导者、合作者，而非知识的灌输者，因而对一个问题的解决不是要教师将现成的方法传授给学生，而是教给学生解决问题的策略，让学生在积极思考、大胆尝试、主动探索的过程中，获取成功并体验成功的喜悦。②及时介入，打破课堂上暂时沉闷的气氛，并进行点拨引导，激起学生的探索兴趣。③注重评价。在学生 5 发言后，及时对学生 4 的证法进行了定性的评价，指出其证

法的可取之处,极大地鼓舞了学生的探索热情,维护了学生的自尊心与自信心。

(2)课堂上教师、学生的错误之处往往可能成为课堂上的生成资源。除了要及时对学生的错误进行评价,分析其错误中合理的“闪光点”,给予肯定与赞赏外,还要引导学生进行反思:错误的原因是什么?错在什么地方?为什么会出现这样的错误?错误中是否存在有价值的解题信息?怎么从错误走向正确?等等。

在接下来的教学中,教师可以对学生进行启发:利用学生4的思想方法,能否对我们证明三角形内角和定理有所帮助呢?

五、教学设计题

22.**【参考答案】**(1)教学目标:

①掌握线面垂直的定义和判定定理,并能初步应用;能准确使用数学符号语言、文字语言表述判定定理。

②理解判定定理的证明,加深对“转化”思想的认识,初步掌握将空间问题转化为平面问题加以解决的基本方法,培养观察、探究、发现的能力和空间想象能力、逻辑思维能力。

③在观察、探究、发现中学习,在自主合作、交流中学习,体验学习的乐趣,增强自信心,树立积极的学习态度,提高学习的自我效能感。

教学重点:判定定理的引入与理解。

教学难点:判定定理的应用及立体空间感、空间观念的形成与逻辑思维能力的培养。

(2)教学过程:

①知识准备,新课引入。

提问1:根据公共点的情况,说明空间中直线 l 和平面 γ 有哪几种位置关系?并完成下表:(幻灯片演示)

位置关系			
公共点			
符号表示			
图形表示			

提问2:前面我们研究了直线与平面的位置关系,今天开始研究直线与平面相交的位置关系,在日常生活中你见到最多的直线与平面相交的位置关系是什么?并举例说明。

②观察归纳,形成概念。

思考:从直线与直线垂直、直线与平面平行的定义得到启发,能否用一条直线垂直于一个平面内的直线来定义这条直线与这个平面垂直呢?

提问:(动画演示)阳光下,旗杆 AB 与它在地面上的影子 BC 所成的角是多少度?随着太阳的移动,影子 BC 的位置是否也会移动?AB 与 BC 所成的角度是否会发生改变?旗杆 AB 与地面上任意一条不过 B 点的直线 $B'C'$ 的位置关系又是什么?

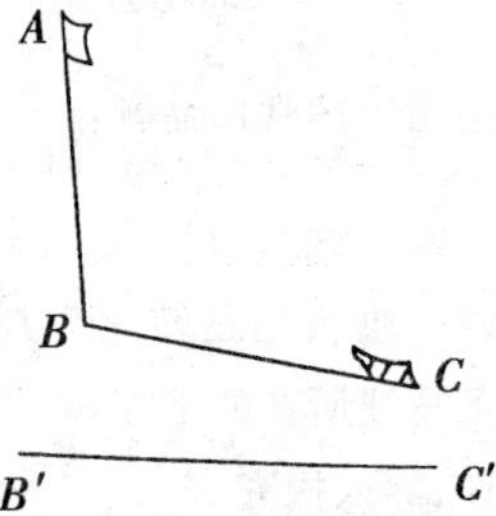

让学生边思考边动手演示实例:将书本打开直立在桌面上,观察书脊和桌面上任意直线的位置关系。

引导学生归纳直线与平面垂直的定义,介绍相关概念,并引导学生用符号语言表示。

定义:如果直线 l 与平面 α 内的任意一条直线都垂直,我们就说直线 l 与平面 α 互相垂直,记作:$l\perp\alpha$。直线 l 叫作平面 α 的垂线,平面 α 叫作直线 l 的垂面。直线与平面垂直时,它们唯一的公共点 P 叫作垂足。用符号语言表示为:

$$\left.\begin{matrix}m\text{是平面}\alpha\text{内任意一条直线}\\ l\perp m\end{matrix}\right\}\Rightarrow l\perp\alpha。$$

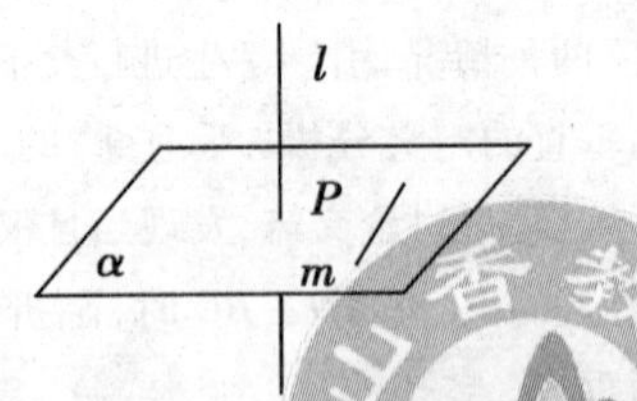

学生画图:引导学生将地面看成平面 α,旗杆看作直线 l,画出旗杆与地面位置关系的几何图形。

③辨析讨论,深化概念。

辨析:下列命题是否正确,为什么?

a. 如果一条直线垂直于一个平面内的无数条直线，那么这条直线与这个平面垂直。

b. 如果一条直线垂直于一个平面，那么这条直线就垂直于这个平面内的任一直线。

判断命题 a 时引导学生利用手中的笔和三角板，笔表示直线，三角板两直角边表示两垂直直线，桌面表示平面，将三角板倾斜着放在桌面上，使一条直角边 AC 在桌面上，这时另一条直角边 BC 就和桌面内的一条直线(即三角板与桌面的交线 AC)垂直，在此基础上在桌面内放一支和 AC 平行的笔 EF 并平行移动，那么 BC 始终和 EF 垂直，但 BC 不一定和桌面垂直。

由命题 b 给出下述常用命题：$\left.\begin{array}{l}a\perp\alpha\\ b\subset\alpha\end{array}\right\}\Rightarrow a\perp b$。

指出它是判断直线与直线垂直的常用方法，它将直线与直线的垂直问题转化为判定一条直线垂直于另一条直线所在的平面。

④动手操作，深入探究。

思考：如何将一张长方形贺卡直立于桌面？

a. 折纸实验：如图，让学生拿出准备好的一块(任意)三角形的纸片，做一个实验：过 $\triangle ABC$ 的顶点 A 翻折纸片，得到折痕 AD，再将翻折后的纸片竖起放置在桌面上(BD，DC 与桌面接触)，进行观察并思考：

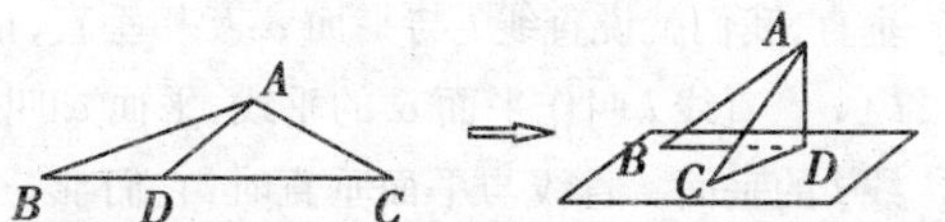

问题 1：折痕 AD 与桌面垂直吗？如何翻折才能使折痕 AD 与桌面所在的平面垂直？

在折纸实验中，学生的答案会出现“垂直”与“不垂直”两种情况，引导学生进行交流，根据直线与平面垂直的定义分析“不垂直”的原因。学生再次折纸，经过讨论交流，发现当且仅当折痕 AD 是 BC 边上的高，即 $AD\perp BC$ 时，翻折后折痕 AD 与桌面垂直。

问题 2：若折痕 $AD\perp BC$，翻折之后垂直关系发生变化吗？(即 $AD\perp CD$，$AD\perp BD$ 发生变化吗？)由此你能得到什么结论？

师生活动：师生共同分析折痕 AD 是 BC 边上的高时的情况：AD 是 BC 边上的高时，翻折之后垂直关系不变，即 $AD\perp CD$，$AD\perp BD$。这就是说，当 AD 垂直于桌面内的两条相交直线 CD，BD 时，它就垂直于桌面。

b. 多媒体演示翻折过程。

c. 归纳出直线与平面垂直的判定定理：一条直线与一个平面内的两条相交直线都垂直，则该直线与此平面垂直。用符号语言表示为：$\left.\begin{array}{r}m\subset\alpha,n\subset\alpha,m\cap n=P\\ l\perp m,l\perp n\end{array}\right\}\Rightarrow l\perp\alpha$。

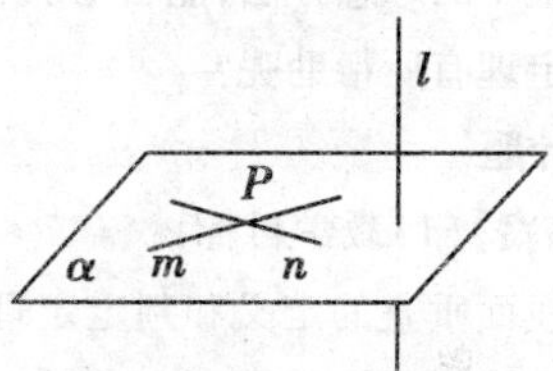

师生活动：在归纳直线与平面垂直的判定定理时，先让学生交流讨论不完善的地方，教师引导、补充完整，归纳出线面垂直的判定定理。然后要求学生试用图形语言与符号语言来表示定理，指出定理体现了“直线与平面垂直”与“直线与直线垂直”互相转化的数学思想。

⑤尝试练习，巩固定理。

例 1：如图 1，已知 $a/\!/b$，$a\perp\alpha$，求证：$b\perp\alpha$。

此题有一定难度，教师引导学生分析思路，可用判定定理证，也可利用定义证，提示辅助线的添法，学生在练习本上完成，对照课本例 1，完善自己的解题步骤，让学生用文字语言叙述：如果两条平行直线中的一条直线垂直于一个平面，那么另一条直线也垂直于这个平面。指出：命题体现了平行关系与垂直关系的联系，其结果可以作为直线和平面垂直的又一个判定方法。

练习：如图 2，在正方体 $ABCD-A'B'C'D'$ 中，

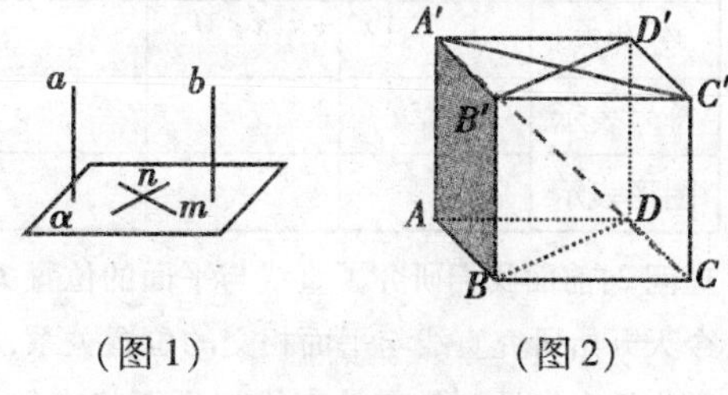

(图 1)　　(图 2)

a. 列举与平面 $ABCD$ 垂直的直线。

b. 列举与直线 AA' 垂直的平面。

c. 找出一条与对角面 $A'ACC'$ 垂直的直线，考虑直线 $B'D'$ 与 $A'C'$ 的关系。

⑥总结反思，提高认识。

a. 通过本节课的学习，你学会了哪些判断直线与平面垂直的方法？

b. 本节课涉及哪些数学思想和方法？

学生发言，互相补充，教师点评完善，以知识结构图归纳出判断直线与平面垂直的方法，即可用定义、判定定理或例1的结论，说明本课蕴含着转化、类比、归纳、猜想等数学思想方法，强调"平面化"是解决立体几何问题的一般思路。

⑦布置作业（略）。

教师招聘考试中学数学终极密押试卷（二）

一、单项选择题

1	2	3	4	5	6	7	8	9	10	11	12
C	A	B	B	D	C	D	D	C	A	B	C

1. C 【命题意图】本题考查函数的定义域。

【解析】由题意可知，函数 $y=\frac{1}{\sqrt{3x-2}}+\lg(2x-1)$ 有意义，则 $\begin{cases}3x-2>0,\\2x-1>0,\end{cases}$ 解得 $x>\frac{2}{3}$。故选 C。

2. A 【命题意图】本题考查命题真假的判定。

【解析】$f(-x)=\frac{2^{-x}-1}{2^{-x}+1}=\frac{1-2^x}{1+2^x}=-\frac{2^x-1}{2^x+1}=-f(x)$，即 $f(x)$ 是奇函数，故命题 p 是真命题，$\neg p$ 为假命题，$\neg p\wedge q$ 也为假命题；函数 $g(x)$ 的导数为 $g'(x)=\frac{1}{3}x^{-\frac{2}{3}}=\frac{1}{3\sqrt[3]{x^2}}$，当 $x=0$ 时，$g'(x)$ 不存在，此时切线为 y 轴，即 $x=0$，故命题 q 是真命题，则 $p\wedge q$ 为真命题，$\neg q$ 为假命题，故选 A。

3. B 【命题意图】本题考查复平面与复数的运算。

【解析】因为 $\frac{(1-2i)^2}{i}=\frac{-3-4i}{i}=-4+3i$，所以 $\frac{(1-2i)^2}{i}$ 在复平面上对应的点位于第二象限。

4. B 【命题意图】本题考查分段函数与不等式的综合。

【解析】函数 $f(x)=\begin{cases}x^2+x,x<0,\\-x^2,x\geqslant 0\end{cases}$ 的图象如图所示，由 $f(f(a))\leqslant 2$，可得 $f(a)\geqslant -2$，当 $a<0$ 时，$f(a)_{\min}=-\frac{1}{4}$，此时 $f(a)\geqslant -2$ 成立；当 $a\geqslant 0$ 时，$f(a)=-a^2\geqslant -2$，解得 $0\leqslant a\leqslant\sqrt{2}$。故实数 a 的取值范围是 $a\leqslant\sqrt{2}$，a 的最大值为 $\sqrt{2}$。

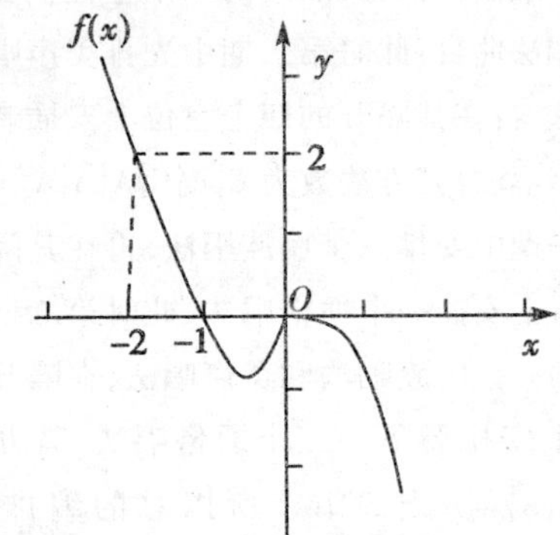

5. D 【命题意图】本题考查三角函数的化简与求值。

【解析】$\frac{\sqrt{3}-\tan 20^\circ}{\sin 20^\circ}=\frac{\sqrt{3}-\frac{\sin 20^\circ}{\cos 20^\circ}}{\sin 20^\circ}=\frac{\sqrt{3}\cos 20^\circ-\sin 20^\circ}{\sin 20^\circ\cos 20^\circ}=\frac{2\left(\frac{\sqrt{3}}{2}\cos 20^\circ-\frac{1}{2}\sin 20^\circ\right)}{\sin 20^\circ\cos 20^\circ}=\frac{2\sin(60^\circ-20^\circ)}{\sin 20^\circ\cos 20^\circ}=\frac{2\sin 40^\circ}{\sin 20^\circ\cos 20^\circ}=\frac{4\sin 20^\circ\cos 20^\circ}{\sin 20^\circ\cos 20^\circ}=4$。

6. C 【命题意图】本题考查平面向量的几何意义。

【解析】由 $\overrightarrow{AB}+\overrightarrow{AC}=2\overrightarrow{AO}$，得点 O 为边 BC 的中点，又点 O 为 $\triangle ABC$ 的外接圆圆心，可知 BC 为圆的直径，故 $\angle BAC$ 为直径所对的圆周角，所以 $\angle BAC=90^\circ$，即 $\triangle ABC$ 是直角三角形，故选 C。

7. D 【命题意图】本题考查定积分与函数的拐点。

【解析】因为 $\int_0^1 f(x)\mathrm{d}x=\int_0^1(2ax^3+3x^2+2x+1)\mathrm{d}x=\left(\frac{a}{2}x^4+x^3+x^2+x\right)\Big|_0^1=\frac{a}{2}+3=5$，解得 $a=4$，所以 $f(x)=8x^3+3x^2+2x+1$，$f'(x)=24x^2+6x+2$，$f''(x)=48x+6$，令 $f''(x)=0$，解得 $x=$

$-\frac{1}{8}$，$f\left(-\frac{1}{8}\right)=\frac{25}{32}$，又 $f''(x)$ 在 $x=-\frac{1}{8}$ 两侧凹凸性相反，所以该曲线的拐点坐标为 $\left(-\frac{1}{8},\frac{25}{32}\right)$。

8. D 【命题意图】本题考查计数原理。

【解析】根据题意分析可得，在第一期的前四个曲目中，要有两个或三个是民族唱法，则分两种情况讨论：①第一期中安排两个民族唱法曲目，则先排这两个唱法，再在其隔出的三个空位上安插两个通俗唱法曲目，此时第二期中先排美声唱法和民族唱法，再在其隔开的四个空位上安插剩下的两个通俗唱法，其方法数为 $C_2^1A_4^2C_4^2A_3^2A_3^3A_4^2=62208$；②第一期中安排三个民族唱法，再在其隔开的四个位置上安插一个通俗唱法，此时第二期中先排剩下的一个民族唱法和美声唱法，在隔开的三个位置上安排剩下的三个通俗唱法，其方法数为 $C_2^1A_4^3C_4^1A_4^1A_2^2A_3^3=9216$。所以总的编排方法有 $62208+9216=71424$（种），故选 D。

9. C 【命题意图】本题考查双曲线的图象与性质、渐近线方程。

【解析】设双曲线的右焦点为 F'，由 $\overrightarrow{FN}=2\overrightarrow{FM}$，可得 M 为 FN 的中点，又 O 为 FF' 的中点，可得 $OM/\!/NF'$，由 M 为切点，可得 $\angle FNF'=\angle FMO=90°$，且 $|F'N|=2|OM|=b$，由双曲线的定义可得 $|FN|=b+2a$，在 $\mathrm{Rt}\triangle FNF'$ 中，由勾股定理可得 $b^2+(b+2a)^2=4c^2=4a^2+4b^2$，化简可得 $b=2a$，则双曲线的渐近线方程为 $y=\pm2x$。

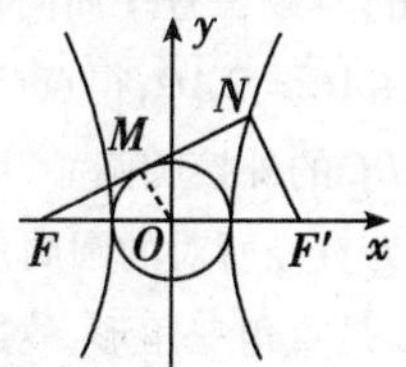

10. A 【命题意图】本题考查立体几何的外接球问题。

【解析】如图所示，设球的半径为 R，底面中心为 O'，且球心为 O。因为正四棱锥 $P-ABCD$ 中 $AB=2$，所以 $AO'=\sqrt{2}$，因为 $PO'=4$，所以在 $\mathrm{Rt}\triangle AOO'$ 中，$AO^2=AO'^2+OO'^2$，所以 $R^2=(\sqrt{2})^2+(4-R)^2$，解得 $R=\frac{9}{4}$，故该球的表面积为 $4\pi R^2=4\pi\times\left(\frac{9}{4}\right)^2=\frac{81\pi}{4}$。

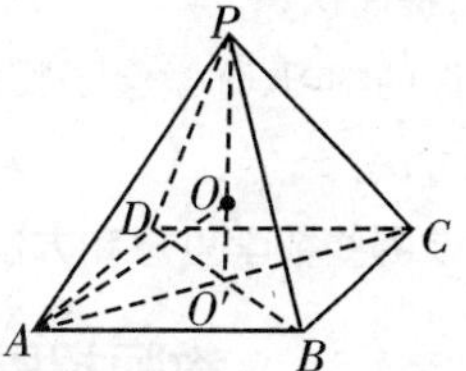

11. B 【命题意图】本题考查数列的性质。

【解析】由题意得，$a_1=0$，$a_2=\sqrt{3}$，$a_3=-\sqrt{3}$，$a_4=0$，$a_5=\sqrt{3}$，$a_6=-\sqrt{3}$，…，故该数列为以 3 为周期的周期数列。又 $2015\div3=671\cdots\cdots2$，故 $a_{2015}=a_2=\sqrt{3}$。

12. C 【命题意图】本题考查函数的性质。

【解析】因为 $f(x)$ 为奇函数，所以 $f(x+2)=f[1+(1+x)]=f[1-(1+x)]=f(-x)=-f(x)$，故 $f(x+4)=-f(x+2)=f(x)$，即 $f(x)$ 是周期为 4 的周期函数。又 $f(x)$ 为奇函数，且 $x\in\mathbf{R}$，所以 $f(0)=0$，$f(1)=2$，$f(2)=-f(0)=0$，$f(3)=f(1+2)=f(1-2)=f(-1)=-f(1)=-2$，$f(4)=f(0)=0$，所以 $f(1)+f(2)+f(3)+f(4)=0$，而 $50=4\times12+2$，所以 $f(1)+f(2)+f(3)+\cdots+f(50)=f(1)+f(2)=2$。

二、填空题

13. 5 【命题意图】本题考查线性回归方程。

【解析】由题意得，$\bar{x}=\frac{2+3+4+5}{4}=3.5$，$\bar{y}=\frac{3.5+t+5+5.5}{4}=\frac{t+14}{4}$，将 $(\bar{x},\bar{y})$ 代入回归直线方程得 $\frac{t+14}{4}=0.6\times3.5+2.65=4.75$，解得 $t=5$。

14. $\{x|x\leqslant\sqrt{2}-1\}$ 【命题意图】本题考查不等式与函数的综合应用。

【解析】由题意知，当 $x<-1$ 时，原不等式可化为 $x+(x+1)[-(x+1)+1]\leqslant1$，可得 $x<-1$；当 $x\geqslant-1$ 时，原不等式可化为 $x+(x+1)x\leqslant1$，解得 $-1\leqslant x\leqslant-1+\sqrt{2}$。则不等式的解集为 $\{x|x\leqslant\sqrt{2}-1\}$。

15. 3 【命题意图】本题考查数列极限的求解。

【解析】$\lim\limits_{n\to\infty}\dfrac{a_n^2-n^2}{S_n}=\lim\limits_{n\to\infty}\dfrac{[a_1+2(n-1)]^2-n^2}{na_1+\dfrac{n(n-1)}{2}\times 2}$

$=\lim\limits_{n\to\infty}\dfrac{[a_1+2(n-1)]^2-n^2}{n^2+n(a_1-1)}=3$。

16. 2 【命题意图】本题考查矩阵的运算与矩阵的秩。

【解析】∵矩阵$\begin{pmatrix}1&2&6\\0&3&5\\0&0&4\end{pmatrix}$满秩，

∴$\begin{pmatrix}1&2&6\\0&3&5\\0&0&4\end{pmatrix}\begin{pmatrix}1&1&1\\-1&2&3\\0&3&4\end{pmatrix}$的秩与$\begin{pmatrix}1&1&1\\-1&2&3\\0&3&4\end{pmatrix}$的秩相等。又∵$\begin{pmatrix}1&1&1\\-1&2&3\\0&3&4\end{pmatrix}\to\begin{pmatrix}1&1&1\\0&3&4\\0&3&4\end{pmatrix}\to\begin{pmatrix}1&1&1\\0&3&4\\0&0&0\end{pmatrix}$，则其秩为 2。

∴$\begin{pmatrix}1&2&6\\0&3&5\\0&0&4\end{pmatrix}\begin{pmatrix}1&1&1\\-1&2&3\\0&3&4\end{pmatrix}$的秩为 2。

17. 0.5 【命题意图】本题考查随机事件的概率。

【解析】因为随机事件 A 和 B 互斥，且 $P(A\cup B)=0.7$，$P(B)=0.2$，所以 $P(A)=P(A\cup B)-P(B)=0.7-0.2=0.5$，故 $P(\bar{A})=1-P(A)=0.5$。

18. 2;1 【命题意图】本题考查函数的连续性。

【解析】$f(0+0)=b$，$f(0)=f(0-0)=1$，因为 $f(x)$ 在 $x=0$ 处连续，所以 $b=1$，即 $f(x)=\begin{cases}\ln(1+ax)+1,x>0,\\ e^{2x},x\leqslant 0,\end{cases}$ 则 $f'_-(0)=\lim\limits_{x\to 0^-}\dfrac{f(x)-f(0)}{x}=\lim\limits_{x\to 0^-}\dfrac{e^{2x}-1}{x}=2$，$f'_+(0)=\lim\limits_{x\to 0^+}\dfrac{f(x)-f(0)}{x}=\lim\limits_{x\to 0^+}\dfrac{\ln(1+ax)+1-1}{x}=a$，因为 $f(x)$ 在 $x=0$ 处可导，所以 $f'_-(0)=f'_+(0)$，故 $a=2$。

三、解答题

19.【解析】(1)在△ABC 中，由正弦定理得 $a^2+b^2-c^2=-\sqrt{3}\,ab$，

$\therefore\cos C=\dfrac{a^2+b^2-c^2}{2ab}=-\dfrac{\sqrt{3}}{2}$，又∵ $0<\angle C<\pi$，∴ $\angle C=\dfrac{5\pi}{6}$。

(2)由正弦定理 $2R=\dfrac{a}{\sin A}=\dfrac{b}{\sin B}=\dfrac{c}{\sin C}=4$ 得，$\sqrt{3}a+b=2R(\sqrt{3}\sin A+\sin B)=4\left[\sqrt{3}\sin A+\sin\left(\dfrac{\pi}{6}-A\right)\right]=4\left(\dfrac{\sqrt{3}}{2}\sin A+\dfrac{1}{2}\cos A\right)=4\sin\left(A+\dfrac{\pi}{6}\right)$，

又∵ $0<\angle A<\dfrac{\pi}{6}$，∴ $\dfrac{1}{2}<\sin\left(A+\dfrac{\pi}{6}\right)<\dfrac{\sqrt{3}}{2}$，

故 $\sqrt{3}a+b$ 的取值范围为 $(2,2\sqrt{3})$。

20.【解析】(1)调整前 y 关于 x 的解析式为

$$y=\begin{cases}0,x\leqslant 3500,\\(x-3500)\times 0.03,x\in(3500,5000],\\45+(x-5000)\times 0.1,x\in(5000,8000]。\end{cases}$$

调整后 y 关于 x 的解析式为

$$y=\begin{cases}0,x\leqslant 5000,\\(x-5000)\times 0.03,x\in(5000,8000]。\end{cases}$$

(2)①由频数分布表可知，从收入在 $[3000,5000)$ 及 $[5000,7000)$ 的人群中抽取 7 人，其中收入在 $[3000,5000)$ 元中抽取的人数为 3 人，收入在 $[5000,7000)$ 元中抽取的人数为 4 人，再从这 7 人中选 4 人，所以 Z 的取值可能为 0，2，4，则 $P(Z=0)=P(a=2,b=2)=\dfrac{C_3^2C_4^2}{C_7^4}=\dfrac{18}{35}$，

$P(Z=2)=P(a=1,b=3)+P(a=3,b=1)=\dfrac{C_3^1C_4^3}{C_7^4}+\dfrac{C_3^3C_4^1}{C_7^4}=\dfrac{16}{35}$，

$P(Z=4)=P(a=0,b=4)=\dfrac{C_3^0C_4^4}{C_7^4}=\dfrac{1}{35}$，

所以 Z 的分布列为

Z	0	2	4
P	$\dfrac{18}{35}$	$\dfrac{16}{35}$	$\dfrac{1}{35}$

数学期望为 $E(Z)=0\times\dfrac{18}{35}+2\times\dfrac{16}{35}+4\times\dfrac{1}{35}=\dfrac{36}{35}$。

②由于小李的工资、薪金等税前收入为7500元，按调整前起征点应纳个税为$1500\times3\%+2500\times10\%=295$(元)；

按调整后起征点应纳个税为$2500\times3\%=75$(元)，

比较两个纳税方案可知，按照调整后起征点应纳个税少交$295-75=220$(元)，

即个人的实际收入增加了220元，所以小李的实际收入比调整前增加了220元。

21.【解析】(1)证明：$\because B(1,2)$在抛物线$M:y^2=2px$ $(p>0)$上，$\therefore 4=2p$，$\therefore p=2$。

$\therefore$ 抛物线的焦点F为$(1,0)$，

$\therefore |FA|=\frac{1}{2}+\frac{p}{2}=\frac{3}{2}$，$|FB|=2$，$|FC|=\frac{5}{3}+\frac{p}{2}=\frac{8}{3}$，

$\because \frac{3}{2}\times\frac{8}{3}=2^2$，$\therefore |FA|,|FB|,|FC|$依次成等比数列。

(2)当$y>0$时，由$y^2=4x$可得$y=2\sqrt{x}$，则$y'=x^{-\frac{1}{2}}$，所以抛物线在B处的切线斜率为1。

设直线PB的方程为$y=k(x-1)+2$，则$0<k<1$，与$y^2=4x$联立，得$ky^2-4y+4(2-k)=0$，

则$\Delta=16-16k(2-k)>0$，

设$P(x_1,y_1)$，$Q(x_2,y_2)$，则$2+y_1=\frac{4}{k}$，

即$y_1=\frac{4}{k}-2$，

以$-\frac{1}{k}$代k，得$y_2=-4k-2$，

则向量$\overrightarrow{QP}$在y轴正方向上的投影为$y_1-y_2=\frac{4}{k}+4k$，

设函数$f(k)=\frac{4}{k}+4k$，$k\in(0,1)$，则$f'(k)=-\frac{4}{k^2}+4<0$，所以$f(k)$在$(0,1)$上单调递减，从而$f(k)>f(1)=8$，

故向量$\overrightarrow{QP}$在y轴正方向上的投影的取值范围为$(8,+\infty)$。

22.【解析】(1)由$(x+x\ln x)f'(x)>f(x)$，$x\in(1,+\infty)$，得$(1+\ln x)f'(x)-\frac{1}{x}f(x)>0$，又

$g'(x)=\dfrac{f'(x)(1+\ln x)-f(x)\cdot\frac{1}{x}}{(1+\ln x)^2}$，则$g'(x)>0$，

故$g(x)$在$(1,+\infty)$上单调递增。

(2)$\because f(x)=e^x+mx$，$\therefore (x+x\ln x)(e^x+m)>e^x+mx$，即$(x+x\ln x)(e^x+m)-e^x-mx=e^x(x-1+x\ln x)+mx\ln x>0$。

设函数$h(x)=e^x(x-1+x\ln x)+mx\ln x$，

则$h'(x)=e^x[x+1+(x+1)\ln x]+m(1+\ln x)$
$=(1+\ln x)[(x+1)e^x+m]$，

$\because x>1$，$1+\ln x>0$，$p(x)=(x+1)e^x+m$为增函数，则$p(x)>p(1)=2e+m$。

当$2e+m\geqslant0$，即$m\geqslant-2e$时，$h'(x)>0$，则$h(x)$在$(1,+\infty)$上单调递增，从而$h(x)>h(1)=0$。

当$2e+m<0$，即$m<-2e$时，则$\exists x_0>1$，$p(x_0)=0$，若$1<x<x_0$，$h'(x)<0$；

若$x>x_0$，$h'(x)>0$，从而$h(x)_{\min}=h(x_0)<h(1)=0$，这与$h(x)>0$对$x\in(1,+\infty)$恒成立矛盾，故$m<-2e$不符合题意。

综上，m的取值范围为$[-2e,+\infty)$。

23.【解析】(1)$\because EA\perp$平面ABC，$BM\subset$平面ABC，

$\therefore EA\perp BM$，

又$\because BM\perp AC$，$EA\cap AC=A$，$\therefore BM\perp$平面$ACFE$。

而$EM\subset$平面$ACFE$，$\therefore BM\perp EM$。

$\because AC$是圆O的直径，$\therefore \angle ABC=90°$，

又$\because \angle BAC=30°$，$AC=4$，$\therefore AB=2\sqrt{3}$，$BM=\sqrt{3}$，$AM=3$，$MC=1$，

$\because EA\perp$平面ABC，$FC/\!/EA$，$FC=1$，$EA=3$，

$\therefore FC\perp$平面ABC，

$\triangle EAM$与$\triangle FCM$都是等腰直角三角形，

$\therefore \angle EMA=\angle FMC=45°$，

$\therefore \angle EMF=90°$，即$EM\perp MF$(也可由勾股定理证得)。

$\because MF\cap BM=M$，$\therefore EM\perp$平面BMF，

$\because BF\subset$平面MBF，$\therefore EM\perp BF$。

(2)以A为坐标原点，AC，AE所在的直线分别为y轴、z轴，以垂直于AC的直线为x轴建立如图

所示的空间直角坐标系。

由已知条件得，$A(0,0,0)$，$M(0,3,0)$，$E(0,0,3)$，$B(\sqrt{3},3,0)$，$F(0,4,1)$，$\therefore \overrightarrow{BE}=(-\sqrt{3},-3,3)$，$\overrightarrow{BF}=(-\sqrt{3},1,1)$。

设平面 BEF 的法向量为 $\boldsymbol{n}=(x,y,z)$，

由 $\boldsymbol{n}\cdot\overrightarrow{BE}=0$，$\boldsymbol{n}\cdot\overrightarrow{BF}=0$，得

$\begin{cases}-\sqrt{3}x-3y+3z=0,\\ -\sqrt{3}x+y+z=0,\end{cases}$ 令 $x=\sqrt{3}$，得 $y=1$，$z=2$，

$\therefore$ 平面 BEF 的一个法向量为 $\boldsymbol{n}=(\sqrt{3},1,2)$。

因为 $EA\perp$ 平面 ABC，所以平面 ABC 的一个法向量为 $\overrightarrow{AE}=(0,0,3)$。

设平面 BEF 与平面 ABC 所成的锐二面角为 θ，

则 $\cos\theta=|\cos<\boldsymbol{n},\overrightarrow{AE}>|=\dfrac{|\sqrt{3}\times0+1\times0+2\times3|}{3\times2\sqrt{2}}=\dfrac{\sqrt{2}}{2}$。

故平面 BEF 与平面 ABC 所成的锐二面角的余弦值为 $\dfrac{\sqrt{2}}{2}$。

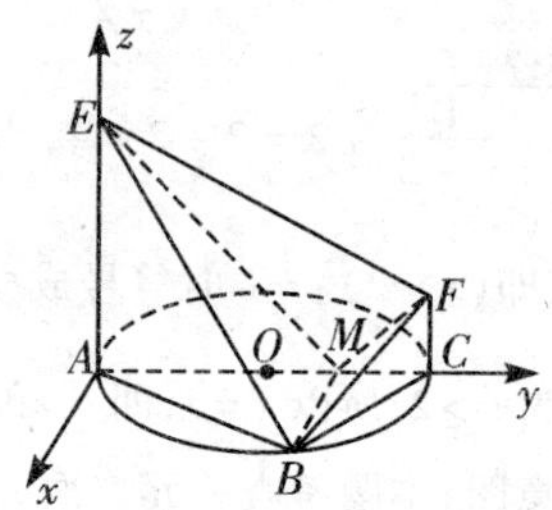

教师招聘考试中学数学终极密押试卷(三)

一、单项选择题

1	2	3	4	5	6
D	D	D	B	C	C
7	8	9	10	11	12
A	A	B	C	C	A

1. D 【命题意图】本题考查复数的运算。

【解析】$\dfrac{1}{1-i}=\dfrac{1+i}{(1-i)(1+i)}=\dfrac{1}{2}+\dfrac{1}{2}i$，其共轭复数为 $\dfrac{1}{2}-\dfrac{1}{2}i$，对应的点 $\left(\dfrac{1}{2},-\dfrac{1}{2}\right)$ 在第四象限。

2. D 【命题意图】本题考查三角函数的图象与性质。

【解析】由图象可得，$\dfrac{T}{4}=\dfrac{7\pi}{12}-\dfrac{\pi}{3}=\dfrac{\pi}{4}$，则 $T=\pi$，$A=\sqrt{2}$，$\omega=2$，$-\sqrt{2}=\sqrt{2}\sin\left(2\times\dfrac{7\pi}{12}+\varphi\right)$，即 $\sin\left(\dfrac{7\pi}{6}+\varphi\right)=-1$，$\dfrac{7\pi}{6}+\varphi=2k\pi+\dfrac{3\pi}{2}(k\in\mathbf{Z})$，即 $\varphi=2k\pi+\dfrac{\pi}{3}$，令 $k=0$，则 $\varphi=\dfrac{\pi}{3}$，故 $f(x)=\sqrt{2}\sin\left(2x+\dfrac{\pi}{3}\right)$，$\therefore f\left(\dfrac{11\pi}{24}\right)=\sqrt{2}\sin\left(2\times\dfrac{11\pi}{24}+\dfrac{\pi}{3}\right)=-\sqrt{2}\sin\dfrac{\pi}{4}=-1$。

3. D 【命题意图】本题考查等差数列的前 n 项和。

【解析】设 $S_n=An^2+Bn\ (n\in\mathbf{N}^*)$，则 $\begin{cases}Am^2+Bm=n,\\ An^2+Bn=m,\end{cases}$ $m\neq n$，两式相减得 $A(m+n)+B=-1$，所以 $S_{m+n}=A(m+n)^2+B(m+n)=(m+n)[A(m+n)+B]=-(m+n)$。

4. B 【命题意图】本题考查平面向量的运算与不等式的求解。

【解析】设 $\boldsymbol{a}=(1,0)$，$\boldsymbol{b}=(0,1)$，$\boldsymbol{c}=(x,y)$，且 $x^2+y^2=1$。$\boldsymbol{a}-\boldsymbol{c}=(1-x,-y)$，$\boldsymbol{b}-\boldsymbol{c}=(-x,1-y)$，则 $(\boldsymbol{a}-\boldsymbol{c})\cdot(\boldsymbol{b}-\boldsymbol{c})=(1-x)\times(-x)+(-y)\times(1-y)=x^2+y^2-x-y=1-x-y\leqslant0$，即 $x+y\geqslant1$。又 $\boldsymbol{a}+\boldsymbol{b}-\boldsymbol{c}=(1-x,1-y)$，所以 $|\boldsymbol{a}+\boldsymbol{b}-\boldsymbol{c}|=\sqrt{(1-x)^2+(1-y)^2}=\sqrt{x^2+y^2-2x-2y+2}=\sqrt{3-2(x+y)}$。由于 $x+y\geqslant1$，故 $|\boldsymbol{a}+\boldsymbol{b}-\boldsymbol{c}|\leqslant\sqrt{3-2}=1$，即所求最大值为 1。

5. C 【命题意图】本题考查三角函数的和差公式。

【解析】$\because\cos\left(\alpha-\dfrac{\pi}{6}\right)+\sin\alpha=\dfrac{4\sqrt{3}}{5}$，$\therefore\dfrac{\sqrt{3}}{2}\cos\alpha+\dfrac{3}{2}\sin\alpha=\dfrac{4}{5}\sqrt{3}$，则 $\dfrac{1}{2}\cos\alpha+\dfrac{\sqrt{3}}{2}\sin\alpha=\dfrac{4}{5}$，

$\therefore \sin\left(\frac{\pi}{6}+\alpha\right)=\frac{4}{5}$。$\therefore \sin\left(\alpha+\frac{7\pi}{6}\right)=-\sin\left(\frac{\pi}{6}+\alpha\right)=-\frac{4}{5}$。故选 C。

6. C 【命题意图】本题考查均值不等式。

【解析】因为 $x>2$，所以 $x-2>0$，所以 $f(x)=x+\frac{1}{x-2}=(x-2)+\frac{1}{x-2}+2\geqslant 2\cdot\sqrt{(x-2)\cdot\frac{1}{x-2}}+2=2+2=4$，当且仅当 $x-2=\frac{1}{x-2}$，即 $(x-2)^2=1$ 时等号成立，所以 $x=1$ 或 3，又因为 $x>2$，所以 $x=3$，即 $a=3$。

7. A 【命题意图】本题考查一元二次方程与事件概率的计算。

【解析】设"先后两次出现的点数有 5"为事件 A，"方程 $x^2+ax+b=0$ 有实数根"为事件 B。由题意可知基本事件总数为 36，事件 A 中的基本事件个数为 11，而方程 $x^2+ax+b=0$ 有实根，则 $\Delta=a^2-4b\geqslant0$，即 $a^2\geqslant4b$，故在 A 的条件下，满足条件的 (a,b) 有 $(5,5)$，$(6,5)$，$(5,1)$，$(5,2)$，$(5,3)$，$(5,4)$，$(5,6)$ 共 7 个，则 $P(A)=\frac{11}{36}$，$P(AB)=\frac{7}{36}$，所以 $P(B|A)=\frac{P(AB)}{P(A)}=\frac{7}{11}$。

8. A 【命题意图】本题考查二项式定理。

【解析】$(1-x-2y)^5=[(1-2y)-x]^5$，所以展开式中不含 x 的项的系数和为 $(1-2y)^5$ 的展开式中所有项系数的和，即 $(1-2)^5=-1$，故选 A。

9. B 【命题意图】本题考查函数的零点。

【解析】函数 $f(x)=\tan x-\frac{2}{2x-\pi}(-2\pi\leqslant x\leqslant3\pi)$ 的零点即函数 $y=\tan x$ 与函数 $y=\frac{2}{2x-\pi}$ 的交点的横坐标。由于函数 $y=\tan x$ 的图象关于点 $\left(\frac{\pi}{2},0\right)$ 对称，函数 $y=\frac{2}{2x-\pi}$ 的图象也关于点 $\left(\frac{\pi}{2},0\right)$ 对称，故函数 $y=\tan x$ 与函数 $y=\frac{2}{2x-\pi}$ 的交点关于点 $\left(\frac{\pi}{2},0\right)$ 对称。如图所示，函数 $f(x)=\tan x-\frac{2}{2x-\pi}(-2\pi\leqslant x\leqslant3\pi)$ 的零点分别为 x_1,x_2,x_3,x_4，则由对称性可得 $x_1+x_4=\pi$，$x_2+x_3=\pi$，所以 $x_1+x_2+x_3+x_4=2\pi$，故选 B。

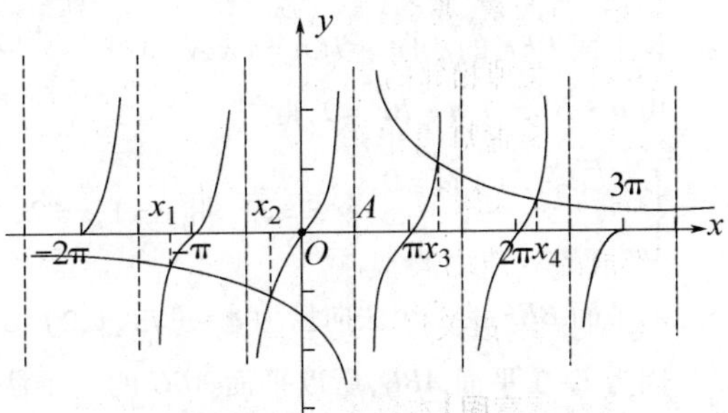

10. C 【命题意图】本题考查变限积分的导数。

【解析】$F'(x)=f(\tan x)\cdot\frac{1}{\cos^2x}-f\left(\frac{1}{x}\right)\cdot\left(-\frac{1}{x^2}\right)=\frac{1}{\cos^2x}f(\tan x)+\frac{1}{x^2}f\left(\frac{1}{x}\right)$。

11. C 【命题意图】本题考查分段函数的可导的含义与应用。

【解析】若要 $f(x)$ 在 $x=0$ 处可导，首先，$f(x)$ 在 $x=0$ 处连续 $\Leftrightarrow \lim\limits_{x\to0^+}f(x)=\lim\limits_{x\to0^-}f(x)=f(0)$，即 $0=2b$，解得 $b=0$。其次，$f(x)$ 在 $x=0$ 处可导 $\Leftrightarrow f'_+(0)=f'_-(0)$，又 $b=0$，$f(x)=\begin{cases}2x^2\sin x, x>0,\\ ax, x\leqslant0,\end{cases}$ 按定义求出 $f'_+(0)=\lim\limits_{x\to0^+}\frac{f(x)-f(0)}{x}=\lim\limits_{x\to0^+}\frac{2x^2\sin x}{x}=0$，又由求导法则可知 $f'_-(0)=(ax)'|_{x=0}=a$，因为 $f'_+(0)=f'_-(0)$，所以 $a=0$。

12. A 【命题意图】本题考查椭圆的几何性质与方程。

【解析】由题意知，$c=1$，设短轴上的两个三等分点为 A,B，则 $|AB|=\frac{2b}{3}$，$|OA|=|OB|=\frac{b}{3}$，又因为短轴的两个三等分点与椭圆的一个焦点构成正三角形，所以 $|AF|=|BF|=|AB|=\frac{2b}{3}$。因为 $\triangle AOF$ 是直角三角形，故 $|OA|^2+|OF|^2=|AF|^2$，即 $\left(\frac{b}{3}\right)^2+1^2=\left(\frac{2b}{3}\right)^2$，解得

$b^2=3$，所以 $a^2=4$，故椭圆的方程为 $\frac{x^2}{4}+\frac{y^2}{3}=1$。

二、填空题

13. 35 【命题意图】本题考查排列组合。

【解析】由题意，要关掉 9 盏灯中的 3 盏，但要求不能同时关掉相邻的 2 盏或 3 盏，因此可以先将要关掉的 3 盏灯拿出来，这样还剩 6 盏灯，现在只需把准备关闭的 3 盏灯插入到亮着的 6 盏灯所形成的空隙之间即可。6 盏灯的内部及两端共有 7 个空，故关灯的方法数为 $C_7^3=35$。

14. $\frac{1}{12}$ 【命题意图】本题考查函数极限的计算。

【解析】$\lim\limits_{x\to 0}\frac{e^{x^2}-e^{2-2\cos x}}{x^4}=\lim\limits_{x\to 0}\frac{e^{2-2\cos x}(e^{x^2-2+2\cos x}-1)}{x^4}=\lim\limits_{x\to 0}\frac{1(x^2-2+2\cos x)}{x^4}=\lim\limits_{x\to 0}\frac{2x-2\sin x}{4x^3}=\lim\limits_{x\to 0}\frac{2-2\cos x}{12x^2}=\lim\limits_{x\to 0}\frac{2\sin x}{24x}=\frac{1}{12}$。

15. -3 或 1 【命题意图】本题考查空间向量的运算。

【解析】因为 $|\boldsymbol{a}|=\sqrt{2^2+4^2+x^2}=6$，所以 $x=\pm 4$，又因为 $\boldsymbol{a}\perp\boldsymbol{b}$，则 $\boldsymbol{a}\cdot\boldsymbol{b}=0$，即 $4+4y+2x=0$，即 $\begin{cases}x=4,\\y=-3\end{cases}$ 或 $\begin{cases}x=-4,\\y=1,\end{cases}$ 故 $x+y=1$ 或 $x+y=-3$，即 $x+y$ 的值为 -3 或 1。

16. $(2,+\infty)$ 【命题意图】本题考查导数的应用。

【解析】设切点横坐标为 x_0，因为 $f'(x)=e^x-m$，所以函数 $f(x)$ 在 $(x_0,f(x_0))$ 处的切线斜率为 $e^{x_0}-m$，又由于 $e^{x_0}-m=-2$，所以 $m=e^{x_0}+2>2$，所以实数 m 的取值范围为 $(2,+\infty)$。

17. $\begin{pmatrix}2&6&-4\\-3&-6&5\\2&2&-2\end{pmatrix}$ 【命题意图】本题考查伴随矩阵。

【解析】$A_{11}=\begin{vmatrix}2&1\\4&3\end{vmatrix}=2$，$A_{12}=-\begin{vmatrix}2&1\\3&3\end{vmatrix}=-3$，同理可得 $A_{13}=2$，$A_{21}=6$，$A_{22}=-6$，$A_{23}=2$，$A_{31}=-4$，$A_{32}=5$，$A_{33}=-2$，所以 $\boldsymbol{A}^*=\begin{pmatrix}2&6&-4\\-3&-6&5\\2&2&-2\end{pmatrix}$。

18. $1-\frac{\pi}{6}$ 【命题意图】本题考查正方体与球的体积。

【解析】易知正方体瓶子的棱长是球形石子直径的整数倍，不妨设为 $n(n\in\mathbf{N}_+)$ 倍，下面我们证明石子的大小与所有石子所占据空间的总和无关，为此设瓶中仅放入一个最大的球体，如图所示，由于题中的正方体瓶子可分割成 n^3 个小正方体，而每个小正方体与题图中的情况相同，每个石子都内切于一个小正方体。设大正方体的体积为 V，其内切球体积为 $V_{球}$，小正方体的体积为 V_i，相对应的小石子的体积为 $V_{i球}$，显然 $\frac{V_{i球}}{V_i}=\frac{V_{球}}{V}$ $(i=1,2,\cdots,n^3)$，由等比定理得 $\frac{V_{1球}+V_{2球}+V_{3球}+\cdots+V_{n3球}}{V_1+V_2+V_3+\cdots+V_{n3}}=\frac{V_{球}}{V}$，由此可知，石子的大小与所有石子所占空间的总和无关，于是所有石子所占空间的体积总和与瓶子体积比为 $\frac{\frac{4}{3}\pi R^3}{(2R)^3}=\frac{\pi}{6}$（其中 R 为正方体瓶子内切球半径），故当瓶子中的水不足瓶子容积的 $1-\frac{\pi}{6}$ 时，乌鸦将难以喝到水。

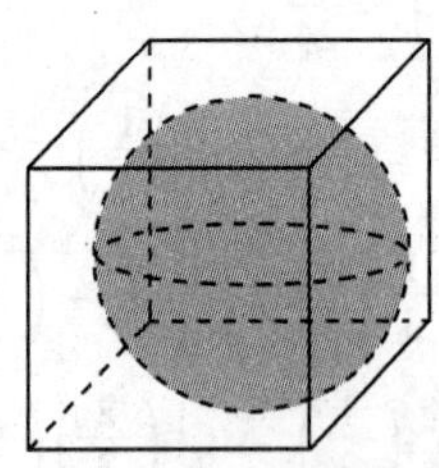

三、解答题

19. 【解析】(1) 证明：因为 $n(a_{n+1}-n-1)=(n+1)\cdot(a_n+n)(n\in\mathbf{N}^*)$，所以 $na_{n+1}-(n+1)a_n=2n(n+1)$，所以 $\frac{a_{n+1}}{n+1}-\frac{a_n}{n}=2$，所以数列 $\left\{\frac{a_n}{n}\right\}$ 是等差数列，其公差为 2，首项为 2，所以

$\frac{a_n}{n}=2+2(n-1)=2n$。

(2)由(1)知 $a_n=2n^2$,所以 $b_n=\sqrt{2a_n}-15=2n-15$,则数列$\{b_n\}$的前 n 项和 $S_n=\frac{n(-13+2n-15)}{2}=n^2-14n$。令 $b_n=2n-15\leqslant 0$,解得 $n\leqslant 7.5$,所以当 $n\leqslant 7$ 时,数列$\{|b_n|\}$的前 n 项和 $T_n=-b_1-b_2-\cdots-b_n=-S_n=-n^2+14n$;当 $n\geqslant 8$ 时,数列$\{|b_n|\}$的前 n 项和 $T_n=-b_1-b_2-\cdots-b_7+b_8+\cdots+b_n=-2S_7+S_n=-2\times(7^2-14\times 7)+n^2-14n=n^2-14n+98$。

故 $T_n=\begin{cases}14n-n^2, n\leqslant 7,\\ n^2-14n+98, n\geqslant 8。\end{cases}$

20.【解析】(1)比赛结束后甲的进球数比乙的进球数多1个,有以下几种情况:甲进1球,乙进0球;甲进2球,乙进1球;甲进3球,乙进2球。所以比赛结束后甲的进球数比乙的进球数多1个的概率 $P=C_3^1\frac{2}{3}\left(\frac{1}{3}\right)^2\left(\frac{1}{2}\right)^3+C_3^2\left(\frac{2}{3}\right)^2\cdot\left(\frac{1}{3}\right)\cdot C_3^1\left(\frac{1}{2}\right)^3+C_3^3\left(\frac{2}{3}\right)^3\cdot C_3^2\left(\frac{1}{2}\right)^3=\frac{11}{36}$。

(2)ξ 的取值为0,1,2,3,由题意得,

$P(\xi=0)=\left(\frac{1}{3}\right)^3\left(\frac{1}{2}\right)^3+C_3^1\left(\frac{2}{3}\right)\left(\frac{1}{3}\right)^2\cdot C_3^1\left(\frac{1}{2}\right)^3+C_3^2\left(\frac{2}{3}\right)^2\left(\frac{1}{3}\right)\cdot C_3^2\left(\frac{1}{2}\right)^3+\left(\frac{2}{3}\right)^3\left(\frac{1}{2}\right)^3=\frac{7}{24}$,

$P(\xi=1)=C_3^1\left(\frac{2}{3}\right)\left(\frac{1}{3}\right)^2\cdot C_3^0\left(\frac{1}{2}\right)^3+C_3^2\left(\frac{2}{3}\right)^2\left(\frac{1}{3}\right)\cdot C_3^1\left(\frac{1}{2}\right)^3+\left(\frac{2}{3}\right)^3C_3^2\left(\frac{1}{2}\right)^3+C_3^0\left(\frac{1}{3}\right)^3C_3^1\left(\frac{1}{2}\right)^3+C_3^1\left(\frac{2}{3}\right)\left(\frac{1}{3}\right)^2C_3^2\left(\frac{1}{2}\right)^3+C_3^2\left(\frac{2}{3}\right)^2\left(\frac{1}{3}\right)\left(\frac{1}{2}\right)^3=\frac{11}{24}$,

$P(\xi=2)=C_3^1\left(\frac{2}{3}\right)\left(\frac{1}{3}\right)^2\cdot C_3^3\left(\frac{1}{2}\right)^3+\left(\frac{1}{3}\right)^3C_3^2\cdot\left(\frac{1}{2}\right)^3+C_3^2\left(\frac{2}{3}\right)^2\left(\frac{1}{3}\right)\left(\frac{1}{2}\right)^3+\left(\frac{2}{3}\right)^3C_3^1\left(\frac{1}{2}\right)^3=\frac{5}{24}$,

$P(\xi=3)=\left(\frac{1}{3}\right)^3\left(\frac{1}{2}\right)^3+\left(\frac{2}{3}\right)^3\left(\frac{1}{2}\right)^3=\frac{1}{24}$,

所以 ξ 的概率分布列为:

ξ	0	1	2	3
P	$\frac{7}{24}$	$\frac{11}{24}$	$\frac{5}{24}$	$\frac{1}{24}$

所以数学期望是 $E(\xi)=0\times\frac{7}{24}+1\times\frac{11}{24}+2\times\frac{5}{24}+3\times\frac{1}{24}=1$。

21.【解析】(1)$\because$ 在底面 $ABCD$ 中,$AD\parallel BC$,$AD\perp CD$,且 $BC=2AD=2CD=2\sqrt{2}$,$\therefore AB=AC=2$,$BC=2\sqrt{2}$,$\therefore AB\perp AC$,又$\because AB\perp PC$,$AC\cap PC=C$,$AC\subset$平面 PAC,$PC\subset$平面 PAC,$\therefore AB\perp$平面 PAC,又$\because PA\subset$平面 PAC,$\therefore AB\perp PA$,$\because PA=AC=2$,$PC=2\sqrt{2}$,$\therefore PA\perp AC$,又$\because AB\cap AC=A$,$AB\subset$平面 $ABCD$,$AC\subset$平面 $ABCD$,$\therefore PA\perp$平面 $ABCD$。

(2)方法一:如图1,在线段 AD 上取点 N,使 $AN=xAD$,在线段 PD 上取一点 M,使 $MN\parallel PA$,

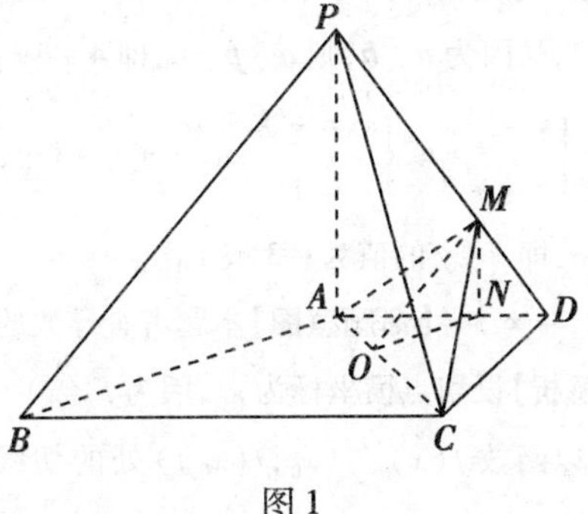

图1

由(1)得 $PA\perp$平面 $ABCD$,$\therefore MN\perp$平面 $ABCD$,又$\because AC\subset$平面 $ABCD$,$\therefore MN\perp AC$,作 $NO\perp AC$ 于点 O,连结 OM,又$\because MN\cap NO=N$,$MN\subset$平面 MNO,$NO\subset$平面 MNO,$\therefore AC\perp$平面 MNO,又$\because MO\subset$平面 MNO,$\therefore AC\perp MO$,又$\because AC\perp NO$,$\therefore\angle MON$ 是二面角 $M-AC-D$ 的一个平面角,$\because\frac{AN}{AD}=x$,$\therefore\frac{PM}{PD}=x$,则 $MN=(1-x)AP=2-2x$,$ON=\frac{\sqrt{2}}{2}AN=\frac{\sqrt{2}}{2}xAD=x$,若二面角 $M-AC-D$ 的大小

为 60°，即 $\tan\angle MON=\frac{MN}{ON}=\frac{2-2x}{x}=\tan 60°=\sqrt{3}$，得 $x=4-2\sqrt{3}=\frac{PM}{PD}$，∴ 满足要求的点 M 存在，且$\frac{PM}{PD}=4-2\sqrt{3}$。

方法二：取 BC 的中点 E，则 AE,AD,AP 三条直线两两垂直，∴ 可以分别以直线 AE,AD,AP 为 x,y,z 轴建立空间直角坐标系，如图 2 所示，

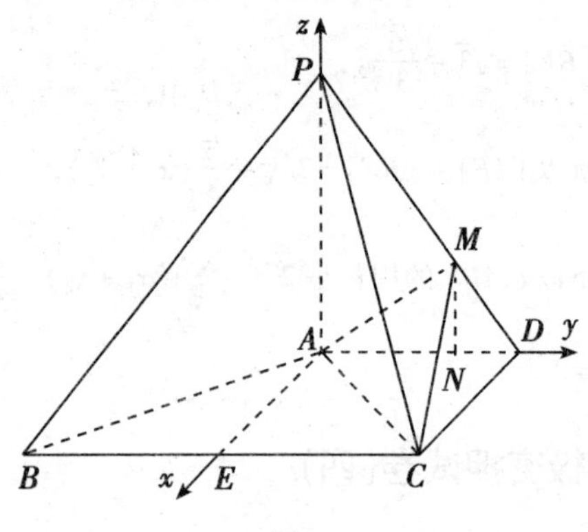

图 2

过点 M 作 $MN\perp AD$ 于点 N，由（1）知 $\overrightarrow{AP}=(0,0,2)$是平面 ACD 的一个法向量，设$\frac{PM}{PD}=x\in(0,1)$，则 $MN=(1-x)AP=2-2x$，$AN=xAD=\sqrt{2}x$，∴ $\overrightarrow{AM}=(0,\sqrt{2}x,2-2x)$，$\overrightarrow{AC}=(\sqrt{2},\sqrt{2},0)$，设$\overrightarrow{AQ}=(a,b,c)$是平面 ACM 的一个法向量，

则$\begin{cases}\overrightarrow{AQ}\cdot\overrightarrow{AM}=\sqrt{2}xb+(2-2x)c=0,\\ \overrightarrow{AQ}\cdot\overrightarrow{AC}=\sqrt{2}a+\sqrt{2}b=0,\end{cases}$

∴ $\begin{cases}a=-b,\\ c=\frac{\sqrt{2}x}{2x-2}b,\end{cases}$ 令 $b=2x-2$，则 $\overrightarrow{AQ}=(-2x+2,2x-2,\sqrt{2}x)$，它背向二面角，又∵ 平面 ACD 的法向量$\overrightarrow{AP}=(0,0,2)$，它指向二面角，这样，二面角 $M-AC-D$ 的大小为 60°，

即 $\cos\langle\overrightarrow{AP},\overrightarrow{AQ}\rangle=\frac{\overrightarrow{AP}\cdot\overrightarrow{AQ}}{|\overrightarrow{AP}|\cdot|\overrightarrow{AQ}|}=$

$$\frac{2\sqrt{2}x}{2\cdot\sqrt{(-2+2x)^2+(2-2x)^2+(\sqrt{2}x)^2}}=\cos 60°=\frac{1}{2}$$，解得 $x=4-2\sqrt{3}$，∴ 满足要求的点 M 存在，且$\frac{PM}{PD}=4-2\sqrt{3}$。

22.【解析】(1) $f'(x)=\frac{\left(\ln x+\frac{x+a}{x}\right)(x+1)-(x+a)\ln x}{(x+1)^2}$，

由题设知 $f'(1)=\frac{1}{2}$，所以$\frac{2(a+1)}{4}=\frac{1}{2}$，所以 $a=0$。

(2) 由 (1) 得，$f(x)=\frac{x\ln x}{x+1}$，$\forall x\in[1,+\infty)$，$f(x)\leqslant m(x-1)$恒成立，即 $\ln x-m\left(x-\frac{1}{x}\right)\leqslant 0$，恒成立，

设 $g(x)=\ln x-m\left(x-\frac{1}{x}\right)$，即 $\forall x\in[1,+\infty)$，$g(x)\leqslant 0$恒成立，

$g'(x)=\frac{1}{x}-m\left(1+\frac{1}{x^2}\right)=\frac{-mx^2+x-m}{x^2}$，

①若 $m\leqslant 0$，$g'(x)>0$，$g(x)$在$(1,+\infty)$上单调递增，故有 $g(x)\geqslant g(1)=0$，与题设矛盾；

②若 $m>0$，方程 $-mx^2+x-m=0$ 的根的判别式 $\Delta=1-4m^2$，当 $\Delta=1-4m^2\leqslant 0$，即 $m\geqslant\frac{1}{2}$时，$g'(x)<0$，$g(x)$在$(1,+\infty)$上单调递减，所以 $g(x)\leqslant g(1)=0$，即不等式成立；

当$0<m<\frac{1}{2}$时，方程有两根 $x_1=\frac{1-\sqrt{1-4m^2}}{2m}>0$，$x_2=\frac{1+\sqrt{1-4m^2}}{2m}>1$，

当 $x\in(1,x_2)$时，$g'(x)>0$，$g(x)$单调递增，则 $g(x)>g(1)=0$ 与题设矛盾。

综上，$m\geqslant\frac{1}{2}$。

23.【解析】(1) 由题可知，$F(c,0)$，$M(0,b)$，则 $-\frac{b}{c}=-\frac{\sqrt{2}}{2}$，

直线 FM 的方程为$\frac{x}{c}+\frac{y}{b}=1$，即 $bx+cy-bc=0$，所以$\frac{bc}{\sqrt{b^2+c^2}}=\frac{\sqrt{6}}{3}$，

解得 $b=1$，$c=\sqrt{2}$，

又 $a^2=b^2+c^2=3$，所以椭圆 C 的标准方程为 $\frac{x^2}{3}+y^2=1$。

(2) 因为直线 $l:y=kx+m(k<0,m>0)$ 与圆 $x^2+y^2=1$ 相切，

所以 $\frac{|m|}{\sqrt{1+k^2}}=1$，即 $m^2=1+k^2$，

设 $A(x_1,y_1)$，$B(x_2,y_2)$，联立 $\begin{cases}\frac{x^2}{3}+y^2=1,\\ y=kx+m,\end{cases}$ 得

$(3k^2+1)x^2+6kmx+3(m^2-1)=0$，

所以 $\Delta=36k^2m^2-12(3k^2+1)(m^2-1)=12(3k^2-m^2+1)=24k^2>0$，

则 $x_1+x_2=\frac{-6km}{3k^2+1}$，$x_1x_2=\frac{3(m^2-1)}{3k^2+1}$，且 $x_1>0$，$x_2>0$，

所以 $|AB|=\sqrt{1+k^2}\quad|x_1-x_2|=\frac{2\sqrt{3}\sqrt{1+k^2}}{3k^2+1}\sqrt{3k^2+1-m^2}$。

又 $m^2=1+k^2$，所以 $|AB|=-\frac{2\sqrt{6}mk}{3k^2+1}$，

因为 $|AF|=\sqrt{(x_1-\sqrt{2})^2+y_1^2}=\sqrt{(x_1-\sqrt{2})^2+\left(1-\frac{x_1^2}{3}\right)}=\sqrt{3}-\frac{\sqrt{6}}{3}x_1$，同理 $|BF|=\sqrt{3}-\frac{\sqrt{6}}{3}x_2$，

所以 $|AF|+|BF|=2\sqrt{3}-\frac{\sqrt{6}}{3}(x_1+x_2)$，

所以 $\triangle ABF$ 的周长是 $2\sqrt{3}-\frac{\sqrt{6}}{3}(x_1+x_2)-\frac{2\sqrt{6}mk}{3k^2+1}=2\sqrt{3}$。

教师招聘考试中学数学终极密押试卷(四)

一、单项选择题

1	2	3	4	5	6	7	8	9	10
C	D	B	B	C	B	C	D	B	D
11	12	13	14	15					
A	A	A	A	B					

1. C 【命题意图】本题考查复数的运算与模。

【解析】由题意得 $z(z+1)=(a+\mathrm{i})^2+a+\mathrm{i}=a^2-1+a+(2a+1)\mathrm{i}=1-3\mathrm{i}$，等式两边对应系数相等，所以 $\begin{cases}a^2-1+a=1,\\ 2a+1=-3,\end{cases}$ 解得 $a=-2$，所以 $|z|=|-2+\mathrm{i}|=\sqrt{5}$。

2. D 【命题意图】本题考查方程的根与函数图象。

【解析】作出 $f(x)=\begin{cases}\mathrm{e}^{|x-1|},x>0,\\ -x^2-2x+1,x\leqslant0\end{cases}$ 的大致图象，如图，令 $f(x)=t$，由题意知 $t^2-3t+a=0$ 在区间 $(1,2)$ 上有两个不相等的实根，令 $g(t)=t^2-3t+a(1<t<2)$，则 $\begin{cases}g(1)>0,\\ g(2)>0,\\ g\left(\frac{3}{2}\right)<0\end{cases}\Rightarrow2<a<\frac{9}{4}$。

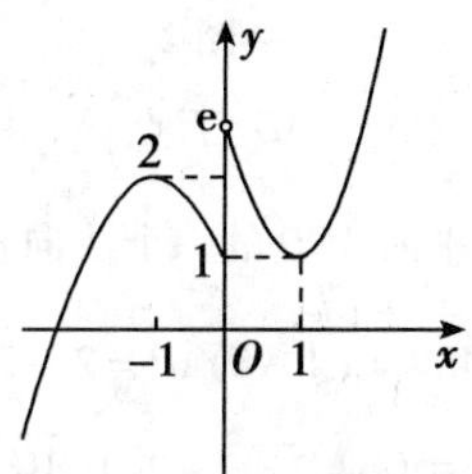

3. B 【命题意图】本题考查平面向量的运算。

【解析】$\because$ D 是边 BC 上的任意一点，所以存在 $t\in\mathbf{R}$，使得 $\overrightarrow{BD}=t\overrightarrow{BC}=t(\overrightarrow{AC}-\overrightarrow{AB})$，又 $\because$ M 是线段 AD 的中点，$\therefore$ $\overrightarrow{BM}=\frac{1}{2}(\overrightarrow{BA}+\overrightarrow{BD})=\frac{1}{2}(-\overrightarrow{AB}+t\overrightarrow{AC}-t\overrightarrow{AB})=-\frac{1}{2}(t+1)\overrightarrow{AB}+\frac{1}{2}t\overrightarrow{AC}$，又 $\overrightarrow{BM}=\lambda\overrightarrow{AB}+\mu\overrightarrow{AC}$，$\therefore$ $\lambda=-\frac{1}{2}(t+1)$，$\mu=\frac{1}{2}t$，则 $\lambda+\mu=-\frac{1}{2}$。

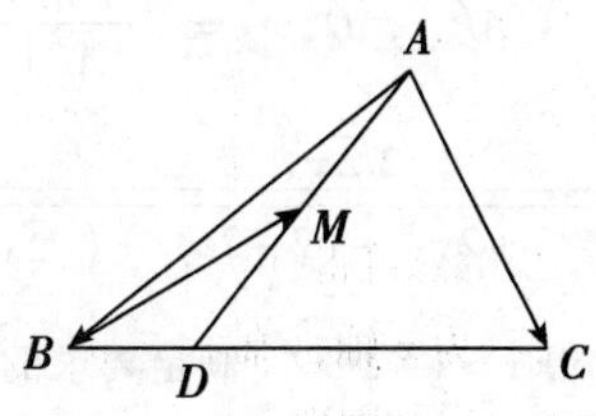

4. B 【命题意图】本题考查不等式的求解与几何概型。

【解析】不等式$|x+1|-|x-2|\geqslant 1$可化为

①$\begin{cases}x<-1,\\(-x-1)-(2-x)\geqslant 1,\end{cases}$或

②$\begin{cases}-1\leqslant x<2,\\(x+1)-(2-x)\geqslant 1,\end{cases}$或

③$\begin{cases}x\geqslant 2,\\(x+1)-(x-2)\geqslant 1,\end{cases}$解①得$x\in\varnothing$,解②得$1\leqslant x<2$,解③得$x\geqslant 2$,故原不等式的解集为$\{x|x\geqslant 1\}$,在区间$[-3,3]$上随机取一个数$x$,由几何概型可知,使得$|x+1|-|x-2|\geqslant 1$成立的概率$P=\dfrac{3-1}{3-(-3)}=\dfrac{1}{3}$。

5. C 【命题意图】本题考查基本不等式的应用。

【解析】因为$b>a>0$,所以$ab-a^2=a(b-a)\leqslant\left(\dfrac{a+b-a}{2}\right)^2=\dfrac{b^2}{4}$,当且仅当$2a=b$时取等号,故$2b+\dfrac{2}{ab-a^2}\geqslant b+b+\dfrac{8}{b^2}\geqslant 3\sqrt[3]{b\cdot b\cdot\dfrac{8}{b^2}}=6$,当且仅当$a=1,b=2$时取等号。故$2b+\dfrac{2}{ab-a^2}$的最小值为6。

6. B 【命题意图】本题考查集合与映射。

【解析】当$\sin x=0$时,$x=0,\pi,2\pi$;当$\sin x=\dfrac{1}{2}$时,$x=\dfrac{\pi}{6},\dfrac{5\pi}{6}$。所以集合$A$中的元素最多有5个。

7. C 【命题意图】本题考查程序框图。

【解析】$i=3<10,F=2,Q=1,S=2$;

$i=4<10,F=3,Q=2,S=3$;

$i=5<10,F=5,Q=3,S=5$;

$i=6<10,F=8,Q=5,S=8$;

$i=7<10,F=13,Q=8,S=13$;

$i=8<10,F=21,Q=13,S=21$;

$i=9<10,F=34,Q=21,S=34$;

$i=10\leqslant 10,F=55,Q=34,S=55$;

$i=11>10$,输出$S=55$。

8. D 【命题意图】本题考查函数模型。

【解析】y是关于t的分段函数:在Q点从A点运动到D点的过程中,P点从A点运动到AB的中点,此时$0<t\leqslant 2$,$y=\dfrac{1}{2}\cdot t\cdot 2t=t^2$;在$Q$点从$D$点运动到$C$点的过程中,$P$点从$AB$的中点运动到$B$点,此时$2<t\leqslant 4$,$y=\dfrac{1}{2}\cdot 4\cdot t=2t$;之后$P,Q$两点都在$BC$边上运动,直到相遇后停止,此时$4<t\leqslant\dfrac{16}{3}$,$y=\dfrac{1}{2}\cdot 4\cdot[4-(2t-8)-(t-4)]=32-6t$。根据解析式知正确答案为D。

9. B 【命题意图】本题考查三视图与组合体体积计算。

【解析】由三视图知,剩余部分的几何体是四棱锥$P-ABCD$被平面QBD截去三棱锥$Q-BCD$(Q为PC的中点)后的部分,连结AC交BD于点O,连结OQ,则$OQ\mathop{\underline{\mathrm{/\!/}}}\dfrac{1}{2}PA$,设$PA=AB=a$,则$V_{四棱锥P-ABCD}=\dfrac{1}{3}a^3$,$V_{三棱锥Q-BCD}=\dfrac{1}{3}\times\dfrac{1}{2}a^2\times\dfrac{1}{2}a=\dfrac{1}{12}a^3$,剩余部分体积为$\dfrac{1}{3}a^3-\dfrac{1}{12}a^3$,故所求体积比为$\dfrac{\frac{1}{12}a^3}{\frac{1}{3}a^3-\frac{1}{12}a^3}=\dfrac{1}{3}$。

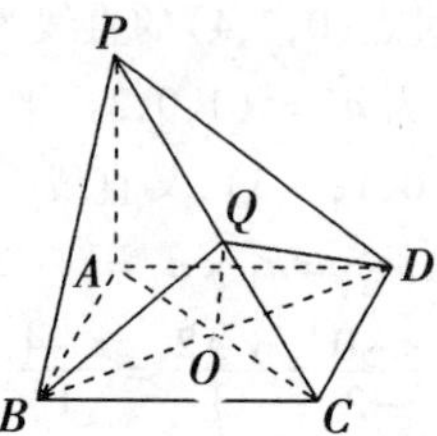

10. D 【命题意图】本题考查二项式定理的应用。

【解析】$f(x)=(2+\sqrt{5}x)^{2009}=a_0+a_1x+a_2x^2+\cdots+a_{2009}x^{2009}$,则$(a_0+a_2+a_4+\cdots+a_{2008})^2-(a_1+a_3+\cdots+a_{2009})^2=f(1)\cdot f(-1)=(2+\sqrt{5})^{2009}\cdot(2-\sqrt{5})^{2009}=(4-5)^{2009}=-1$。

11. A 【命题意图】本题考查函数的间断点的类型。

【解析】因为$\lim\limits_{x\to 0}F(x)=\lim\limits_{x\to 0}\dfrac{f(x)-f(0)}{x-0}=f'(0)$,$f'(0)\neq f(0)$,所以$F(0)=f(0)\neq\lim\limits_{x\to 0}F(x)$,故$x=0$是$F(x)$的可去间断点。

12. A 【命题意图】本题考查三角函数的平移及性质。

【解析】函数$f(x)=2\sin\left(2x+\dfrac{\pi}{6}\right)$的图象向左平移

$\frac{\pi}{12}$个单位,可得 $y=2\sin\left(2x+\frac{\pi}{3}\right)$,再向下平移 1 个单位,得到 $g(x)=2\sin\left(2x+\frac{\pi}{3}\right)-1$ 的图象,若 $g(x_1)g(x_2)=9$, 且 $x_1, x_2 \in [-2\pi,2\pi]$, 则$g(x_1)=g(x_2)=-3$,令 $2x+\frac{\pi}{3}=-\frac{\pi}{2}+2k\pi(k\in\mathbf{Z})$, 则 $x=-\frac{5\pi}{12}+k\pi$, 得 x_1, $x_2\in\left\{-\frac{17\pi}{12},-\frac{5\pi}{12},\frac{7\pi}{12},\frac{19\pi}{12}\right\}$,当 $x_1=\frac{19\pi}{12}$, $x_2=-\frac{17\pi}{12}$时,$2x_1-x_2$ 取最大值,最大值为$\frac{55\pi}{12}$。

13. A 【命题意图】本题考查曲线的渐近线。

【解析】该曲线只有间断点 $x=0$, $\lim\limits_{x\to0^+}y=\lim\limits_{x\to0^+}(2x+\frac{\ln x}{3x})=\infty\Rightarrow x=0$ 为该曲线的垂直渐近线。又因为 $\lim\limits_{x\to+\infty}\frac{y}{x}=\lim\limits_{x\to+\infty}(2+\frac{\ln x}{3x^2})=2$, $\lim\limits_{x\to+\infty}(y-2x)=\lim\limits_{x\to+\infty}\frac{\ln x}{3x}=0\Rightarrow$曲线有斜渐近线 $y=2x$。故选 A。

14. A 【命题意图】本题考查空间直线方程。

【解析】设过点(0,2,4)的直线为 l,平面 $x+2z=1$ 的法向量为 $\boldsymbol{n}_1=(1,0,2)$,平面 $y-3z=2$ 的法向量 $\boldsymbol{n}_2=(0,1,-3)$,又直线 l 的方向向量 $\boldsymbol{s}$ 与 $\boldsymbol{n}_1$,$\boldsymbol{n}_2$垂直,故 $\boldsymbol{s}=\boldsymbol{n}_1\times\boldsymbol{n}_2=(-2,3,1)$,$\therefore$ l 的点法式方程:$\frac{x-0}{-2}=\frac{y-2}{3}=\frac{z-4}{1}$,即 $\frac{x}{-2}=\frac{y-2}{3}=z-4$。

15. B 【命题意图】本题考查函数的求导。

【解析】对方程两边求导得,$e^{2x+y}(2+y')+\sin(xy)\cdot(y+xy')=0$,将(0,1)代入得,$e(2+y'(0))+0=0$, $y'(0)=f'(0)=-2$,故选 B。

二、填空题

16. 2 【命题意图】本题考查数列的通项。

【解析】由 $a_1=\frac{1}{2}$, $a_n=\frac{1}{1-a_{n-1}}(n\geqslant2,n\in\mathbf{N}_+)$知,$a_2=2$,$a_3=-1$,$a_4=\frac{1}{2}$,所以数列$\{a_n\}$的周期为3,所以 $a_{2015}=a_{3\times671+2}=a_2=2$。

17. $\sqrt{2}+1$ 【命题意图】本题考查双曲线与抛物线的综合。

【解析】设双曲线 C_1 的左焦点为 $F'(-c,0)$,由题意得 $F(c,0)$, $c=\frac{p}{2}$, $A\left(\frac{p}{2},p\right)$, $B\left(\frac{p}{2},-p\right)$,即 $A(c,2c)$, $B(c,-2c)$, 又 $|AF'|-|AF|=2a$, $|AF'|=\sqrt{|F'F|^2+|AF|^2}=\sqrt{(2c)^2+(2c)^2}=2\sqrt{2}c$,$\therefore 2\sqrt{2}c-2c=2a$,$\therefore e=\frac{c}{a}=\frac{1}{\sqrt{2}-1}=\sqrt{2}+1$。

18. $4-2\ln2$ 【命题意图】本题考查由定积分求平面图形的面积。

【解析】令 $x-1=\frac{2}{x}\Rightarrow x^2-x-2=0$,解得 $x=-1$ 或2,如图所示,则曲线 $y=\frac{2}{x}$与直线 $y=x-1$ 及 $x=4$ 所围成的封闭图形的面积为 $\int_2^4\left(x-1-\frac{2}{x}\right)dx=\left(\frac{1}{2}x^2-x-2\ln x\right)\Big|_2^4=4-2\ln2$。

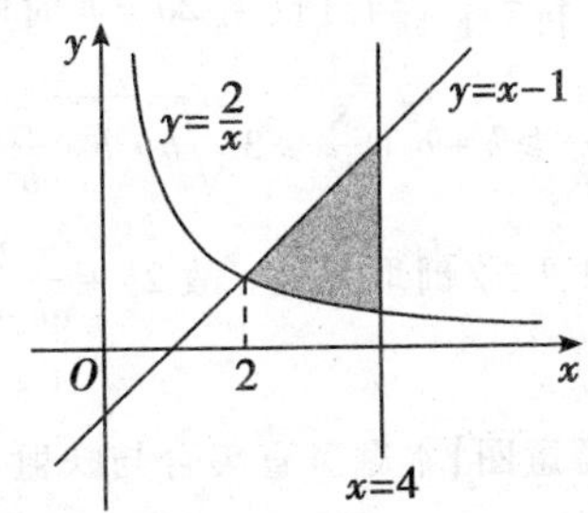

19. $-\boldsymbol{A}$ 【命题意图】本题考查伴随矩阵与逆矩阵的性质。

【解析】$\because \boldsymbol{A}^{-1}=\frac{1}{|\boldsymbol{A}|}\boldsymbol{A}^*\Rightarrow\boldsymbol{A}^*=|\boldsymbol{A}|\boldsymbol{A}^{-1}\Rightarrow$ $(\boldsymbol{A}^*)^{-1}=(|\boldsymbol{A}|\boldsymbol{A}^{-1})^{-1}=|\boldsymbol{A}|^{-1}\boldsymbol{A}=-\boldsymbol{A}$。

20. $\left(0,\frac{1}{2}\right)$ 【命题意图】本题考查函数的极值。

【解析】$f'(x)=\ln x-ax+x\left(\frac{1}{x}-a\right)=\ln x-2ax+1$, $x>0$,函数 $f(x)$ 有两个极值点,即 $\ln x-2ax+1=0$有两个不同的零点,$\because x>0$,$\therefore 2a=\frac{\ln x+1}{x}$,令 $h(x)=\frac{\ln x+1}{x}$,则 $h(x)$ 与 $y=2a$ 在 $(0,+\infty)$内有两个交点,又 $h'(x)=\frac{-\ln x}{x^2}$,$\therefore h(x)$在(0,1)内递增,在$(1,+\infty)$内递减,$h(x)_{\max}=h(1)=1$,如图,若 $h(x)$ 与 $y=2a$ 在 $(0,+\infty)$内有两个交点,则 $0<2a<1$,即 $0<$

$a<\frac{1}{2}$。

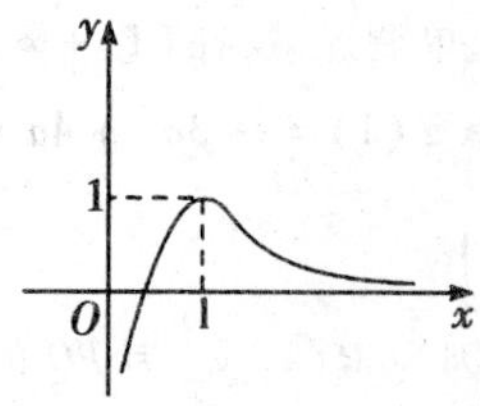

三、解答题

21.【解析】(1)$f(x)=2\sqrt{3}\sin x\cdot\cos x+\cos^2x-\sin^2x=\sqrt{3}\sin 2x+\cos 2x=2\sin\left(2x+\frac{\pi}{6}\right)$，$T=\frac{2\pi}{2}=\pi$，即函数$f(x)$的最小正周期为$\pi$，由$2k\pi-\frac{\pi}{2}\leqslant 2x+\frac{\pi}{6}\leqslant 2k\pi+\frac{\pi}{2}$得，$k\pi-\frac{\pi}{3}\leqslant x\leqslant k\pi+\frac{\pi}{6}$，故所求单调递增区间为$\left[k\pi-\frac{\pi}{3},k\pi+\frac{\pi}{6}\right](k\in\mathbf{Z})$。

(2)由$f(C)=1$，得$2\sin\left(2C+\frac{\pi}{6}\right)=1$，$\therefore 2\angle C+\frac{\pi}{6}=\frac{\pi}{6}+2k\pi$或$2\angle C+\frac{\pi}{6}=\frac{5\pi}{6}+2k\pi(k\in\mathbf{Z})$，

$\therefore \angle C=k\pi$或$\angle C=\frac{\pi}{3}+k\pi$，$\because\ \angle C\in(0,\pi)$，

$\therefore \angle C=\frac{\pi}{3}$，又$\because \sin C+\sin(B-A)=\sin(B+A)+\sin(B-A)=2\sin B\cos A$，$\therefore 2\sin B\cos A=2\sin 2A$，即$\sin B\cos A=2\sin A\cos A$。

①当$\cos A=0$，即$\angle A=\frac{\pi}{2}$时，由$\angle C=\frac{\pi}{3}$，$c=2$，可得$S_{\triangle ABC}=\frac{2\sqrt{3}}{3}$；

②当$\cos A\neq 0$时，则$\sin B=2\sin A$，即$b=2a$，则由$\cos C=\frac{a^2+b^2-c^2}{2ab}=\frac{1}{2}$，解得$a=\frac{2\sqrt{3}}{3}$，$b=\frac{4\sqrt{3}}{3}$，

$\therefore S_{\triangle ABC}=\frac{1}{2}ab\sin C=\frac{2\sqrt{3}}{3}$。

综上：$S_{\triangle ABC}=\frac{2\sqrt{3}}{3}$。

22.【解析】(1)设等差数列的公差为d，则由已知得：$a_1+a_2+a_3=15$，即$a_2=5$，又$(5-d+2)(5+d+13)=(5+5)^2$，解得$d=2$或$d=-13$(舍去)，则$a_1=a_2-d=3$，

所以$a_n=a_1+(n-1)\times d=2n+1$，

又$b_1=a_1+2=5$，$b_2=a_2+5=10$，所以$q=2$，所以$b_n=5\times 2^{n-1}$。

(2)由(1)可得$T_n=5[3+5\times 2+7\times 2^2+\cdots+(2n+1)\times 2^{n-1}]$，$2T_n=5[3\times 2+5\times 2^2+7\times 2^3+\cdots+(2n+1)\times 2^n]$，

两式相减得，$-T_n=5[3+2\times 2+2\times 2^2+2\times 2^3+\cdots+2\times 2^{n-1}-(2n+1)\times 2^n]=5[(1-2n)\cdot 2^n-1]$，

则$T_n=5[(2n-1)2^n+1]$。

23.【解析】(1)证明：$\because AC=\sqrt{3}$，$AB=2$，$BC=\frac{1}{2}AB=1$，满足$AB^2=BC^2+AC^2$，

$\therefore \triangle ABC$为直角三角形，即$AC\perp BC$，

又$\because AC\perp FB$，$FB\cap BC=B$，

$\therefore AC\perp$平面FBC。

(2)由(1)知，$AC\perp$平面FBC，$\therefore AC\perp CF$，

又$\because$面$CDEF$为正方形，$\therefore CF\perp CD$，

$\because AC\cap CD=C$，$\therefore CF\perp$面$ABCD$，即CF为四面体$F-BCD$的以面BCD为底面的高。

$\because$面$ABCD$为等腰梯形，$\therefore BD=AC=\sqrt{3}$，

在$\mathrm{Rt}\triangle ACB$中，$AC=\sqrt{3}$，$AB=2$，$BC=1$，

$\therefore \angle CAB=\angle CBD=\angle CDB=30°$，$\therefore BC=CD=FC=1$，

$\therefore$三角形CBD的高$=\sqrt{1-\left(\frac{\sqrt{3}}{2}\right)^2}=\frac{1}{2}$，

$\therefore S_{\triangle BCD}=\frac{1}{2}\times\sqrt{3}\times\frac{1}{2}=\frac{\sqrt{3}}{4}$，$\therefore V_{F-BCD}=\frac{1}{3}\times S_{\triangle BCD}\times FC=\frac{1}{3}\times\frac{\sqrt{3}}{4}\times 1=\frac{\sqrt{3}}{12}$。

(3)线段AC上存在点M，且M为AC的中点时，存在$EA/\!/$平面FDM。

证明如下：如图，连结CE与DF交于点N，连结MN，

由四边形$CDEF$为正方形，得N为CE的中点，

$\therefore EA/\!/MN$，

$\because MN\subset$平面FDM，$EA\not\subset$平面FDM，$\therefore EA/\!/$平面FDM，

$\therefore$线段AC上存在点M，且M为AC的中点时，有$EA/\!/$平面FDM成立。

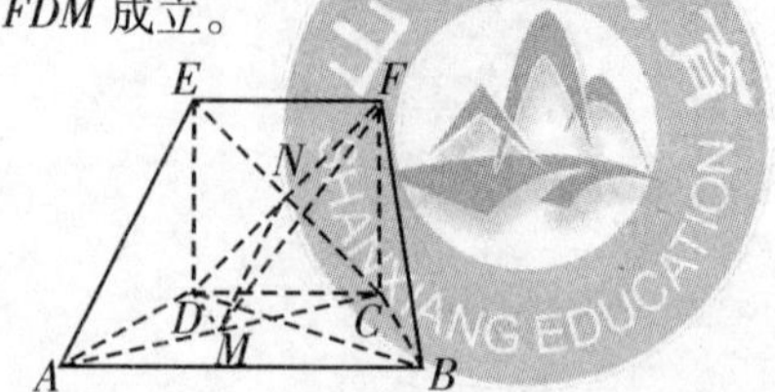

24.【解析】(1)设点$A(x_1,y_1)$,则$y_1=\frac{1}{2}x_1^2$。

由$y=\frac{1}{2}x^2$得$y'=x$,故$y'|_{x=x_1}=x_1$,

故抛物线C在点A处的切线方程为$y-y_1=x_1(x-x_1)$,即$y=x_1x-y_1$。

设点$P(x_0,kx_0-1)$,则有$kx_0-1=x_0x_1-y_1$。

设点$B(x_2,y_2)$,同理有$kx_0-1=x_0x_2-y_2$。

所以直线AB的方程为$kx_0-1=x_0x-y$,即$x_0(x-k)-(y-1)=0$,

所以直线AB恒过定点$Q(k,1)$。

(2)直线PQ的方程为$y=\frac{kx_0-2}{x_0-k}(x-k)+1$,与抛物线方程$y=\frac{1}{2}x^2$联立,

消去y,得$x^2-\frac{2kx_0-4}{x_0-k}x+\frac{(2k^2-2)x_0-2k}{x_0-k}=0$。

设$M(x_3,y_3)$,$N(x_4,y_4)$,

则$x_3+x_4=\frac{2kx_0-4}{x_0-k}$,$x_3x_4=\frac{(2k^2-2)x_0-2k}{x_0-k}$①。

要证$\frac{|PM|}{|PN|}=\frac{|QM|}{|QN|}$,只需证明$\frac{x_3-x_0}{x_4-x_0}=\frac{k-x_3}{x_4-k}$,

即$2x_3x_4-(k+x_0)(x_3+x_4)+2kx_0=0$②。

将①代入②中,则②式左边$=\frac{2(2k^2-2)x_0-4k}{x_0-k}-(k+x_0)\cdot\frac{2kx_0-4}{x_0-k}+2kx_0=\frac{2(2k^2-2)x_0-4k-(k+x_0)(2kx_0-4)+2kx_0(x_0-k)}{x_0-k}=0$,

即②成立,故结论成立。

25.【解析】(1)对$\forall x>0$,$f(x)>3a^2-3a$恒成立,即对$\forall x>0$,$f(x)-3a^2+3a>0$恒成立,令$g(x)=f(x)-3a^2+3a$,则$g'(x)=2x+a-2-\frac{a}{x}=\frac{(x-1)(2x+a)}{x}$,由于$-\frac{a}{2}<0<1$,$x>0$,则$g(x)$在$(0,1)$上单调递减,在$(1,+\infty)$上单调递增,故$g(x)\geqslant g(1)=-3a^2+4a-1>0$,解得$a\in\left(\frac{1}{3},1\right)$。

(2)证明:因为$M(x_0,y_0)$为PQ的中点,则$x_0=\frac{x_1+x_2}{2}$,故$f'(x_0)=2x_0+a-2-\frac{a}{x_0}=x_1+x_2+a-2-\frac{2a}{x_1+x_2}$,又$\frac{f(x_1)-f(x_2)}{x_1-x_2}=\frac{x_1^2+(a-2)x_1-a\ln x_1-x_2^2-(a-2)x_2+a\ln x_2}{x_1-x_2}=\frac{x_1^2-x_2^2+(a-2)(x_1-x_2)-a\ln\frac{x_1}{x_2}}{x_1-x_2}=x_1+x_2+a-2-\frac{a\ln\frac{x_1}{x_2}}{x_1-x_2}$,故要证$\frac{f(x_1)-f(x_2)}{x_1-x_2}<f'(x_0)$,即证$-\frac{a\ln\frac{x_1}{x_2}}{x_1-x_2}<-\frac{2a}{x_1+x_2}$,由于$a>0$,即证$\frac{\ln\frac{x_1}{x_2}}{x_1-x_2}>\frac{2}{x_1+x_2}$,不妨假设$x_1>x_2>0$,则只需证明$\ln\frac{x_1}{x_2}>\frac{2(x_1-x_2)}{x_1+x_2}$,即证$\ln\frac{x_1}{x_2}>\frac{2\left(\frac{x_1}{x_2}-1\right)}{\frac{x_1}{x_2}+1}$,设$t=\frac{x_1}{x_2}>1$,构造函数$h(t)=\ln t-\frac{2(t-1)}{t+1}$,$h'(t)=\frac{(t-1)^2}{t(t+1)^2}>0$,则$h(t)>h(1)=0$,则有$\ln\frac{x_1}{x_2}>\frac{2\left(\frac{x_1}{x_2}-1\right)}{\frac{x_1}{x_2}+1}$,

从而$\frac{f(x_1)-f(x_2)}{x_1-x_2}<f'(x_0)$。

最后冲刺试卷

2022
教师招聘考试
终极密押12卷
中学数学

山香教师招聘考试命题研究中心　主编

目　录

参考答案及解析单独成册

绝密★启用前　　　　　　　　　　　　　姓名＿＿＿＿＿＿　准考证号＿＿＿＿＿＿

教师招聘考试最后冲刺试卷(一)

中学数学

(时间:150 分钟　总分:120 分)

本套试卷共 22 小题,包括单项选择题(10 小题),填空题(5 小题),解答题(5 小题),案例分析题(1 小题),教学设计题(1 小题)。

一、单项选择题(本大题共 10 小题,每小题 4 分,共 40 分。在每小题给出的四个选项中,恰有一项是符合题目要求的,请将正确选项的代号填入题后括号内)

1. 已知集合 $A=\left\{x\left|\frac{x-2}{\sqrt{x-1}}\leqslant 0\right.\right\}$,$B=\left\{x\left|\frac{2}{2x-3}<0\right.\right\}$,则 $A\cap B=$(　　)

A. $[1,2)$　　B. $\left(\frac{3}{2},2\right)$

C. $\left(1,\frac{3}{2}\right)$　　D. $\left[1,\frac{3}{2}\right]$

2. 复数 $\left(\frac{3-\mathrm{i}}{1+\mathrm{i}}\right)^2=$(　　)

A. $-3-4\mathrm{i}$　　B. $-3+4\mathrm{i}$

C. $3-4\mathrm{i}$　　D. $3+4\mathrm{i}$

3. 代数式 $3x^2-4x+6$ 的值为 9,则 $x^2-\frac{4}{3}x+6$ 的值为(　　)

A. 7　　B. 18

C. 12　　D. 9

4. 已知菱形 $ABCD$ 的边长为 2,$\angle B=\frac{\pi}{3}$,点 P 满足 $\overrightarrow{AP}=\lambda\overrightarrow{AB}$,$\lambda\in\mathbf{R}$,若 $\overrightarrow{BD}\cdot\overrightarrow{CP}=-3$,则 λ 的值为(　　)

A. $\frac{1}{2}$　　B. $-\frac{1}{2}$

C. $\frac{1}{3}$　　D. $-\frac{1}{3}$

第 4 题

17. 已知函数$f(x)=\sin\left(\dfrac{\pi}{2}-x\right)\sin x-\sqrt{3}\cos^2 x$。

(1)求$f(x)$的最小正周期和最小值；

(2)讨论$f(x)$在$\left[\dfrac{\pi}{6},\dfrac{2\pi}{3}\right]$上的单调性。

18. 设椭圆$\dfrac{x^2}{a^2}+\dfrac{y^2}{3}=1(a>\sqrt{3})$的右焦点为$F$,右顶点为$A$,已知$\dfrac{1}{|OF|}+\dfrac{1}{|OA|}=\dfrac{3e}{|FA|}$,其中$O$为原点,$e$为椭圆的离心率。

(1)求椭圆的方程；

(2)设过点A的直线l与椭圆交于点B(不在x轴上),垂直于l的直线与l交于点M,与y轴交于点H,若$BF\perp HF$,且$\angle MOA\leqslant\angle MAO$,求直线$l$的斜率的取值范围。

19. 如图,在三棱柱 $ABC-A_1B_1C_1$ 中,$CC_1\perp$ 平面 ABC,$AC\perp BC$,$AC=BC=2$,$CC_1=3$,点 D,E 分别在棱 AA_1 和棱 CC_1 上,且 $AD=1$,$CE=2$,M 为棱 A_1B_1 的中点。

(1)求证:$C_1M\perp B_1D$;

(2)求二面角 $B-B_1E-D$ 的正弦值;

(3)求直线 AB 与平面 DB_1E 所成角的正弦值。

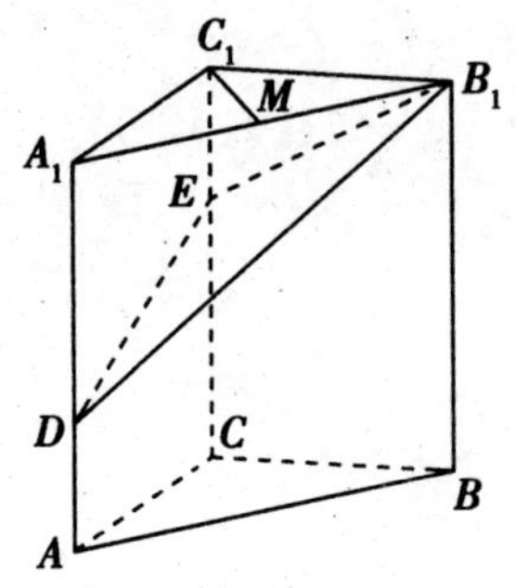

20. 已知函数 $f(x)=(x+\frac{1}{2})^2$,$g(x)=\ln x$。

(1)求 $y=f(x)$ 在点 $(0,f(0))$ 处的切线方程;

(2)设函数 $h(x)=f(x)-g(x)$,求证:对任意 $x\in(0,+\infty)$,都有 $h(x)>\frac{3}{2}$。

问题:(1)本节课的教学目标及教学重难点分别是什么?

(2)对本节课的教材进行分析,并给出教学策略;

(3)请设计本节课的教学导入环节。

绝密★启用前　　　　　　　　　　　　　　　姓名＿＿＿＿＿＿　准考证号＿＿＿＿＿＿

教师招聘考试最后冲刺试卷(二)

中学数学

(时间:150 分钟　总分:120 分)

本套试卷共 22 小题,包括单项选择题(10 小题),填空题(5 小题),解答题(5 小题),案例分析题(1 小题),教学设计题(1 小题)。

一、单项选择题(本大题共 10 小题,每小题 4 分,共 40 分。在每小题给出的四个选项中,恰有一项是符合题目要求的,请将正确选项的代号填入题后括号内)

1. 方程$\frac{x}{3}+\frac{x}{15}+\frac{x}{35}+\cdots+\frac{x}{2005\times2007}=1$的解是 $x=$(　　)

第 1 题

A. $\frac{2006}{2007}$　　　　B. $\frac{2007}{2006}$

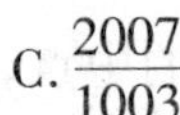

C. $\frac{2007}{1003}$　　　　D. $\frac{1003}{2007}$

2. 函数$f(x)=\mathrm{e}^{\ln|x|}+\frac{1}{x}$的大致图象为(　　)

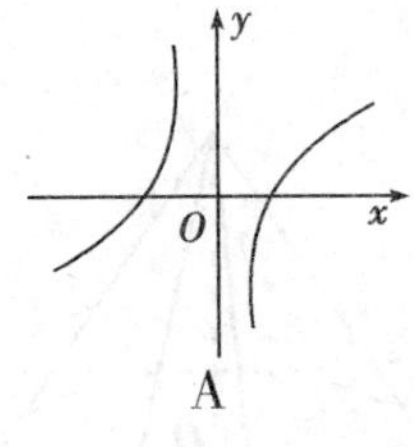

A

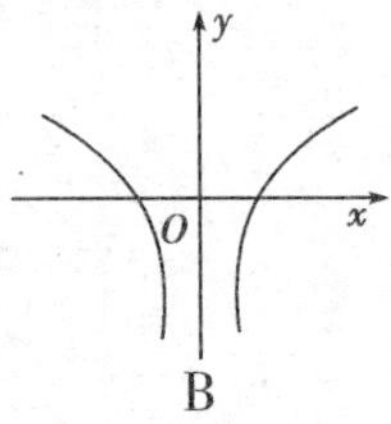

B

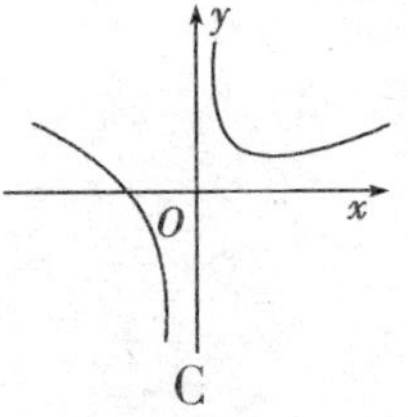

C

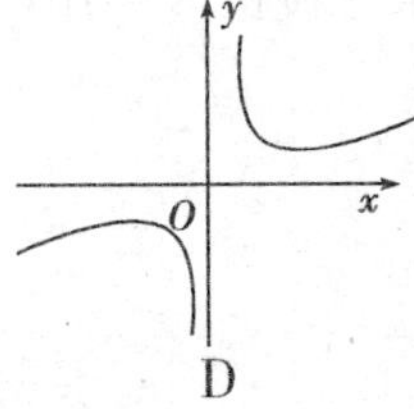

D

3. 已知 $\sin\left(\theta-\frac{\pi}{6}\right)=\frac{\sqrt{2}}{3}$,则 $\sin\left(\frac{7\pi}{6}+2\theta\right)=$(　　)

A. $\frac{5}{9}$　　B. $-\frac{5}{9}$　　C. $-\frac{4}{9}$　　D. $\frac{4}{9}$

4. 下列各式的运算结果为纯虚数的是(　　)

A. $\mathrm{i}(1+\mathrm{i})^2$　　　　B. $\mathrm{i}^2(1-\mathrm{i})$

C. $(1+\mathrm{i})^2$　　　　D. $\mathrm{i}(1+\mathrm{i})$

17. 在$\triangle ABC$中，内角A,B,C对应的边长分别为a,b,c，已知$c\left(a\cos B-\frac{1}{2}b\right)=a^2-b^2$。

(1)求角A；

(2)求$\sin B+\sin C$的最大值。

18. 如图，AB是圆O的直径，点C是弧AB的中点，点V是圆O所在平面外一点，D是AC的中点，已知$AB=2,VA=VB=VC=2$。

(1)求证：$AC\perp$平面VOD；

(2)求三棱锥$C-ABV$的体积。

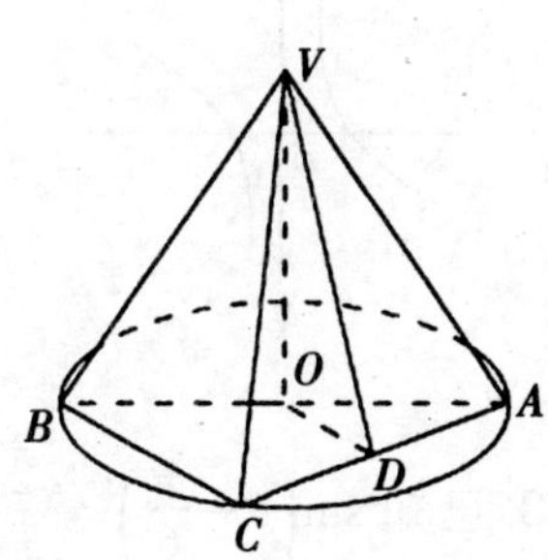

19. 已知抛物线 $E:x^2=2py(p>0)$ 的焦点 F 关于直线 $3x+4y-1=0$ 的对称点为 F'，且 $|FF'|=\frac{14}{5}$。

(1)求抛物线 E 的标准方程；

(2)设直线 $l_1:y=k_1x+1$ 与 E 交于 A,B 两点，直线 $l_2:y=k_2x+1$ 与 E 交于 C,D 两点，线段 AB，CD 的中点分别为点 M,N，若 $k_1k_2=2$，求证：直线 MN 恒过定点，并求出定点的坐标。

五、教学设计题(本大题共 10 分)

22. 内容:以下题为例,撰写“用向量方法解决立体几何中的空间角的计算”的教学设计片段。

(学生知识基础:已经学习了空间向量的基本概念、数量积、平面法向量)

撰写要求:(1)写出本片段的教学过程,并说明其设计意图;

(2)不要求写出例题的解答过程。

如图所示,已知点 P 在正方体 $ABCD-A'B'C'D'$ 的对角线 BD' 上,$\angle PDA=60°$。

(1)求 DP 与 CC' 所成角的大小;

(2)求平面 DPA 与平面 $AA'D'D$ 所成角的大小。

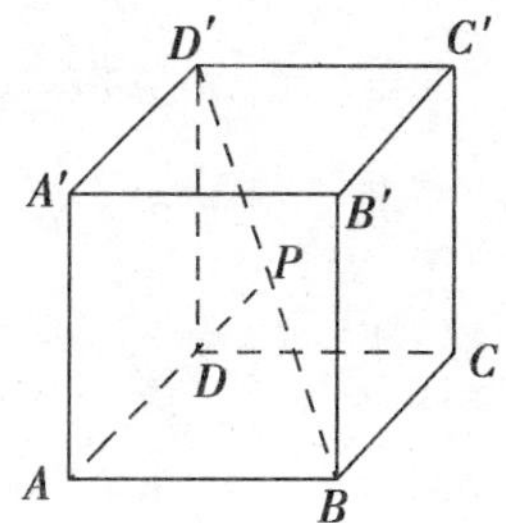

绝密★启用前　　　　　　　　　　　　　　　　　　姓名＿＿＿＿＿＿　准考证号＿＿＿＿＿＿

教师招聘考试最后冲刺试卷(三)

中学数学

(时间:120 分钟　总分:100 分)

本套试卷共 23 小题,包括单项选择题(12 小题),填空题(6 小题),解答题(5 小题)。

一、单项选择题(本大题共 12 小题,每小题 3 分,共 36 分。在每小题给出的四个选项中,恰有一项是符合题目要求的,请将正确选项的代号填入题后括号内)

1. 设 i 为虚数,复数 $z=(1-m^2)+(1+m)\mathrm{i}(m\in\mathbf{R})$ 为纯虚数,则 m 的值为(　　)

A. -1　　　　B. 0

C. 1　　　　D. 1 或 -1

2. 已知 $\omega>0$,函数 $f(x)=\sin\left(\omega x-\frac{\pi}{3}\right)$ 在 $\left(\frac{\pi}{3},\frac{\pi}{2}\right)$ 内单调递减,则实数 ω 的取值范围是(　　)

A. $\left(0,\frac{11}{3}\right]$　　　　B. $\left[\frac{5}{2},\frac{11}{3}\right]$

C. $\left(0,\frac{1}{2}\right]$　　　　D. $\left[\frac{1}{2},\frac{3}{4}\right]$

3. 如图所示,在 $\triangle ABC$ 中,$\overrightarrow{AN}=\frac{1}{3}\overrightarrow{AC}$,$P$ 是 BN 上的一点,若 $\overrightarrow{AP}=m\overrightarrow{AB}+\frac{2}{11}\overrightarrow{AC}$,则实数 m 的值为(　　)

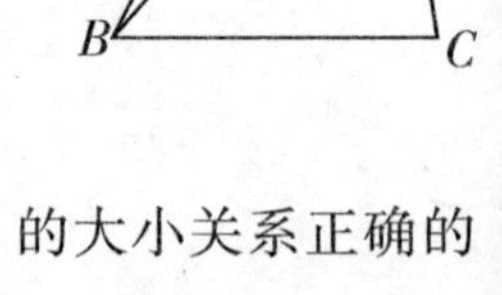

A. $\frac{9}{11}$　　　　B. $\frac{5}{11}$

C. $\frac{3}{11}$　　　　D. $\frac{2}{11}$

4. 已知函数 $f(x)=x^2+\ln|x|$,且 $a=f(2^{-0.2})$,$b=f(\lg\pi)$,$c=f(\log_{0.2}6)$,则 a,b,c 的大小关系正确的是(　　)

A. $a<b<c$　　　　B. $b<c<a$

C. $b<a<c$　　　　D. $c<b<a$

三、解答题(本大题共 5 小题,第 19 ~ 22 小题每小题 9 分,第 23 小题 10,共 46 分。解答应写明文字说明和运算步骤)

19. 心理学家分析发现视觉和空间能力与性别有关,某数学兴趣小组为了验证这个结论,从兴趣小组中按分层抽样的方法抽取 50 名同学(男 30 女 20),给所有同学几何题和代数题各一道,让各位同学自由选择一道题进行解答,选题情况如下表(单位:人):

	几何题	代数题	总计
男同学	22	8	30
女同学	8	12	20
总计	30	20	50

(1)能否据此判断有 97.5% 的把握认为视觉和空间能力与性别有关?

(2)经过多次测试后,甲每次解答一道几何题所用的时间在 5 ~ 7 分钟,乙每次解答一道几何题所用的时间在 6 ~ 8 分钟,现甲、乙各解同一道几何题,求乙比甲先解答完的概率;

(3)现从选择做几何题的 8 名女生中任意抽取两人对她们的答题情况进行全程研究,记丙、丁两女生中被抽到的人数为 X,求 X 的分布列及数学期望 $E(X)$。

$P(K^2 \geqslant k_0)$	0.15	0.1	0.05	0.025	0.01	0.005	0.001
k_0	2.072	2.706	3.841	5.024	6.635	7.879	10.828

观测值 $K^2 = \dfrac{n(ad-bc)^2}{(a+b)(c+d)(a+c)(b+d)}$,其中 $n=a+b+c+d$ 为样本容量。

20. 某工厂生产一种仪器的元件，由于受生产能力和技术水平等因素的限制，会产生一些次品，根据经验知道，次品数 P（万件）与日产量 x（万件）之间满足关系：$P=\begin{cases}\dfrac{x^2}{6},(1\leqslant x<4),\\ x+\dfrac{3}{x}-\dfrac{25}{12},(x\geqslant 4),\end{cases}$ 已知每生产 1 万件合格的元件可以盈利 2 万元，但每生产 1 万件次品将亏损 1 万元。（利润 = 盈利 − 亏损）

（1）试将该工厂每天生产这种元件所获得的利润 T（万元）表示为日产量 x（万件）的函数；

（2）当工厂将这种仪器的元件的日产量 x 定为多少时获得的利润最大，最大利润为多少？

23. 已知函数$f(x)=xe^x+\frac{\ln x}{x}$。

(1)求证:函数$f(x)$有唯一零点;

(2)若对任意$x\in(0,+\infty)$,$xe^x-\ln x\geqslant 1+kx$恒成立,求实数k的取值范围。

绝密★启用前　　　　　　　　姓名________　　准考证号________

教师招聘考试最后冲刺试卷(四)

中学数学

(时间:120 分钟　总分:100 分)

本套试卷共 23 小题,包括单项选择题(12 小题),填空题(6 小题),解答题(5 小题)。

一、单项选择题(本大题共 12 小题,每小题 3 分,共 36 分。在每小题给出的四个选项中,恰有一项是符合题目要求的,请将正确选项的代号填入题后括号内)

1. 集合 $A=\{x\,|\,|x-1|\leqslant 2,x\in\mathbf{Z}\}$,$B=\left\{x\left|\dfrac{5}{x+1}\geqslant 1,x\in\mathbf{N}\right.\right\}$,满足 $(A\cap B)\cup C=A\cup B$ 的集合 C 共有(　　)个。

A. 1　　B. 2　　C. 4　　D. 16

2. 某工厂现在平均每天比原计划每天多生产 50 台机器,现在生产 900 台机器所需时间与原计划生产 600 台机器所需时间相同,设原计划平均每天生产 x 台机器,根据题意,下面所列方程正确的是(　　)

A. $\dfrac{900}{x+50}=\dfrac{600}{x}$　　B. $\dfrac{900}{x-50}=\dfrac{600}{x}$　　C. $\dfrac{900}{x}=\dfrac{600}{x+50}$　　D. $\dfrac{900}{x}=\dfrac{600}{x-50}$

3. 抛物线 $y=ax^2+bx+c$(a, b, c 是常数),$a>0$,顶点坐标为 $\left(\dfrac{1}{2},m\right)$。给出下列结论:①若点 (n,y_1) 与点 $\left(\dfrac{3}{2}-2n,y_2\right)$ 在该抛物线上,当 $n<\dfrac{1}{2}$ 时,$y_1<y_2$;②关于 x 的一元二次方程 $ax^2-bx+c-m+1=0$ 无实数解。那么(　　)

A. ①正确,②正确　　B. ①正确,②错误

C. ①错误,②正确　　D. ①错误,②错误

4. 若 a,b,c 是实数,则"$a>b$"是"$a\ln(c^2+1)>b\ln(c^2+1)$"的(　　)

A. 充分不必要条件　　B. 必要不充分条件

C. 充分必要条件　　D. 既不充分也不必要条件

5. 若圆 $(x-3)^2+(y+5)^2=r^2$ 上有且仅有两个点到直线 $4x-3y=2$ 的距离等于 1,则半径 r 的取值范围是(　　)

A. $(4,6)$　　B. $[4,6)$　　C. $(4,6]$　　D. $[4,6]$

18. 已知函数$f(x)$是定义在 $\mathbf{R}$ 上的偶函数，且$f(x-1)$为奇函数，当 $x\in[0,1]$时，$f(x)=1-x^3$，则

$f\left(\frac{29}{2}\right)=$________。

三、解答题（本大题共 5 小题，第 19 ~22 小题每小题 9 分，第 23 小题 10 分，共 46 分。解答应写明文字说明和运算步骤）

19. 如图，在平面直角坐标系 xOy 中，函数 $y=-x+b$ 的图象与函数 $y=\frac{k}{x}$ $(x<0)$的图象相交于点 $A(-1,6)$，并与 x 轴交于点 C，点 D 是线段 AC 上一点，$\triangle ODC$ 与$\triangle OAC$ 的面积比为 2∶3。

(1) $k=$________，$b=$________；

(2)求点 D 的坐标；

(3)若将$\triangle ODC$ 绕点 O 逆时针旋转，得到$\triangle OD'C'$，其中点 D'落在 x 轴负半轴上，判断点 C'是否落在函数 $y=\frac{k}{x}$ $(x<0)$的图象上，并说明理由。

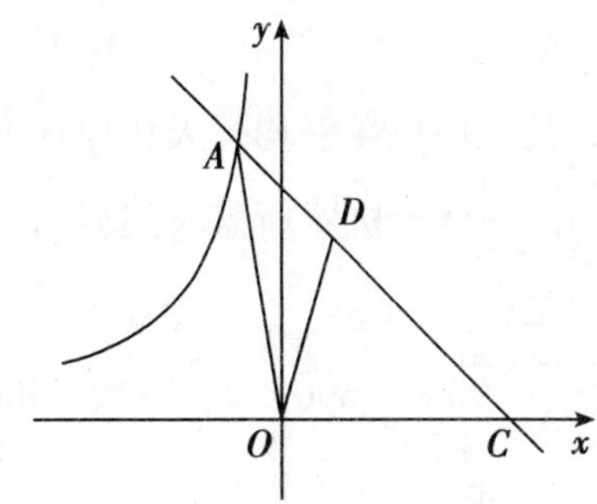

20. 如图，在四棱锥 $P-ABCD$ 中，$AD/\!/BC$，$AB\perp AD$，E，F 分别是 AB，PD 的中点，$AB=AD=PA=PB=2$，$BC=1$，$PC=\sqrt{5}$。

(1) 求证：$CF/\!/$平面 PAB；

(2) 求证：$PE\perp$平面 $ABCD$；

(3) 求二面角 $B-PA-C$ 的平面角的余弦值。

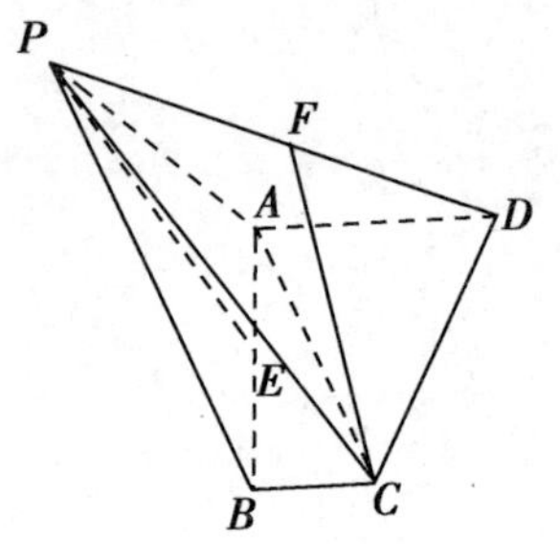

23. 设函数$f(x)=x\ln x$。

(1)求$f(x)$的极值;

(2)设$g(x)=f(x+1)$,若对任意的$x\geqslant 0$,都有$g(x)\geqslant mx$成立,求实数m的取值范围;

(3)若$0<a<b$,证明:$0<f(a)+f(b)-2f(\frac{a+b}{2})<(b-a)\ln 2$。

绝密★启用前　　　　　　　　　　　　姓名＿＿＿＿＿＿＿　准考证号＿＿＿＿＿＿＿

教师招聘考试最后冲刺试卷(五)

中学数学

(时间:120 分钟　总分:100 分)

本套试卷共 23 小题,包括单项选择题(12 小题),填空题(6 小题),解答题(5 小题)。

一、单项选择题(本大题共 12 小题,每小题 3 分,共 36 分。在每小题给出的四个选项中,恰有一项是符合题目要求的,请将正确选项的代号填入题后括号内)

1. 复数 $z=\frac{1}{1+i^3}$(i 是虚数单位),则 z 的共轭复数是(　　)

A. $1-i$　　　　B. $1+i$

C. $\frac{1}{2}+\frac{1}{2}i$　　　　D. $\frac{1}{2}-\frac{1}{2}i$

2. 设集合 $A=\{x|x^2>4\}$,$A\cap B=\{x|x<-2\}$,则集合 B 可以为(　　)

A. $\{x|x<3\}$　　　　B. $\{x|-3<x<1\}$

C. $\{x|x<1\}$　　　　D. $\{x|x>-3\}$

3. 小敏打开计算机时,忘记了开机密码的前两位,只记得第一位是 M,I,N 中的一个字母,第二位是 1,2,3,4,5 中的一个数字,则小敏输入一次密码能够成功开机的概率是(　　)

A. $\frac{8}{15}$　　　　B. $\frac{1}{8}$

C. $\frac{1}{15}$　　　　D. $\frac{1}{30}$

4. 已知函数 $f(x)=2\cos^2\left(2x+\frac{\pi}{6}\right)+\sqrt{3}\sin\left(4x+\frac{\pi}{3}\right)$,下列判断错误的是(　　)

A. $f(x)$是偶函数　　　　B. $f(x)$的图象关于直线 $x=\frac{\pi}{4}$对称

C. $f(x)$的值域为$[-1,3]$　　　　D. $f(x)$的图象关于点$\left(-\frac{\pi}{8},0\right)$对称

三、解答题(本大题共 5 小题,第 19 ~ 22 小题每小题 9 分,第 23 小题 10 分,共 46 分。解答应写明文字说明和运算步骤)

19. 已知数列$\{a_n\}$满足 $a_{n+1}+3a_n=2\times3^{n+1}$,$a_1=1$。

(1)证明:数列$\{a_n-3^n\}$是等比数列;

(2)求数列$\{a_n\}$的前 $2n$ 项和 S_{2n}。

20. 如图,在多面体 $ABCDEF$ 中,四边形 $ADEF$ 为正方形,$AD // BC$,$AD \perp AB$,$AD = 2BC = 2$。

(1)证明:平面 $ADEF \perp$ 平面 ABF;

(2)若平面 $ADEF \perp$ 平面 $ABCD$,二面角 $A-BC-E$ 为 $30°$,三棱锥 $A-BDF$ 的外接球的球心为 O,求异面直线 OC 与 DF 所成角的余弦值。

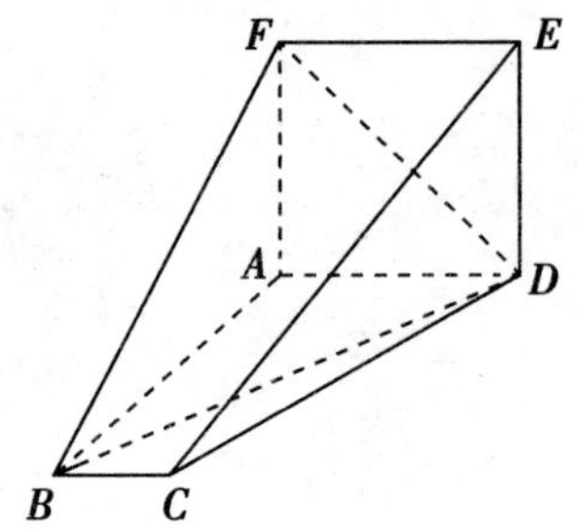

23. 已知函数$f(x)=x(\mathrm{e}^x+1)-a(\mathrm{e}^x-1)$。

(1)若曲线$y=f(x)$在点$(1,f(1))$处切线的斜率为1,求实数a的值;

(2)当$x\in(0,+\infty)$时,$f(x)>0$恒成立,求实数a的取值范围。

绝密★启用前　　　　　　　　　　　　　　姓名＿＿＿＿＿＿＿　准考证号＿＿＿＿＿＿＿

教师招聘考试最后冲刺试卷(六)

中学数学

(时间:120 分钟　总分:100 分)

本套试卷共 25 小题,包括单项选择题(15 小题),填空题(5 小题),解答题(5 小题)。

一、单项选择题(本大题共 15 小题,每小题 3 分,共 45 分。在每小题给出的四个选项中,恰有一项是符合题目要求的,请将正确选项的代号填入题后括号内)

1. 若不等式 $x^2-x\leqslant 0$ 的解集为 M,函数 $f(x)=\ln(1-|x|)$ 的定义域为 N,则 $M\cap N$ 为(　　)

A. $[0,1)$　　B. $(0,1)$　　C. $[0,1]$　　D. $(-1,0]$

2. 设 $a>b>0$,则 $a^2+\dfrac{1}{ab}+\dfrac{1}{a(a-b)}$ 的最小值是(　　)

A. 1　　B. 2　　C. 3　　D. 4

3. 已知奇函数 $f(x)$ 定义在 $(-1,1)$ 上,且对任意 $x_1,x_2\in(-1,1)(x_1\neq x_2)$ 都有 $\dfrac{f(x_2)-f(x_1)}{x_2-x_1}<0$ 成立,若 $f(2x-1)+f(3x-2)>0$ 成立,则 x 的取值范围为(　　)

A. $(0,1)$　　B. $\left(\dfrac{1}{3},1\right)$　　C. $\left(\dfrac{1}{3},\dfrac{3}{5}\right)$　　D. $\left(0,\dfrac{3}{5}\right)$

4. 函数 $f(x)=A\sin(2x+\varphi)\left(|\varphi|\leqslant\dfrac{\pi}{2}\right)$ 的部分图象如图所示,对不同的 $x_1,x_2\in[a,b]$,若 $f(x_1)=f(x_2)$,有 $f(x_1+x_2)=\sqrt{3}$,则(　　)

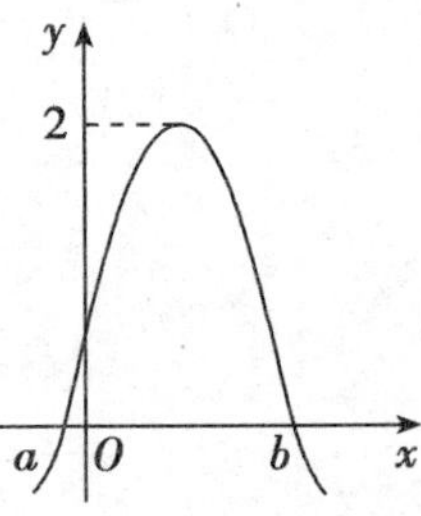

A. $f(x)$ 在 $\left(-\dfrac{5\pi}{12},\dfrac{\pi}{12}\right)$ 上是减函数　　B. $f(x)$ 在 $\left(\dfrac{\pi}{3},\dfrac{5\pi}{6}\right)$ 上是减函数

C. $f(x)$ 在 $\left(-\dfrac{5\pi}{12},\dfrac{\pi}{12}\right)$ 上是增函数　　D. $f(x)$ 在 $\left(\dfrac{\pi}{3},\dfrac{5\pi}{6}\right)$ 上是增函数

20. 在$\triangle ABC$中，角A,B,C所对的边分别为a,b,c，满足$\frac{(a\cos B+b\cos A)\cos B}{2a+b}=\frac{1}{2}$，且$c=4$，则$\triangle ABC$面积的最大值为________。

三、解答题(本大题共5小题，每小题8分，共40分。解答应写明文字说明和运算步骤)

21. 如图所示，两个圆相内切于点T，公切线为TN，外圆的弦TC,TD分别交内圆于A,B两点，并且外圆的弦CD切内圆于点M。

(1)证明：$AB\parallel CD$；

(2)证明：$AC\cdot MD=BD\cdot CM$。

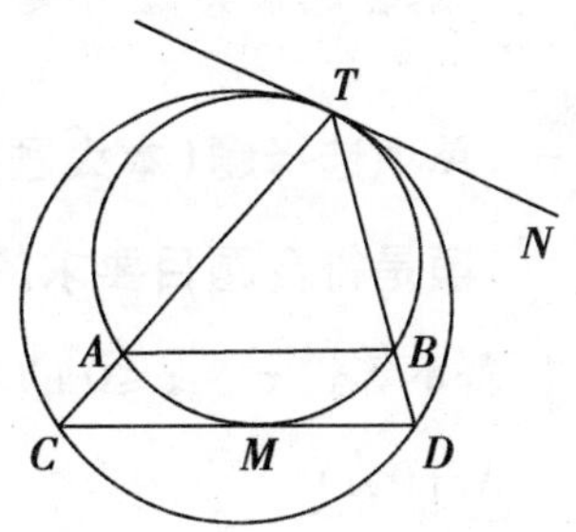

22. 已知数列$\{a_n\}$的前 n 项和为 S_n,满足 $S_n=2a_n-2n(n\in\mathbf{N}_+)$。

(1)证明:$\{a_n+2\}$是等比数列,并求$\{a_n\}$的通项公式;

(2)数列$\{b_n\}$满足 $b_n=\log_2(a_n+2)$,T_n为数列$\{\frac{1}{b_nb_{n+1}}\}$的前 n 项和,若 $T_n<a$ 对任意正整数 n 都成立,求 a 的取值范围。

23. 如图,已知矩形 $ABCD$ 所在平面垂直于直角梯形 $ABPE$ 所在的平面,平面 $ABCD\cap$平面 $ABPE=AB$,且 $AB=BP=2$,$AD=AE=1$,$AE\perp AB$,且 $AE/\!/BP$。

(1)设点 M 为棱 PD 中点,求证:$EM/\!/$平面 $ABCD$;

(2)线段 PD 上是否存在一点 N,使得直线 BN 与平面 PCD 所成角的正弦值等于$\frac{2}{5}$?若存在,试确定点 N 的位置;若不存在,请说明理由。

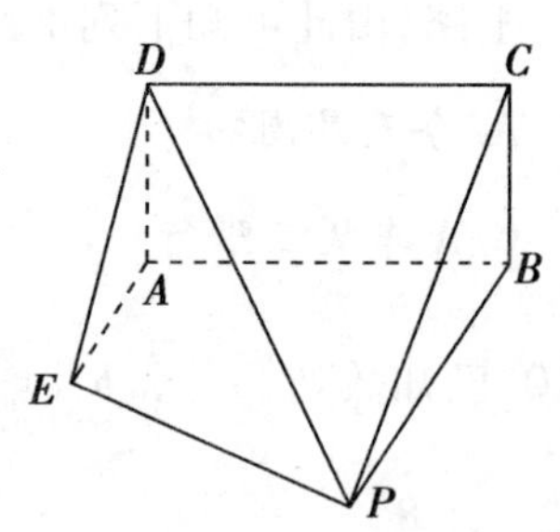

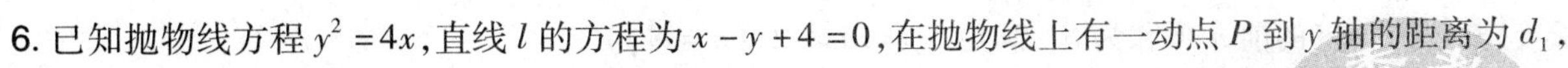

6. 已知抛物线方程 $y^2=4x$，直线 l 的方程为 $x-y+4=0$，在抛物线上有一动点 P 到 y 轴的距离为 d_1，P 到直线 l 的距离为 d_2，则 d_1+d_2 的最小值为(　　)

A. $\frac{5\sqrt{2}}{2}+2$　　B. $\frac{5\sqrt{2}}{2}+1$

C. $\frac{5\sqrt{2}}{2}-2$　　D. $\frac{5\sqrt{2}}{2}-1$

7. 设随机变量 X,Y 不相关，且 $EX=2,EY=1,DX=3$，则 $E[X(X+Y-2)]=$(　　)

A. -3　　B. 3　　C. -5　　D. 5

8. 已知函数 $f(x)=\sin x+\lambda\cos x(\lambda\in\mathbf{R})$ 的图象关于 $x=-\frac{\pi}{4}$ 对称，则把函数 $f(x)$ 的图象上每个点的横坐标扩大到原来的 2 倍，再向右平移 $\frac{\pi}{3}$，得到函数 $g(x)$ 的图象，则函数 $g(x)$ 的一条对称轴方程为(　　)

A. $x=\frac{\pi}{6}$　　B. $x=\frac{\pi}{4}$

C. $x=\frac{\pi}{3}$　　D. $x=\frac{11\pi}{6}$

9. 为缓解城市道路交通压力，促进城市道路交通有序运转，减少机动车尾气排放对空气质量的影响，某地实施工作日机动车尾号限行交通管理措施。已知每辆机动车每周周一到周五都要限行一天，周末(周六和周日)不限行。某公司有 A、B、C、D、E 五辆车，每天至少有四辆车可以上路行驶。已知 E 车周四限行，B 车昨天限行，从今天算起，A、C 两辆车连续四天都能上路行驶，E 车明天可以上路，由此可知下列推测一定正确的是(　　)

A. 今天是周四　　B. 今天是周六

C. A 车周三限行　　D. C 车周五限行

10. 已知数列 $\{a_n\}$，$\{b_n\}$ 均为等差数列，其前 n 项和分别为 S_n,T_n，若 $\frac{S_n}{T_n}=\frac{2n+2}{n+3}$，则 $\frac{a_{15}}{b_{15}}$ 的值为(　　)

A. $\frac{8}{15}$　　B. $\frac{15}{8}$　　C. $\frac{16}{9}$　　D. $\frac{9}{16}$

11. 已知定义在 $\mathbf{R}$ 上的函数 $f(x)$ 的导函数为 $f'(x)$，且 $f'(x)+f(x)>2020$，$f(1)=2021$，则不等式 $f(x)\leqslant 2020+\frac{1}{e^{x-1}}$ 的解集为(　　)

A. $[0,+\infty)$　　B. $[1,+\infty)$

C. $(-\infty,2020]$　　D. $(-\infty,1]$

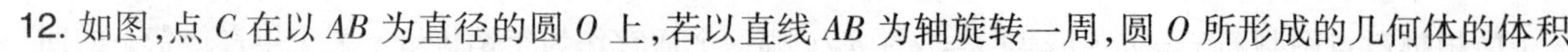

12. 如图,点 C 在以 AB 为直径的圆 O 上,若以直线 AB 为轴旋转一周,圆 O 所形成的几何体的体积为 V_1,$\triangle ABC$ 所形成的几何体的体积为 V_2,则$\dfrac{V_1}{V_2}$的最小值为(　　)

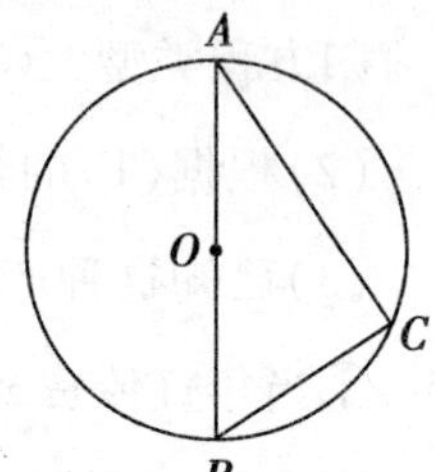

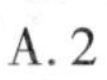

A. 2　　　　B. $\dfrac{8}{3}$

C. 3　　　　D. $\dfrac{9}{2}$

13. 已知函数 $f(x)=\begin{cases}\dfrac{1}{f(x+1)}-1,\ -1<x<0,\\ \dfrac{x}{2},0\leqslant x<1,\end{cases}$ 若方程 $f(x)-2ax=a-1$ 有唯一解,则实数 a 的取值范围是(　　)

A. $\{-8\}\cup(1,+\infty)$　　　　B. $\{-16\}\cup\left(\dfrac{1}{2},1\right]\cup(2,+\infty)$

C. $\{-8\}\cup\left[\dfrac{1}{2},1\right]\cup(2,+\infty)$　　　　D. $\{-32\}\cup[1,2]\cup(4,+\infty)$

14. 以平面直角坐标系的原点为极点,x 轴的正半轴为极轴,建立极坐标系,两种坐标系中取相同的长度单位。已知直线 l 的参数方程是$\begin{cases}x=t+1,\\ y=t-3\end{cases}$($t$ 为参数),圆 C 的极坐标方程是 $\rho=4\cos\theta$,则直线 l 被圆 C 截得的弦长为(　　)

A. $\sqrt{14}$　　　　B. $2\sqrt{14}$

C. $\sqrt{2}$　　　　D. $2\sqrt{2}$

15. 学校计划在全国中学生田径比赛期间安排 6 位志愿者到甲、乙、丙、丁 4 个比赛场地提供服务,要求甲、乙两个比赛场地各安排一个人,剩下两个比赛场地各安排两个人,其中小李和小王不在一起,不同的安排方案共有(　　)种。

A. 168　　　　B. 156

C. 172　　　　D. 180

二、填空题(本大题共 5 小题,每小题 3 分,共 15 分。请把答案填在横线上)

16. 抛物线 $y=x^2-4x+3$ 及其在点 $A(1,0)$ 和 $B(3,0)$ 处的两条切线所围成图形的面积为________。

17. $\lim\limits_{n\to\infty}\dfrac{2^{n+1}-5\cdot 3^{n+1}}{3\cdot 2^n+4\cdot 3^n}=$________。

18. 已知函数 $f(x)$ 是定义在 $\mathbf{R}$ 上的偶函数,且对任意 $x\in\mathbf{R}$,都有 $f(x-1)=f(x+3)$。当 $x\in[4,6]$ 时,$f(x)=2^x+1$,设函数 $f(x)$ 在区间$[-2,0]$上的反函数为 $f^{-1}(x)$,则 $f^{-1}(19)$ 的值为________。

(1)根据散点图判断 $y=a+bx$ 与 $y=c+d\sqrt{x}$ 哪一个适宜作为年销售量 y 关于年宣传费 x 的回归方程类型?(给出判断即可,不必说明理由)

(2)根据(1)的判断结果及表中数据,建立 y 关于 x 的回归方程;

(3)已知这种产品的年利润 z 与 x,y 的关系为 $z=0.2y-x$。根据(2)的结果回答下列问题:

①当年宣传费 $x=49$ 时,年销售量及年利润的预报值是多少?

②当年宣传费 x 为何值时,年利润的预报值最大?

附:对于一组数据 $(u_1,v_1),(u_2,v_2),\cdots,(u_n,v_n)$,其回归直线 $\hat{v}=\hat{\alpha}+\hat{\beta}u$ 的斜率和截距的最小二乘估计公式分别为 $\hat{\beta}=\dfrac{\sum\limits_{i=1}^{n}(u_i-\bar{u})(v_i-\bar{v})}{\sum\limits_{i=1}^{n}(u_i-\bar{u})^2}$,$\hat{\alpha}=\bar{v}-\hat{\beta}\bar{u}$。

24. 已知双曲线 $C:\frac{x^2}{a^2}-\frac{y^2}{b^2}=1(a>0,b>0)$的两个焦点为$(-2,0)$和$(2,0)$，点 $P(3,\sqrt{7})$在曲线C 上。

(1)求双曲线 C 的方程；

(2)记 O 为坐标原点，过点 $Q(0,2)$的直线 l 与双曲线 C 的两支相交于不同的两点 E,F，若$\triangle OEF$ 的面积为 $2\sqrt{2}$，求直线 l 的方程。

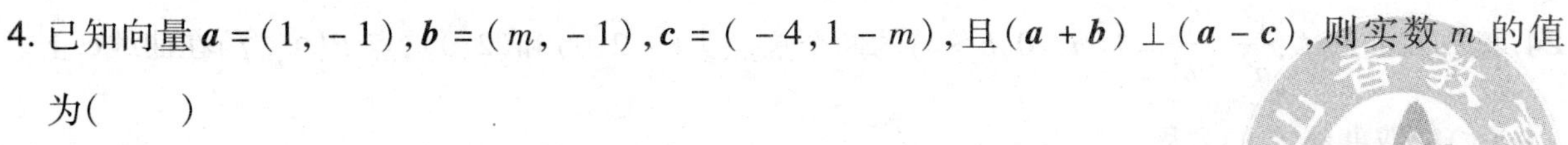

4. 已知向量 $\boldsymbol{a}=(1,-1)$，$\boldsymbol{b}=(m,-1)$，$\boldsymbol{c}=(-4,1-m)$，且 $(\boldsymbol{a}+\boldsymbol{b})\perp(\boldsymbol{a}-\boldsymbol{c})$，则实数 m 的值为（　　）

A. -3　　B. 3　　C. -6　　D. 6

5. $\triangle ABC$ 的内角 A,B,C 的对边分别为 a,b,c。已知 $\sin B+\sin A(\sin C-\cos C)=0$，$a=2$，$c=\sqrt{2}$，则 $\angle C=$（　　）

A. $\dfrac{\pi}{12}$　　B. $\dfrac{\pi}{6}$　　C. $\dfrac{\pi}{4}$　　D. $\dfrac{\pi}{3}$

6. 若函数 $f(x)=\begin{cases}\dfrac{e^x-1}{x}-2, x\neq 0,\\ a, x=0\end{cases}$ 在 $x=0$ 处连续，则 a 的值为（　　）

A. -1　　B. 0　　C. 1　　D. e

7. 如图是来自古希腊数学家希波克拉底所研究的几何图形。此图由三个半圆构成，三个半圆的直径分别为直角三角形 ABC 的斜边 BC，直角边 AB，AC。$\triangle ABC$ 的三边所围成的区域记为Ⅰ，黑色部分记为Ⅱ，其余部分记为Ⅲ。在整个图形中随机取一点，此点取自Ⅰ，Ⅱ，Ⅲ的概率分别记为 p_1，p_2，p_3，则（　　）

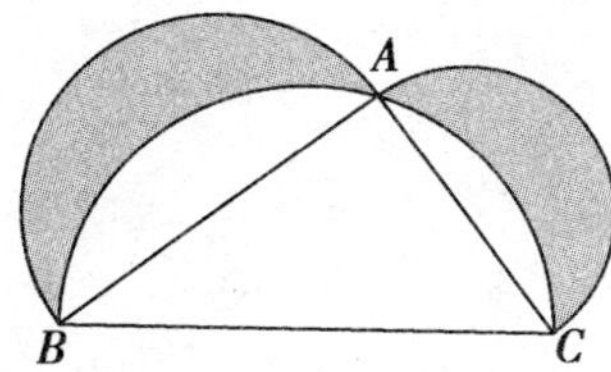

A. $p_1=p_2$　　B. $p_1=p_3$　　C. $p_2=p_3$　　D. $p_1=p_2+p_3$

8. 已知对于任意的 $x\in\mathbf{R}$，都有 $f(x)=f(2-x)$ 成立，且 $f(x)$ 在 $(-\infty,1)$ 上单调递增，则不等式 $f(\log_2 x)>f(-2)$ 的解集为（　　）

A. $\left(\dfrac{1}{4},4\right)$　　B. $\left(\dfrac{1}{2},4\right)$　　C. $\left(\dfrac{1}{2},16\right)$　　D. $\left(\dfrac{1}{4},16\right)$

9. 若 $\left(x-\dfrac{1}{x}\right)^n$ 的展开式中只有第 7 项的二项式系数最大，则展开式中含 x^2 项的系数是（　　）

A. 792　　B. 462

C. -792　　D. -462

10. 已知三棱锥 $P-ABC$ 中，PA，PB，PC 两两垂直，且长度相等，若点 P,A,B,C 都在半径为 1 的球面上，则球心到平面 ABC 的距离为（　　）

A. $\dfrac{\sqrt{3}}{6}$　　B. $\dfrac{1}{2}$　　C. $\dfrac{1}{3}$　　D. $\dfrac{\sqrt{3}}{2}$

11. 已知球的直径 $SC=4$，点 A,B 是该球面上的两点，$AB=\sqrt{3}$，$\angle ASC=\angle BSC=30°$，则棱锥 $S-ABC$ 的体积为(　　)

A. $3\sqrt{3}$　　B. $2\sqrt{3}$　　C. $\sqrt{3}$　　D. 1

12. 双曲线 $\frac{x^2}{a^2}-\frac{y^2}{b^2}=1(a>0,b>0)$ 的左右焦点分别为 F_1,F_2，P 是双曲线右支上一点，满足 $|PF_2|=|F_1F_2|$，直线 PF_1 与圆 $x^2+y^2=a^2$ 相切，则双曲线的离心率为(　　)

A. $\frac{5}{4}$　　B. $\sqrt{3}$　　C. $\frac{2\sqrt{3}}{3}$　　D. $\frac{5}{3}$

13. 设点 P 在曲线 $y=\frac{1}{2}e^x$ 上，点 Q 在曲线 $y=\ln(2x)$ 上，则 $|PQ|$ 的最小值为(　　)

A. $1-\ln2$　　B. $\sqrt{2}(1-\ln2)$　　C. $1+\ln2$　　D. $\sqrt{2}(1+\ln2)$

14. 设 m,n 为正实数，若直线 $(m+1)x+(n+1)y-4=0$ 与圆 $x^2+y^2-4x-4y+4=0$ 相切，则 mn (　　)

A. 有最小值 $1+\sqrt{2}$，无最大值　　B. 有最小值 $3-2\sqrt{2}$，最大值 $3+2\sqrt{2}$

C. 有最大值 $3+2\sqrt{2}$，无最小值　　D. 有最小值 $3+2\sqrt{2}$，无最大值

15. 经统计，某市高三学生期末数学成绩 $X\sim N(85,\delta^2)$，且 $P(80<X<90)=0.3$，则从该市任选一名高三学生，其成绩不低于 90 分的概率是(　　)

A. 0.35　　B. 0.65　　C. 0.7　　D. 0.85

二、填空题(本大题共 5 小题，每小题 3 分，共 15 分。请把答案填在横线上)

16. $\lim\limits_{x\to\frac{\pi}{6}}\dfrac{\sin\left(2x-\frac{\pi}{3}\right)}{1-2\cos\left(x+\frac{\pi}{6}\right)}=$ ________。

17. 已知函数 $f(x)=\begin{cases}-x+2, & x\leqslant 2,\\ \sqrt{1-(x-3)^2}, & 2<x\leqslant 4,\end{cases}$ 则定积分 $\int_{\frac{1}{2}}^{4}f(x)\mathrm{d}x$ 的值为________。

18. 已知数列 $\{a_n\}$ 是首项为 32 的正项等比数列，S_n 是其前 n 项和，且 $\frac{S_7-S_5}{S_5-S_3}=\frac{1}{4}$，若 $S_k\leqslant 4(2^k-1)$，则正整数 k 的最小值为________。

19. 若曲线的极坐标方程为 $\rho=2\sin\theta+4\cos\theta$，以极点为原点，极轴为 x 轴正半轴建立平面直角坐标系，则该曲线的直角坐标方程为________。

20. 计算：$D=\begin{vmatrix}1 & b_1 & 0 & 0\\ -1 & 1-b_1 & b_2 & 0\\ 0 & -1 & 1-b_2 & b_3\\ 0 & 0 & -1 & 1-b_3\end{vmatrix}=$ ________。

24. 已知数列$\{b_n\}$是等差数列，$b_1=1$，$b_1+b_2+\cdots+b_{10}=145$。

(1)求数列$\{b_n\}$的通项公式；

(2)设数列$\{a_n\}$的通项$a_n=\log_a\left(1+\frac{1}{b_n}\right)$(其中$a>0$且$a\neq1$)，记$S_n$是数列$\{a_n\}$的前$n$项和，试比较$S_n$与$\frac{1}{3}\log_a b_{n+1}$的大小，并证明你的结论。

25. 如图，在四面体$A-BCD$中，$AD\perp$平面BCD，$BC\perp CD$，$AD=2$，$BD=2\sqrt{2}$。M是AD的中点，P是BM的中点，点Q在线段AC上，且$AQ=3QC$。

(1)证明：$PQ/\!/$平面BCD；

(2)若二面角$C-BM-D$的大小为$60°$，求$\angle BDC$的大小。

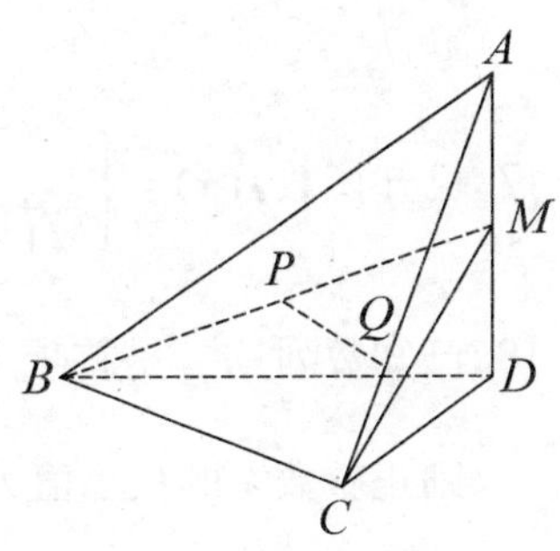

绝密★启用前　　　　　　　　　　　　　　　姓名＿＿＿＿＿＿　准考证号＿＿＿＿＿＿

教师招聘考试终极密押试卷(一)

中学数学

(时间:150 分钟　总分:120 分)

本套试卷共22小题,包括单项选择题(10小题),填空题(5小题),解答题(5小题),案例分析题(1小题),教学设计题(1小题)。

一、单项选择题(本大题共10小题,每小题4分,共40分。在每小题给出的四个选项中,恰有一项是符合题目要求的,请将正确选项的代号填入题后括号内)

1. 已知复数 z 满足 $(-1+\mathrm{i})z=(1+\mathrm{i})^2$,其中 i 为虚数单位,则复平面上复数 z 对应的点在(　　)

A. 第一象限　　B. 第二象限

C. 第三象限　　D. 第四象限

2. 若在 $(ax-1)^6$ 的展开式中 x^4 的系数为240,则正实数 $a=$(　　)

A. 2　　B. 3　　C. 5　　D. 7

3. 设 $a>0,b>0$,若 $\sqrt{3}$ 是 3^a 与 3^b 的等比中项,则 $\frac{1}{a}+\frac{1}{b}$ 的最小值是(　　)

A. 8　　B. 4　　C. 1　　D. $\frac{1}{4}$

4. 曲线 $y=\frac{1}{3}x^3+x$ 在点 $\left(1,\frac{4}{3}\right)$ 处的切线与坐标轴围成的三角形的面积为(　　)

A. $\frac{1}{9}$　　B. $\frac{2}{9}$　　C. $\frac{1}{3}$　　D. $\frac{2}{3}$

5. 函数 $f(x)=4x^2-mx+5$ 在区间 $[-2,+\infty)$ 上是增函数,则 $f(1)$ 的取值范围是(　　)

A. $f(1)\geqslant 25$　　B. $f(1)=25$

C. $f(1)\leqslant 25$　　D. $f(1)>25$

6. 若 x,y 是正数,则 $\left(x+\frac{1}{2y}\right)^2+\left(y+\frac{1}{2x}\right)^2$ 的最小值是(　　)

A. 3　　B. $\frac{7}{2}$　　C. 4　　D. $\frac{9}{2}$

17. 如图1，在矩形 $ABCD$ 中，$AB=3\sqrt{5}$，$BC=2\sqrt{5}$，点 E 在线段 DC 上，且 $DE=\sqrt{5}$，现将△AED 沿 AE 折到△AED'的位置，连结 CD'，BD'，如图2。

(1)若点 P 在线段 BC 上，且 $BP=\dfrac{\sqrt{5}}{2}$，证明：$AE\perp D'P$；

(2)记平面 $AD'E$ 与平面 BCD'的交线为 l，若二面角 $B-AE-D'$为$\dfrac{2\pi}{3}$，求 l 与平面 $D'CE$ 所成角的正弦值。

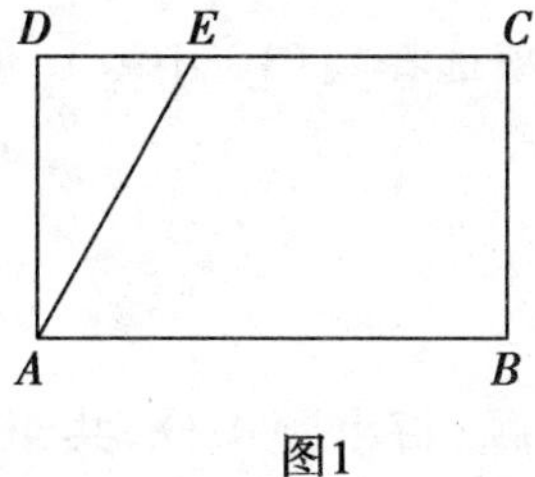

图1

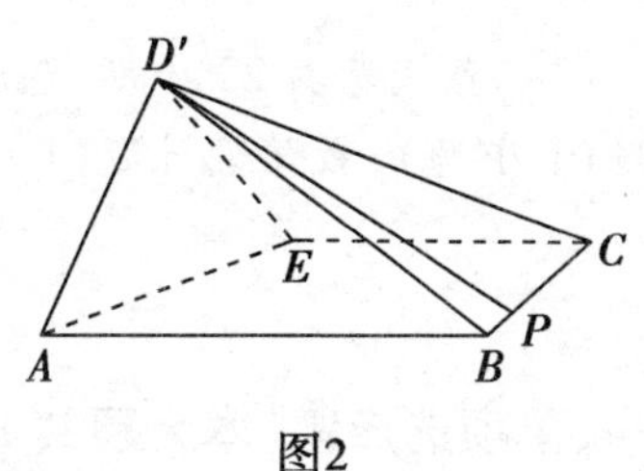

图2

18. 数列$\{a_n\}$为等差数列，a_n为正整数，其前 n 项和为 S_n，数列$\{b_n\}$为等比数列，且 $a_1=3$，$b_1=1$，数列$\{b_{a_n}\}$是公比为64的等比数列，$b_2S_2=64$。

(1)求 a_n，b_n；

(2)求证：$\dfrac{1}{S_1}+\dfrac{1}{S_2}+\cdots+\dfrac{1}{S_n}<\dfrac{3}{4}$。

19. 已知点 $F(1,0)$，动点 M 到直线 $l:x=4$ 的距离为 d，且 $\frac{|MF|}{d}=\frac{1}{2}$，设动点 M 的轨迹为曲线 E。

(1)求曲线 E 的方程；

(2)过点 F 作两条互相垂直的直线，分别交曲线 E 于点 A,B 和 C,D，求四边形 $ABCD$ 面积的最小值。

20. 已知函数 $f(x)=\frac{e^x}{x}-mx(x>0)$。

(1)若函数 $f(x)>\ln x$ 对任意 $x\in(1,2)$ 恒成立，求实数 m 的取值范围；

(2)若曲线 $y=f(x)$ 在 $x=1$ 处的切线与直线 $x-2y-1=0$ 垂直，求函数 $f(x)$ 的极值点的个数。

五、教学设计题（本大题共 10 分）

22. 阅读素材，回答问题：

（1）该节课的教学目标、教学重难点是什么？

（2）请写出完整的教学过程。

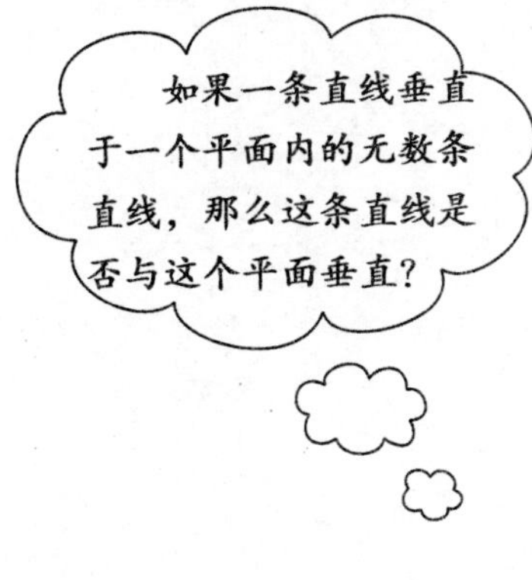

如图2.3-2，在阳光下观察直立于地面的旗杆及它在地面的影子．随着时间的变化，尽管影子BC的位置在移动，但是旗杆AB所在直线始终与BC所在直线垂直，也就是说，旗杆AB所在直线与地面内任意一条过点B的直线垂直．事实上，旗杆AB所在直线与地面内任意一条不过点B的直线$B'C'$也是垂直的．

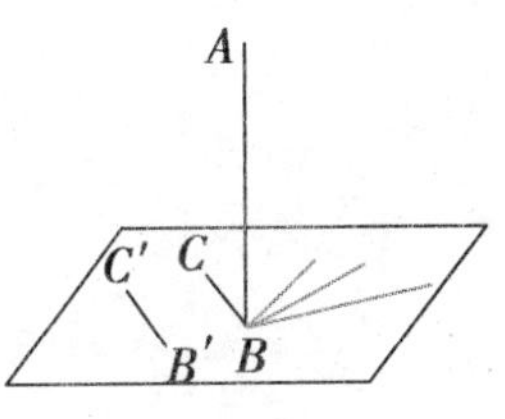

图2.3-2

如果直线l与平面内α的任意一条直线都垂直，我们就说直线l与平面α互相垂直，记作$l\perp\alpha$．直线l叫做平面α的垂线，平面α叫做直线l的垂面．直线与平面垂直时，它们惟一的公共点P叫做垂足．

画直线与平面垂直时，通常把直线画成与表示平面的平行四边形的一边垂直，如图2.3-3．

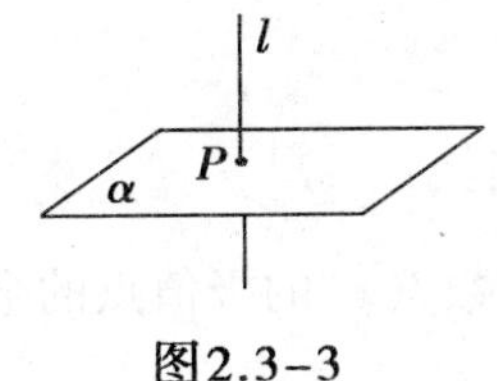

图2.3-3

除定义外，我们如何判断一条直线与一个平面垂直呢？

绝密★启用前　　　　　　姓名________　准考证号________

教师招聘考试终极密押试卷(二)

中学数学

(时间:120 分钟　总分:100 分)

本套试卷共 23 小题,包括单项选择题(12 小题),填空题(6 小题),解答题(5 小题)。

一、单项选择题(本大题共 12 小题,每小题 3 分,共 36 分。在每小题给出的四个选项中,恰有一项是符合题目要求的,请将正确选项的代号填入题后括号内)

1. 函数 $y=\frac{1}{\sqrt{3x-2}}+\lg(2x-1)$ 的定义域是(　　)

A. $\left[\frac{2}{3},+\infty\right)$　　B. $\left(\frac{1}{2},+\infty\right)$　　C. $\left(\frac{2}{3},+\infty\right)$　　D. $\left(\frac{1}{2},\frac{2}{3}\right)$

2. 已知命题 p:函数 $f(x)=\frac{2^x-1}{2^x+1}$ 是定义在 $\mathbf{R}$ 上的奇函数;命题 q:直线 $x=0$ 是 $g(x)=x^{\frac{1}{3}}$ 的切线,则下列命题是真命题的是(　　)

A. $p\wedge q$　　B. $\neg q$

C. $(\neg p)\wedge q$　　D. $\neg p$

3. $\frac{(1-2i)^2}{i}$ 在复平面内对应的点位于(　　)

A. 第一象限　　B. 第二象限

C. 第三象限　　D. 第四象限

4. 设函数 $f(x)=\begin{cases}x^2+x,x<0,\\-x^2,x\geqslant 0,\end{cases}$ 若 $f(f(a))\leqslant 2$,则实数 a 的最大值是(　　)

A. 2　　B. $\sqrt{2}$

C. 1　　D. 0

5. $\frac{\sqrt{3}-\tan 20^\circ}{\sin 20^\circ}=$(　　)

A. 1　　B. 2

C. 3　　D. 4

20. 随着经济的发展,个人收入的提高,自 2018 年 10 月 1 日起,个人所得税起征点和税率进行了调整,调整如下:纳税人的工资、薪金所得,以每月全部收入额减除 5000 元后的余额为应纳税所得额。依照个人所得税税率表,调整前后的计算方法如下表:

个人所得税税率表(调整前)			个人所得税税率表(调整后)		
免征额 3500 元			免征额 5000 元		
级数	全月应纳税所得额	税率(%)	级数	全月应纳税所得额	税率(%)
1	不超过 1500 元的部分	3	1	不超过 3000 元的部分	3
2	超过 1500 元至 4500 元的部分	10	2	超过 3000 元至 12 000 元的部分	10
3	超过 4500 元至 9000 元的部分	20	3	超过 12 000 元至 25 000 元的部分	20
…	…	…	…	…	…

(1)假如小李某月的工资、薪金等所得税前收入总和不高于 8000 元,记 x 表示总收入,y 表示应纳的税,试写出调整前后 y 关于 x 的函数表达式。

(2)某税务部门在小李所在公司利用分层抽样方法抽取某月 100 个不同层次员工的税前收入,并制成下面的频数分布表:

收入(元)	[3000,5000)	[5000,7000)	[7000,9000)	[9000,11 000)	[11 000,13 000)	[13 000,15 000)
人数	30	40	10	8	7	5

①先从收入在[3000,5000)及[5000,7000)的人群中按分层抽样抽取 7 人,再从中选 4 人作为新纳税法知识宣讲员,用 a 表示抽到作为宣讲员的收入在[3000,5000)元的人数,b 表示抽到作为宣讲员的收入在[5000,7000)元的人数,随机变量 $Z=|a-b|$,求 Z 的分布列与数学期望;

②小李该月的工资、薪金等税前收入为7500元时，请你帮小李算一下调整后小李的实际收入比调整前增加了多少。

23. 如图，AC 是圆 O 的直径，点 B 在圆 O 上，$\angle BAC=30^\circ$，$BM\perp AC$ 交 AC 于点 M，$EA\perp$ 平面 ABC，$FC\parallel EA$，$AC=4$，$EA=3$，$FC=1$。

(1)证明：$EM\perp BF$；

(2)求平面 BEF 与平面 ABC 所成的锐二面角的余弦值。

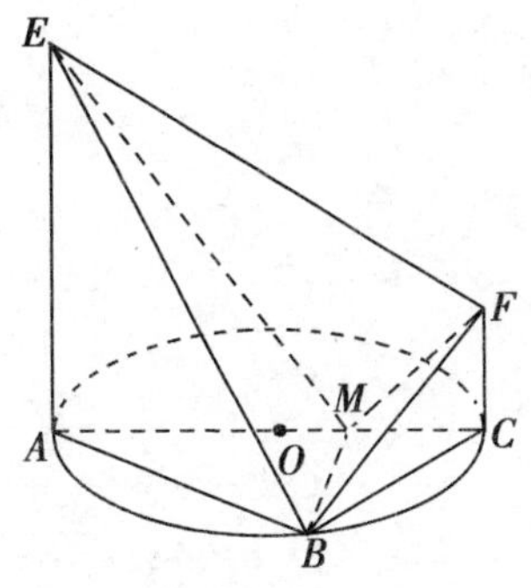

绝密★启用前　　　　　　　　　　　　　　　　姓名＿＿＿＿＿＿　准考证号＿＿＿＿＿＿

教师招聘考试终极密押试卷(三)

中学数学

(时间:120 分钟　总分:100 分)

本套试卷共 23 小题,包括单项选择题(12 小题),填空题(6 小题),解答题(5 小题)。

一、单项选择题(本大题共 12 小题,每小题 3 分,共 36 分。在每小题给出的四个选项中,恰有一项是符合题目要求的,请将正确选项的代号填入题后括号内)

1. 在复平面内,复数$\frac{1}{1-\mathrm{i}}$的共轭复数对应的点位于(　　)

A. 第一象限　　　　B. 第二象限

C. 第三象限　　　　D. 第四象限

2. 函数$f(x)=A\sin(\omega x+\varphi)(A>0,\omega>0)$的部分图象如图所示,则$f\left(\frac{11\pi}{24}\right)$的值为(　　)

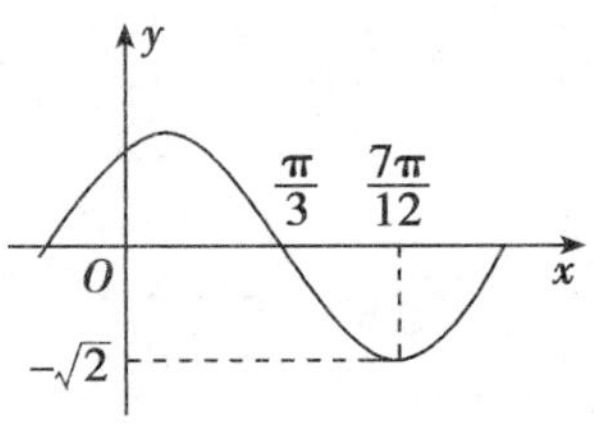

A. $-\frac{\sqrt{6}}{2}$　　　　B. $-\frac{\sqrt{3}}{2}$

C. $-\frac{\sqrt{2}}{2}$　　　　D. -1

3. 设等差数列$\{a_n\}$的前 n 项和 $S_n=m$,前 m 项的和 $S_m=n$,则其前 $m+n$ 项的和 $S_{m+n}=$(　　)

A. $m+n$　　　　B. $2m+n$

C. $m+2n$　　　　D. $-(m+n)$

4. 若 $\boldsymbol{a},\boldsymbol{b},\boldsymbol{c}$ 均为单位向量,且 $\boldsymbol{a}\cdot\boldsymbol{b}=0$,$(\boldsymbol{a}-\boldsymbol{c})\cdot(\boldsymbol{b}-\boldsymbol{c})\leqslant 0$,则$|\boldsymbol{a}+\boldsymbol{b}-\boldsymbol{c}|$的最大值为(　　)

A. $\sqrt{2}-1$　　　　B. 1

C. $\sqrt{2}$　　　　D. 2

三、解答题(本大题共 5 小题,第 19 ~ 22 小题每小题 9 分,第 23 小题 10 分,共 46 分。解答应写明文字说明和运算步骤)

19. 已知数列$\{a_n\}$满足 $a_1=2$,$n(a_{n+1}-n-1)=(n+1)\cdot(a_n+n)(n\in\mathbf{N}^*)$。

(1)求证数列$\left\{\frac{a_n}{n}\right\}$是等差数列,并求其通项公式;

(2)设 $b_n=\sqrt{2a_n}-15$,求数列$\{|b_n|\}$的前 n 项和 T_n。

20. 甲、乙两人投篮命中的概率分别为$\frac{2}{3}$与$\frac{1}{2}$，各自相互独立。现两人做投篮游戏，共比赛3局，每局每人各投一球。

(1)求比赛结束后甲的进球数比乙的进球数多1个的概率；

(2)设ξ表示比赛结束后甲、乙两人进球数的差的绝对值，求ξ的概率分布和数学期望$E(\xi)$。

23. 已知椭圆 $C:\frac{x^2}{a^2}+\frac{y^2}{b^2}=1(a>b>0)$ 的右焦点为 F,上顶点为 M,直线 FM 的斜率为 $-\frac{\sqrt{2}}{2}$,且原点到直线 FM 的距离为 $\frac{\sqrt{6}}{3}$。

(1) 求椭圆 C 的标准方程;

(2) 若不经过点 F 的直线 $l:y=kx+m(k<0,m>0)$ 与椭圆 C 交于 A,B 两点,且与圆 $x^2+y^2=1$ 相切。试探究 $\triangle ABF$ 的周长是否为定值,若是,求出定值;若不是,请说明理由。

绝密★启用前　　　　　　　　　　　　姓名____________　准考证号____________

教师招聘考试终极密押试卷(四)

中学数学

(时间:120 分钟　总分:100 分)

本套试卷共 25 小题,包括单项选择题(15 小题),填空题(5 小题),解答题(5 小题)。

一、单项选择题(本大题共 15 小题,每小题 3 分,共 45 分。在每小题给出的四个选项中,恰有一项是符合题目要求的,请将正确选项的代号填入题后括号内)

1. 已知 i 是虚数单位,复数 $z=a+\mathrm{i}(a\in\mathbf{R})$,且满足 $z=\dfrac{1-3\mathrm{i}}{z+1}$,则 $|z|=$(　　)

A. $\sqrt{2}$　　B. $\sqrt{3}$　　C. $\sqrt{5}$　　D. 3

2. 已知函数 $f(x)=\begin{cases}e^{|x-1|}, x>0,\\ -x^2-2x+1, x\leqslant 0,\end{cases}$ 若关于 x 的方程 $f^2(x)-3f(x)+a=0(a\in\mathbf{R})$ 有 8 个不等的实数根,则 a 的取值范围是(　　)

A. $\left(0,\dfrac{1}{4}\right)$　　B. $\left(\dfrac{1}{3},3\right)$　　C. $(1,2)$　　D. $\left(2,\dfrac{9}{4}\right)$

3. 在 $\triangle ABC$ 中,点 D 是边 BC 上任意一点,M 是线段 AD 的中点,若存在实数 λ 和 μ,使得 $\overrightarrow{BM}=\lambda\overrightarrow{AB}+\mu\overrightarrow{AC}$,则 $\lambda+\mu=$(　　)

A. $\dfrac{1}{2}$　　B. $-\dfrac{1}{2}$　　C. 2　　D. -2

4. 在区间 $[-3,3]$ 上随机取一个数 x,使得 $|x+1|-|x-2|\geqslant 1$ 成立的概率是(　　)

A. $\dfrac{1}{2}$　　B. $\dfrac{1}{3}$　　C. $\dfrac{1}{4}$　　D. $\dfrac{1}{5}$

5. 设 $b>a>0$,则 $2b+\dfrac{2}{ab-a^2}$ 的最小值为(　　)

A. 2　　B. 3　　C. 6　　D. 无最小值

6. 已知 $f:x\to\sin x$ 是集合 $A=\{x|0\leqslant x\leqslant 2\pi\}$ 到集合 $B=\left\{0,\dfrac{1}{2}\right\}$ 的一个映射,则集合 A 中的元素最多有(　　)个。

A. 4　　B. 5　　C. 6　　D. 7

二、填空题（本大题共 5 小题，每小题 3 分，共 15 分。请把答案填在横线上）

16. 数列$\{a_n\}$中，若$a_1=\frac{1}{2}$，$a_n=\frac{1}{1-a_{n-1}}(n\geqslant 2,n\in\mathbf{N}_+)$，则$a_{2015}$的值为________。

17. 已知双曲线$C_1:\frac{x^2}{a^2}-\frac{y^2}{b^2}=1(a>0,b>0)$的一个焦点$F$与抛物线$C_2:y^2=2px(p>0)$的焦点相同，它们交于$A,B$两点，且直线$AB$过点$F$，则双曲线$C_1$的离心率为________。

18. 曲线$y=\frac{2}{x}$与直线$y=x-1$及$x=4$所围成的封闭图形的面积为________。

19. 已知二阶矩阵$\boldsymbol{A}=\begin{pmatrix}a & b\\ c & d\end{pmatrix}$的行列式$|\boldsymbol{A}|=-1$，则$(\boldsymbol{A}^*)^{-1}=$________。

20. 已知函数$f(x)=x(\ln x-ax)$有两个极值点，则实数a的取值范围是________。

三、解答题（本大题共 5 小题，每小题 8 分，共 40 分。解答应写明文字说明和运算步骤）

21. 已知函数$f(x)=\cos^2x+2\sqrt{3}\sin x\cos x-\sin^2x$。

(1) 求函数$y=f(x)$的最小正周期以及单调递增区间；

(2) 已知$\triangle ABC$的内角A,B,C所对的边分别为a,b,c，若$f(C)=1$，$c=2$，$\sin C+\sin(B-A)=2\sin 2A$，求$\triangle ABC$的面积。

22. 正项等差数列$\{a_n\}$中，已知$a_1+a_2+a_3=15$，且a_1+2，a_2+5，a_3+13构成等比数列$\{b_n\}$的前三项。

(1)求数列$\{a_n\}$，$\{b_n\}$的通项公式；

(2)求数列$\{a_nb_n\}$的前n项和T_n。

23. 在如图所示的几何体中，面$CDEF$为正方形，面$ABCD$为等腰梯形，$AB//CD$，$AC=\sqrt{3}$，$AB=2BC=2$，$AC\perp FB$。

(1)求证：$AC\perp$平面FBC；

(2)求四面体$F-BCD$的体积；

(3)线段AC上是否存在点M，使$EA//$平面FDM？证明你的结论。

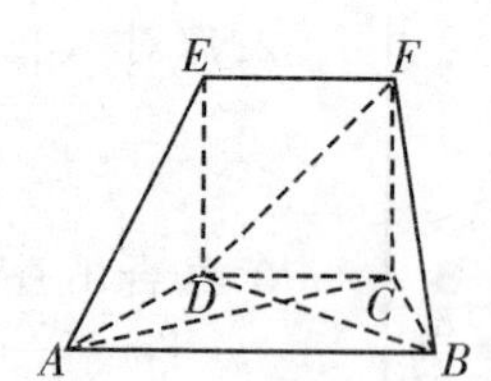

图书反馈

亲爱的考生：

感谢您对山香教育的信任和支持，您的建议是我们前进的动力！为进一步提高图书质量，我们特向全国各地的考生开展有奖反馈活动。

1.凡提供山香图书的错题反馈者，均能获得价值99元的山香网课《高频考点》（基础版）大礼包1份。

2.凡提供反馈项目者，可获得价值299元的山香网课《高频考点》（豪华版）超级大礼包1份。

3.我们从意见被采纳人员中每月抽取幸运者2名，各奖励价值1380元的山香网校网课大礼包一份。

图书反馈链接

¥99
大礼包

¥299
超级大礼包

反馈项目

姓名：　　　　专业：　　　　报考地区：

手机号：　　　　QQ号：

1.您认为图书中可以增加哪些模块或内容，有助于您的学习？

2.您对本书的印刷、装订、封面有何意见和建议？

3.结合山香现有图书和考情需要，您还需要哪些形式的备考资料？

联系方式：400-600-3363　　研发部QQ：1831595423

招教网：http：//www.zhaojiao.net　　山香网校：http：//www.sx1211.cn

图书订正链接

图书在版编目(CIP)数据

教师招聘考试最后冲刺试卷. 中学数学 / 山香教师招聘考试命题研究中心主编. -- 北京 :首都师范大学出版社, 2014.10(2021.12 重印)

ISBN 978-7-5656-2140-6

Ⅰ. ①教… Ⅱ. ①山… Ⅲ. ①中学数学课 - 教学法 - 中学教师 - 聘用 - 资格考试 - 习题集 Ⅳ. ①G451.1-44

中国版本图书馆 CIP 数据核字(2014)第 233465 号

教师招聘考试最后冲刺试卷
ZHONGXUE SHUXUE
中学数学
山香教师招聘考试命题研究中心 主编

策划编辑 张文强
责任编辑 曹亮亮 王慕飞 封面设计 山香教育
首都师范大学出版社出版发行
地 址 北京市西三环北路 105 号
邮 编 100048
咨询电话 010 - 68418523(总编室) 010 - 68982468(发行部)
网 址 http://cnupn.cnu.edu.cn
印 刷 河南黎阳印务有限公司
经 销 全国新华书店
版 次 2014 年 10 月第 1 版
印 次 2021 年 12 月第 11 次印刷
开 本 787mm × 1092mm 1/16
印 张 9.5
字 数 165 千
定 价 35.00 元

善其事　利其器

教师招聘考试简称招教，是我国公开招聘教师的选拔性考试，其目的是为教育行政部门录用优秀教师提供参考。近年来，随着国家对教育事业支持力度的加大和教师地位的提升，教师这一职业越来越受到广大毕业生的欢迎。同时，随着国家对教师职业要求的提高和考试人数的增多，成功"上岸"的难度也越来越大，考试多得一分，人生道路就会不同。选择一套高质量的试卷可以使考生多得几分，多一份成功的把握。

为方便广大考生在备考中能够找准考试突破点，梳理考点，把握考查趋势，在较短时间内有效提高应试能力，山香教育研发团队在深入研究各省历年真题的基础上，精心编写了本套试卷。本试卷具有以下鲜明特点：

1. 依据考情，精编试题

本试卷由山香教育研发团队在研究教师招聘考试考情和真题的基础上，依据实用、高效的原则，精心编写而成。内容布局合理，难度适中，契合考情。通过练习本试卷可以帮助考生全面熟悉教师招聘考试考查的特点和命题趋势，为考生的复习备考指明方向，直击考试要点。

2. 内容全面，重点突出

本试卷注重对应考人员进行高频知识的梳理和解题技能的训练，内容涵盖教材大部分知识点，同时突出各部分的重点和难点，点面俱到，使考生复习备考更具有针对性，从而达到事半功倍的效果。

3. 深度解析，触类旁通

本试卷的答案解析不仅给出了参考答案，同时对相应的考点进行详细、独到、启发性极强的剖析。特别注重解题思路的规范和指导，以期达到全面提升考生应试能力的目的。

相信通过本套试卷的学习，广大考生最终的冲刺一定会有实质性的提高。预祝每位考生考试成功。

由于水平和时间有限，本试卷难免有疏漏之处，敬请读者批评斧正。

编　者

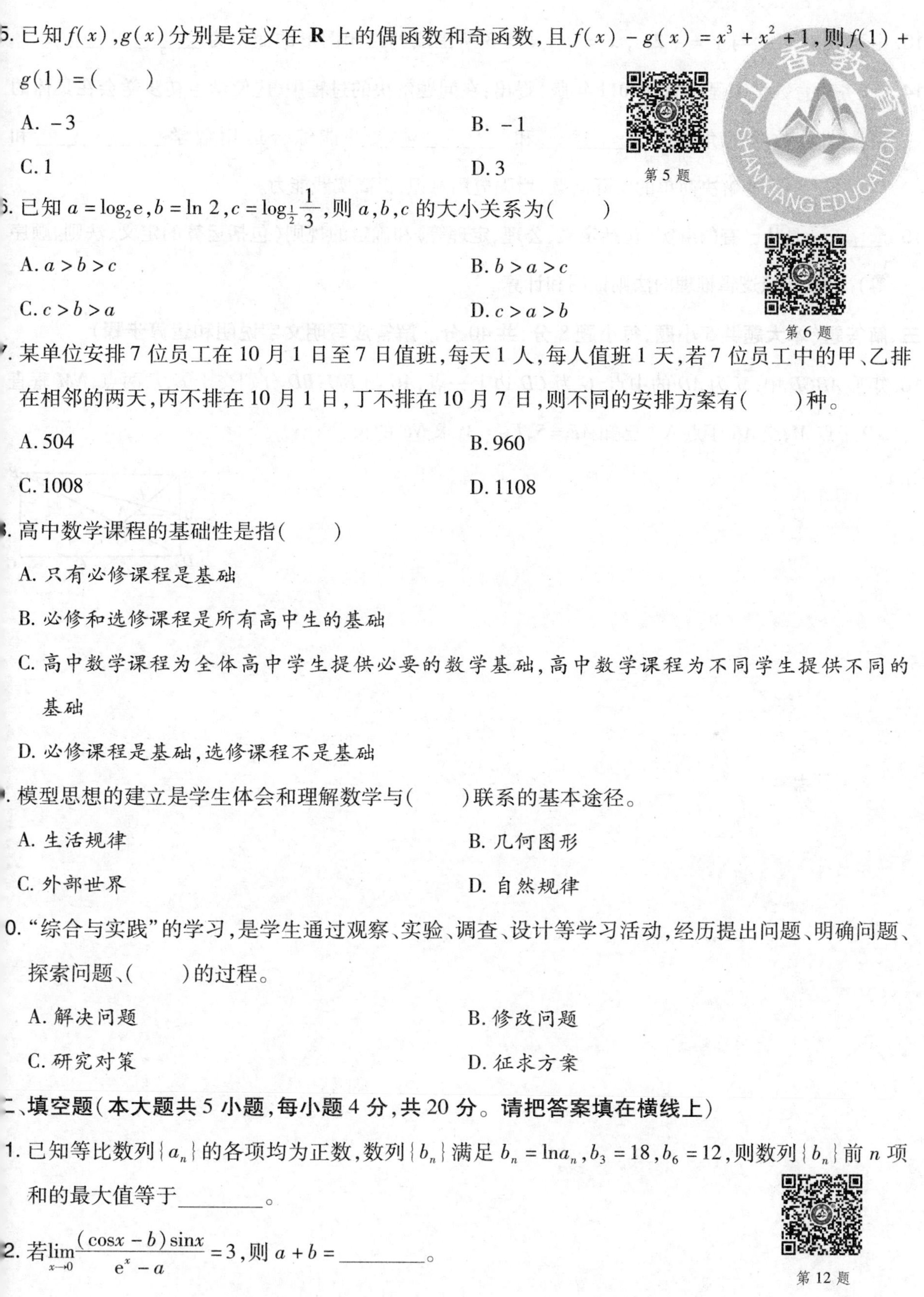

5. 已知$f(x)$,$g(x)$分别是定义在 **R** 上的偶函数和奇函数,且$f(x)-g(x)=x^3+x^2+1$,则$f(1)+g(1)=$(　　)

A. -3　　B. -1

C. 1　　D. 3

第 5 题

6. 已知$a=\log_2 e$,$b=\ln 2$,$c=\log_{\frac{1}{2}}\frac{1}{3}$,则$a,b,c$的大小关系为(　　)

A. $a>b>c$　　B. $b>a>c$

C. $c>b>a$　　D. $c>a>b$

第 6 题

7. 某单位安排 7 位员工在 10 月 1 日至 7 日值班,每天 1 人,每人值班 1 天,若 7 位员工中的甲、乙排在相邻的两天,丙不排在 10 月 1 日,丁不排在 10 月 7 日,则不同的安排方案有(　　)种。

A. 504　　B. 960

C. 1008　　D. 1108

8. 高中数学课程的基础性是指(　　)

A. 只有必修课程是基础

B. 必修和选修课程是所有高中生的基础

C. 高中数学课程为全体高中学生提供必要的数学基础,高中数学课程为不同学生提供不同的基础

D. 必修课程是基础,选修课程不是基础

9. 模型思想的建立是学生体会和理解数学与(　　)联系的基本途径。

A. 生活规律　　B. 几何图形

C. 外部世界　　D. 自然规律

10. “综合与实践”的学习,是学生通过观察、实验、调查、设计等学习活动,经历提出问题、明确问题、探索问题、(　　)的过程。

A. 解决问题　　B. 修改问题

C. 研究对策　　D. 征求方案

二、**填空题(本大题共 5 小题,每小题 4 分,共 20 分。请把答案填在横线上)**

11. 已知等比数列$\{a_n\}$的各项均为正数,数列$\{b_n\}$满足$b_n=\ln a_n$,$b_3=18$,$b_6=12$,则数列$\{b_n\}$前n项和的最大值等于________。

12. 若$\lim\limits_{x\to 0}\frac{(\cos x-b)\sin x}{e^x-a}=3$,则$a+b=$________。

第 12 题

13. 由函数 $y=e^{x}$ 与 $y=-2x$，$x=1$，$x=3$ 所围成的封闭图形的面积为____________。

14.《义务教育数学课程标准》(2011 年版)提出:在问题解决的过程中,应使学生初步学会在具体的情境中从数学的角度____________和____________,并能综合运用数学____________和____________等解决简单的实际问题,增强应用意识,提高实践能力。

15. ________是从已有的事实(包括定义、公理、定理等)和确定的规则(包括运算的定义、法则、顺序等)出发,按照逻辑推理的法则证明和计算。

三、解答题(本大题共 5 小题,每小题 8 分,共 40 分。解答应写明文字说明和运算步骤)

16. 矩形 $ABCD$ 中,M 为 AD 的中点,G 为 CD 边上一点,AG 与 BM,BD 分别交于 E,F 两点,NM 垂直 AD 于点 M,交 AG 于点 N。已知 $AF=5$,$FG=3$,求 NE 的长。

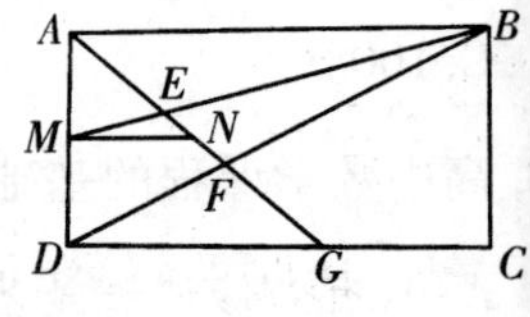

四、案例分析题(本大题共10分)

21. 某教师在进行幂函数的教学时,给学生出了如下一道练习题:

已知$(a+1)^{-2}<(1-2a)^{-2}$,求a的取值范围。

某学生的解答过程如下:

解:由题意得$\begin{cases}a+1>0,\\1-2a>0,\\a+1>1-2a\end{cases}\Rightarrow\begin{cases}a>-1,\\a<\dfrac{1}{2},\\a>0\end{cases}\Rightarrow 0<a<\dfrac{1}{2}$,

或$\begin{cases}a+1>0,\\1-2a<0,\\a+1<1-2a\end{cases}\Rightarrow\begin{cases}a>-1,\\a>\dfrac{1}{2},\\a<0,\end{cases}$无解。

所以,a的取值范围为$\left(0,\dfrac{1}{2}\right)$。

问题:(1)指出该生解答过程中的错误之处,分析其错误原因;

(2)请用幂函数的图象和性质给出你的正确解答;

(3)指出你解题过程中所运用的数学思想方法。

五、教学设计题(本大题共10分)

22. 根据给出的材料,回答问题。

3.2.3 直线的一般式方程

直线的点斜式、斜截式、两点式方程都是关于 x，y 的二元一次方程. 现在我们考察直线与二元一次方程的关系. 探讨以下两个问题:

(1) 平面直角坐标系中的每一条直线都可以用一个关于 x，y 的二元一次方程表示吗?

(2) 每一个关于 x，y 的二元一次方程都表示一条直线吗?

先看问题 (1). 任意一条直线 l，在其上任取一点 $P_0(x_0, y_0)$，当直线 l 的斜率为 k 时 (此时直线的倾斜角 $\alpha\neq 90°$)，其方程为

$$y-y_0=k(x-x_0), \quad ①$$

这是关于 x，y 的二元一次方程.

当直线 l 的斜率不存在，即直线 l 的倾斜角 $\alpha=90°$时，直线的方程为

$$x-x_0=0, \quad ②$$

分类讨论时，常按 $\alpha\neq 90°$和 $\alpha=90°$分类，这样可以做到不重不漏.

方程②可以认为是关于 x，y 的二元一次方程，此时方程中 y 的系数为0.

方程①和②都是二元一次方程，因此平面上任意一条直线都可以用一个关于 x，y 的二元一次方程表示.

现在探讨问题 (2). 对于任意一个二元一次方程

$$Ax+By+C=0 \quad (A,B \text{不同时为} 0), \quad ③$$

判断它是否表示一条直线，就看能否把它化成直线方程的某一种形式.

当 $B\neq 0$ 时，方程③可变形为

$$y=-\frac{A}{B}x-\frac{C}{B},$$

它表示过点$\left(0, -\frac{C}{B}\right)$，斜率为$-\frac{A}{B}$的直线.

当 $B=0$ 时，情况又怎样呢?

由上可知，关于 x，y 的二元一次方程，它都表示一条直线.

我们把关于 x，y 的二元一次方程

$$\boxed{Ax+By+C=0} \quad (5)$$

(其中 A，B 不同时为0) 叫做**直线的一般式方程**，简称**一般式** (general form).

. 已知向量 $\boldsymbol{a},\boldsymbol{b},\boldsymbol{c}$ 满足 $|\boldsymbol{a}|=2$，$|\boldsymbol{b}|=\boldsymbol{a}\cdot\boldsymbol{b}=3$，若 $(\boldsymbol{c}-2\boldsymbol{a})\cdot\left(\boldsymbol{c}-\frac{2}{3}\boldsymbol{b}\right)=0$，则 $|\boldsymbol{b}-\boldsymbol{c}|$ 的最小值是(　　)

A. $2-\sqrt{3}$　　　　B. $2+\sqrt{3}$

C. 1　　　　D. 2

. A,B,C,D,E 五人并排站成一排，如果 B 必须在 A 的右侧(A,B 可以不相邻)，那么不同的排法共有(　　)

A. 24 种　　　　B. 60 种

C. 90 种　　　　D. 120 种

第 6 题

. 定义在 $\mathbf{R}$ 上的函数 $f(x)$ 满足 $f(x+y)=f(x)+f(y)+2xy(x,y\in\mathbf{R})$，$f(1)=2$，则 $f(-3)$ 等于(　　)

A. 2　　　　B. 3　　　　C. 9　　　　D. 6

. 有限小数与无限不循环小数的关系是(　　)

A. 对立关系　　　　B. 从属关系

C. 交叉关系　　　　D. 矛盾关系

. 创新的核心是(　　)

A. 独立思考，归纳概括　　　　B. 独立思考，学会思考

C. 发现问题，提出问题　　　　D. 学会思考，归纳概括

0. 《义务教育数学课程标准》(2011 年版)指出，教学中应当注意几个重要关系，其中不包括(　　)的关系。

A. 合情推理与演绎推理　　　　B. “预设”与“生成”

C. 面向全体学生与关注学生个体差异　　　　D. 理论与实践

二、填空题(本大题共 5 小题，每小题 4 分，共 20 分。请把答案填在横线上)

1. 设 $x,y\in\mathbf{R}$，向量 $\boldsymbol{a}=(x,2)$，$\boldsymbol{b}=(1,y)$，$\boldsymbol{c}=(2,-6)$，且 $\boldsymbol{a}\perp\boldsymbol{c}$，$\boldsymbol{b}/\!/\boldsymbol{c}$，则 $|\boldsymbol{a}+\boldsymbol{b}|=$________。

2. 定积分 $\int_{-1}^{1}(3x^2+\sin x)\mathrm{d}x=$________。

3. 若直线 $3x+4y+m=0$ 与曲线 $\begin{cases}x=1+\cos\theta,\\ y=-2+\sin\theta\end{cases}$ (θ 为参数)没有公共点，则实数 m 的取值范围是________。

第 13 题

14. 已知 n 是正整数，实数 a 是常数，若 $\lim\limits_{n\to\infty}\left(\frac{4}{1-a}+\frac{4a}{1-a}+\frac{4a^2}{1-a}+\cdots+\frac{4a^{n-1}}{1-a}\right)=9$，则 $a=$______。

第 14 题

15. 学生的数学学习内容应当是现实的、有意义的、富有挑战性的，这些内容要有利于学生主动地进行______、______、猜测、验证、推理与交流等数学活动。

三、解答题（本大题共 5 小题，每小题 8 分，共 40 分。解答应写明文字说明和运算步骤）

16. 如图所示，已知△ABC 中，$AB=AC$，D 是△ABC 外接圆劣弧 $\overset{\frown}{AC}$ 上的点（不与点 A，C 重合），延长 BD 至 E。

（1）求证：AD 的延长线平分∠CDE；

（2）若∠$BAC=30°$，△ABC 中 BC 边上的高为 $2+\sqrt{3}$，求△ABC 外接圆的面积。

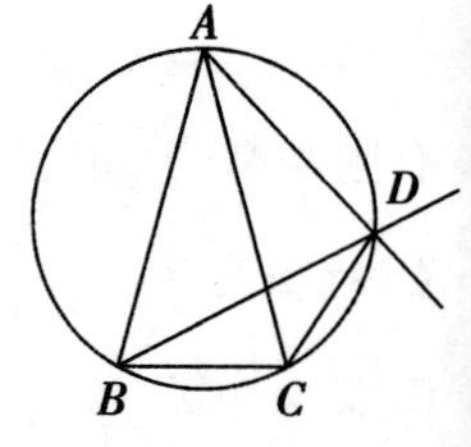

0. 已知函数$f(x)=x\ln x, g(x)=-x^2+ax-3$。

(1)求函数$f(x)$在$[t,t+2](t>0)$上的最小值;

(2)对一切$x\in(0,+\infty), 2f(x)\geqslant g(x)$恒成立,求实数$a$的取值范围。

四、案例分析题(本大题共10分)

21. 下面是某位高一数学教师讲授函数的奇偶性的教学片段,请仔细阅读,然后回答问题。

师:同学们,前面我们学习了函数的基本性质——函数的单调性,今天我们将继续学习函数的基本性质:

(边口述边板书课题)函数的奇偶性

什么是偶函数呢?

(投影,老师同时口述)

定义:如果对于函数$f(x)$的定义域内任意一个x,都有$f(-x)=f(x)$,那么函数$f(x)$就是偶函数

师:请同学们齐声朗读一遍。

学生一起朗读(略)。

师:好!从这个定义看,偶函数有什么性质呢?请同学们4~5人一组,进行探索、讨论和交流,然后我们来交流探索结果。

(学生纷纷组成4~5人一组,开展小组学习,大约经历了8分钟,期间教师参与了部分小组的讨论和指导)

师:现在我们请各个小组汇报探索结果。

问题:(1)该教师通过直接呈现偶函数定义的方式让学生获得概念,对此你有何看法?并说明理由;

(2)请对该教师的课堂提问做出评析。

5. 已知 O 是坐标原点，点 M 坐标为 $(2,1)$，点 $N(x,y)$ 是平面区域 $\begin{cases} x+y\geqslant\dfrac{1}{2}, \\ x\leqslant\dfrac{1}{2}, \\ y\leqslant x \end{cases}$ 上的一个动点，则 $\overrightarrow{OM}\cdot\overrightarrow{ON}$ 的最大值为(　　)

A. 3　　B. 2　　C. $\dfrac{3}{2}$　　D. $\dfrac{7}{2}$

6. 已知函数 $f(x)=||x-2|-2|$，关于 x 的方程 $f(x)=m(m\in\mathbf{R})$ 恰有四个互不相等的实根 x_1,x_2,x_3,x_4，且 $x_1<x_2<x_3<x_4$，则 $\dfrac{x_1x_2}{x_3x_4}$ 的取值范围是(　　)

A. $(-1,0)$　　B. $\left(-\dfrac{1}{3},0\right)$　　C. $\left(-\dfrac{1}{6},0\right)$　　D. $\left(-\dfrac{1}{2},0\right)$

7. 已知直线 $x+y+1=0$ 与圆 C 相切，且直线 $mx-y-2m-1=0(m\in\mathbf{R})$ 始终平分圆 C 的面积，则圆 C 的方程为(　　)

A. $(x-2)^2+(y-1)^2=1$　　B. $(x-2)^2+(y+1)^2=1$

C. $(x-2)^2+(y-1)^2=2$　　D. $(x-2)^2+(y+1)^2=2$

8. 元朝著名的数学家朱世杰在《四元玉鉴》中有一首诗："我有一壶酒，携着游春走，遇店添一倍，逢友饮一斗。"基于此情景，设计了如图所示的程序框图，若输入 $x=\dfrac{5}{4}$，输出的值为 $x=9$，则判断框中应为(　　)

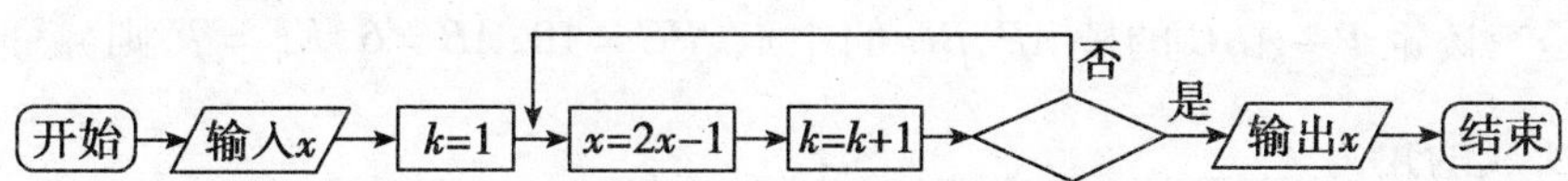

A. $k>4$?　　B. $k>5$?　　C. $k>6$?　　D. $k>7$?

9. 函数 $f(x)=x^3(x\in\mathbf{R})$，若 $0\leqslant\theta\leqslant\dfrac{\pi}{2}$ 时，$f(m\cdot\sin\theta)+f(1-m)>0$ 恒成立，则实数 m 的取值范围是(　　)

A. $(-\infty,1)$　　B. $(-\infty,0]$

C. $(0,1)$　　D. $\left(-\infty,\dfrac{1}{2}\right)$

10. 教育部直属师范大学免费师范毕业生一般回生源地所在省份的中小学任教。今年春节后，我校迎来了某师范大学数学系 5 名实习教师，若将 5 名实习教师分配到高一年级的 3 个班实习，每班至少 1 名，最多 2 名，则不同的分配方案有(　　)

A. 60 种　　B. 90 种　　C. 120 种　　D. 180 种

11. 设 m,n 是平面 α 内的两条不同直线，l_1,l_2 是平面 β 内两条相交直线，则 $\alpha\perp\beta$ 的一个充分不必要条件是(　　)

第 11 题

A. $l_1\perp m, l_1\perp n$　　B. $m\perp l_1, m\perp l_2$

C. $m\perp l_1, n\perp l_2$　　D. $m/\!/n, l_1\perp n$

12. 下列定积分为零的是(　　)

A. $\int_{-\frac{\pi}{4}}^{\frac{\pi}{4}}\frac{\arctan x}{1+x^2}\mathrm{d}x$　　B. $\int_{-\frac{\pi}{4}}^{\frac{\pi}{4}}x\arcsin x\mathrm{d}x$

C. $\int_{-1}^{1}\frac{\mathrm{e}^x+\mathrm{e}^{-x}}{2}\mathrm{d}x$　　D. $\int_{-1}^{1}(x^2+x)\sin x\mathrm{d}x$

二、填空题(本大题共 6 小题，每小题 3 分，共 18 分。请把答案填在横线上)

13. 已知 $a,b\in\mathbf{R}$，且 $a-3b+6=0$，则 $2^a+\frac{1}{8^b}$ 的最小值为________。

14. 某校为高一学生开设了三门选修课程，分别是文学与艺术、哲学初步、数学史。调查某班甲、乙、丙三名学生的三门选修课程的选修情况时，甲说："我选修的课程比乙多，但没有选修哲学初步。"乙说："我没有选修数学史。"丙说"我们三人选修的课程中，有一门课程是相同的。"由此可以判断乙选修的课程为________。

15. E,F 分别是三棱锥 $P-ABC$ 的棱 AP,BC 的中点，$PC=10, AB=6, EF=7$，则异面直线 AB 与 PC 所成的角为________。

第 15 题

16. 已知点 A 为椭圆 $\frac{x^2}{25}+\frac{y^2}{9}=1$ 上任意一点，点 B 为圆 $(x-1)^2+y^2=1$ 上任意一点，则 $|AB|$ 的最大值为________。

第 16 题

17. 若 $\left(ax^2+\frac{b}{x}\right)^6$ 的展开式中 x^3 项的系数为 20，则 a^2+b^2 的最小值为________。

18. 已知函数 $f(x)$ 是定义在 $\mathbf{R}$ 上的偶函数，定义在 $\mathbf{R}$ 上的奇函数 $g(x)$ 过点 $(-1,1)$，且 $g(x)=f(x-1)$，则 $f(2007)+f(2008)=$________。

1. 已知抛物线 $y^2=2px(p>0)$ 的焦点为 F,点 A 是抛物线上横坐标为 4,且位于 x 轴上方的点,点 A 到抛物线准线的距离是 5,过点 A 作 y 轴的垂线,并交 y 轴于点 B,线段 OB 的中点为 M。

(1)求抛物线的方程;

(2)过点 M 作 $MN\perp FA$,垂足为 N,求点 N 的坐标;

(3)以点 M 为圆心,MB 为半径作圆 M,当 $K(m,0)$ 是 x 轴上一动点时,讨论直线 AK 与圆 M 的位置关系。

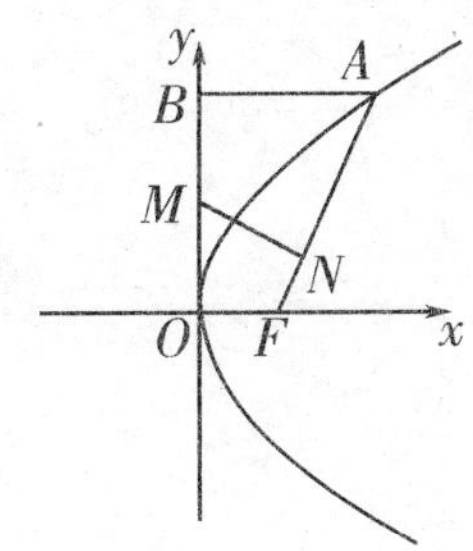

22. 已知正项等差数列$\{a_n\}$满足$a_1=1$,且a_2-1,a_3+5,a_6+39成等比数列,数列$\{b_n\}$满足$b_1=a_1$,$b_{n+1}-b_n=a_n$。

(1)求数列$\{a_n\}$,$\{b_n\}$的通项公式;

(2)若不等式$2b_n+8>(-1)^n k(a_n+1)$对于所有正整数n都成立,求实数k的取值范围。

下列四个函数中，以 π 为最小正周期，且在区间 $\left(\frac{\pi}{2},\pi\right)$ 上为减函数的是(　　)

A. $y=\cos^2x$　　　　B. $y=2|\sin x|$

C. $y=\left(\frac{1}{3}\right)^{\cos x}$　　　　D. $y=-\cot x$

已知 O 为 $\triangle ABC$ 的外接圆的圆心，$|\overrightarrow{AB}|=3$，$|\overrightarrow{AC}|=5$，则 $\overrightarrow{AO}\cdot\overrightarrow{BC}=$(　　)

A. 2　　B. 4　　C. 8　　D. 16

某校高三(1)班在一次单元测试中，每位同学的考试分数都在区间[100,128]内，将该班所有同学的考试分数分为七组：[100,104)，[104,108)，[108,112)，[112,116)，[116,120)，[120,124)，[124,128]，绘制出频率分布直方图如图所示，已知分数低于112分的同学有18人，则分数不低于120分的人数为(　　)

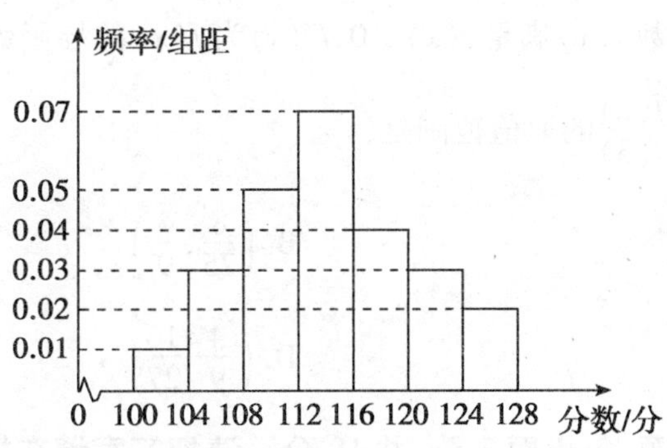

A. 10　　B. 12　　C. 20　　D. 40

祖暅原理："幂势既同，则积不容异。""幂"是截面积，"势"是几何体的高，意思是两个同高的几何体，如在等高处截面的面积恒相等，则体积相等。已知某不规则几何体与如图所示的几何体满足"幂势同"，则该不规则几何体的体积为(　　)

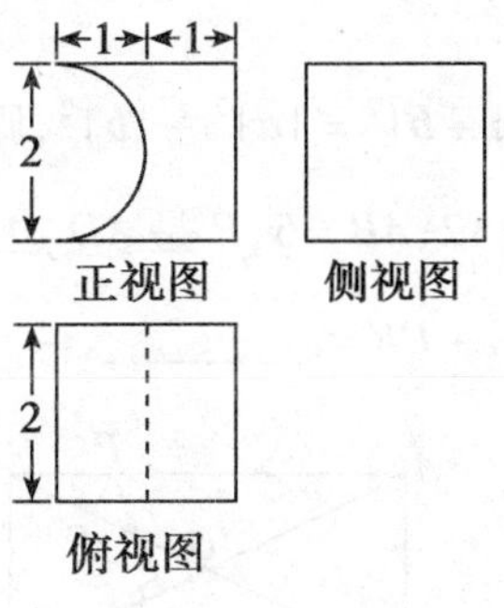

A. $8-\pi$　　　　B. $8-2\pi$

C. $4-\frac{\pi}{2}$　　　　D. $8-\frac{4\pi}{3}$

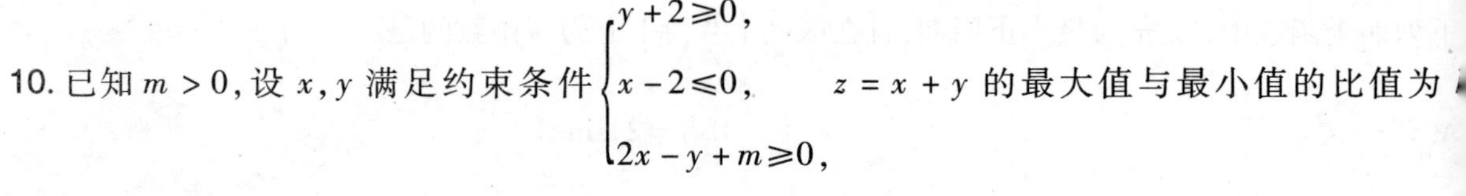

10. 已知 $m>0$，设 x,y 满足约束条件 $\begin{cases} y+2\geqslant 0, \\ x-2\leqslant 0, \\ 2x-y+m\geqslant 0, \end{cases}$ $z=x+y$ 的最大值与最小值的比值为

则(　　)

A. k 为定值 -1　　　　B. k 不是定值，且 $k<-2$

C. k 为定值 -2　　　　D. k 不是定值，且 $-2<k<-1$

11. 中心在原点，焦点在 x 轴上的双曲线 C 的离心率为 e，直线 l 与双曲线 C 交于 A,B 两点，线段

的中点 M 在第一象限且在抛物线 $y^2=2px(p>0)$ 上，M 到抛物线焦点的距离为 p，则 l 的斜

为(　　)

A. $\dfrac{e^2-1}{2}$　　B. e^2-1　　C. $\dfrac{e^2+1}{2}$　　D. e^2+1

12. 定义在 $(0,+\infty)$ 上的函数 $f(x)$ 满足 $f(x)>0$，$f'(x)$ 为 $f(x)$ 的导函数，且 $2f(x)<xf'(x)<3f(x$

$x\in(0,+\infty)$ 恒成立，则 $\dfrac{f(2)}{f(3)}$ 的取值范围是(　　)

A. $\left(\dfrac{4}{27},\dfrac{4}{9}\right)$　　　　B. $\left(\dfrac{8}{25},\dfrac{4}{9}\right)$

C. $\left(\dfrac{8}{27},\dfrac{4}{9}\right)$　　　　D. $\left(\dfrac{4}{9},\dfrac{16}{27}\right)$

二、填空题(本大题共 6 小题，每小题 3 分，共 18 分。请把答案填在横线上)

13. 为了了解某校不同年级的学生对“执行垃圾分类”的看法，拟采用分层抽样的方法，从该校三年级的学生中抽取一个容量为 320 的样本进行调查。已知该校高一年级、高二年级、高三年级人数之比为 6∶5∶5。则应从高一年级的学生中抽取________名。

14. $\lim\limits_{x\to 0}\dfrac{(1+x)^{\frac{1}{x}}-\mathrm{e}}{x}=$____________。

15. 设向量 $\boldsymbol{a}=(m,1)$，$\boldsymbol{b}=(1,2)$，且 $|\boldsymbol{a}+\boldsymbol{b}|^2=|\boldsymbol{a}|^2+|\boldsymbol{b}|^2$，则 $m=$________。

16. 在矩形 $ABCD$ 中，已知两邻边 $AD=12$，$AB=5$，P 是 AD 边上异于 A 和 D 的任意一点，且 $PE\perp B$

$PF\perp AC$，E,F 分别是垂足，那么 $PE+PF=$________。

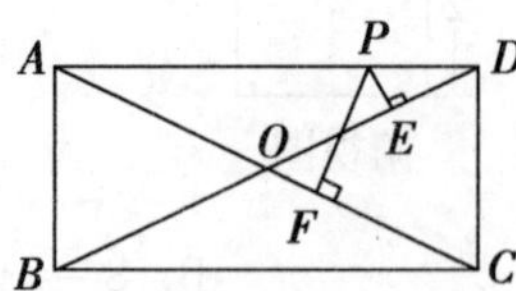

17. $\int_0^a\sqrt{a^2-x^2}\,\mathrm{d}x(a>0)=$________。

. 已知椭圆 $C:\frac{x^2}{a^2}+\frac{y^2}{b^2}=1(a>b>0)$ 的离心率为 $\frac{\sqrt{3}}{2}$，$A(a,0)$，$B(0,b)$，$O(0,0)$，$\triangle AOB$ 的面积为 1。

(1)求椭圆 C 的方程；

(2)设 P 为椭圆 C 上一点，直线 PA 与 y 轴交于点 M，直线 PB 与 x 轴交于点 N，求证：$|AN|\cdot|BM|$ 为定值。

22. 已知等差数列 $\{a_n\}$ 的前 n 项和为 S_n，且 $a_3=7,S_3=15$；又已知数列 $\{b_n\}$ 中 $b_1=1,b_2=3$，前 n 项和为 T_n，且 $T_{n+1}+3T_{n-1}=4T_n$。

(1)求 $\{a_n\}$ 的通项 a_n；

(2)求证：$\{b_n\}$ 是等比数列；

(3)求数列 $\{a_n\cdot b_n\}$ 的前 n 项和。

已知 m,n 是两条不同直线，α,β 是两个不同平面，给出下面四个命题：

①若 $m\perp\alpha,n\perp\beta,m\perp n$，则 $\alpha\perp\beta$； ②若 $m\parallel\alpha,n\parallel\beta,m\perp n$，则 $\alpha\parallel\beta$；

③若 $m\perp\alpha,n\parallel\beta,m\perp n$，则 $\alpha\parallel\beta$； ④若 $m\perp\alpha,n\parallel\beta,\alpha\parallel\beta$，则 $m\perp n$。

其中真命题有（　　）

A. ①④　　B. ②④

C. ①③　　D. ③④

数列 $\{a_n\}$ 中的项按顺序可以排列成如图的形式，第一行 1 项，排 a_1；第二行 2 项，从左到右分别排 a_2,a_3；第三行 3 项……以此类推。设数列 $\{a_n\}$ 的前 n 项和为 S_n，则满足 $S_n>2000$ 的最小正整数 n 的值为（　　）

$$4$$

$$4,4\times3$$

$$4,4\times3,4\times3^2$$

$$4,4\times3,4\times3^2,4\times3^3$$

$$\cdots$$

A. 27　　B. 26　　C. 21　　D. 20

已知 $f(x)=\begin{cases}e^x,x\leqslant0,\\-2x^2+ax,x>0,\end{cases}$ $g(x)=1-f(x)$，若 $y=f(x)-g(x)$ 恰有 3 个零点，则实数 a 的取值范围为（　　）

A. $(-2,2)$　　B. $\left(-2,-\dfrac{1}{2}\right)$

C. $(2,+\infty)$　　D. $(4,+\infty)$

设 $\ln x=\dfrac{\ln^2\sin\alpha}{\ln b}$，$\ln y=\dfrac{\ln^2\cos\alpha}{\ln b}$，$\ln z=\dfrac{\ln^2\sin\alpha\cos\alpha}{\ln b}$，若 $\alpha\in\left(\dfrac{\pi}{4},\dfrac{\pi}{2}\right)$，$b\in(0,1)$，则 x,y,z 的大小关系为（　　）

A. $x>y>z$　　B. $y>x>z$

C. $z>x>y$　　D. $x>z>y$

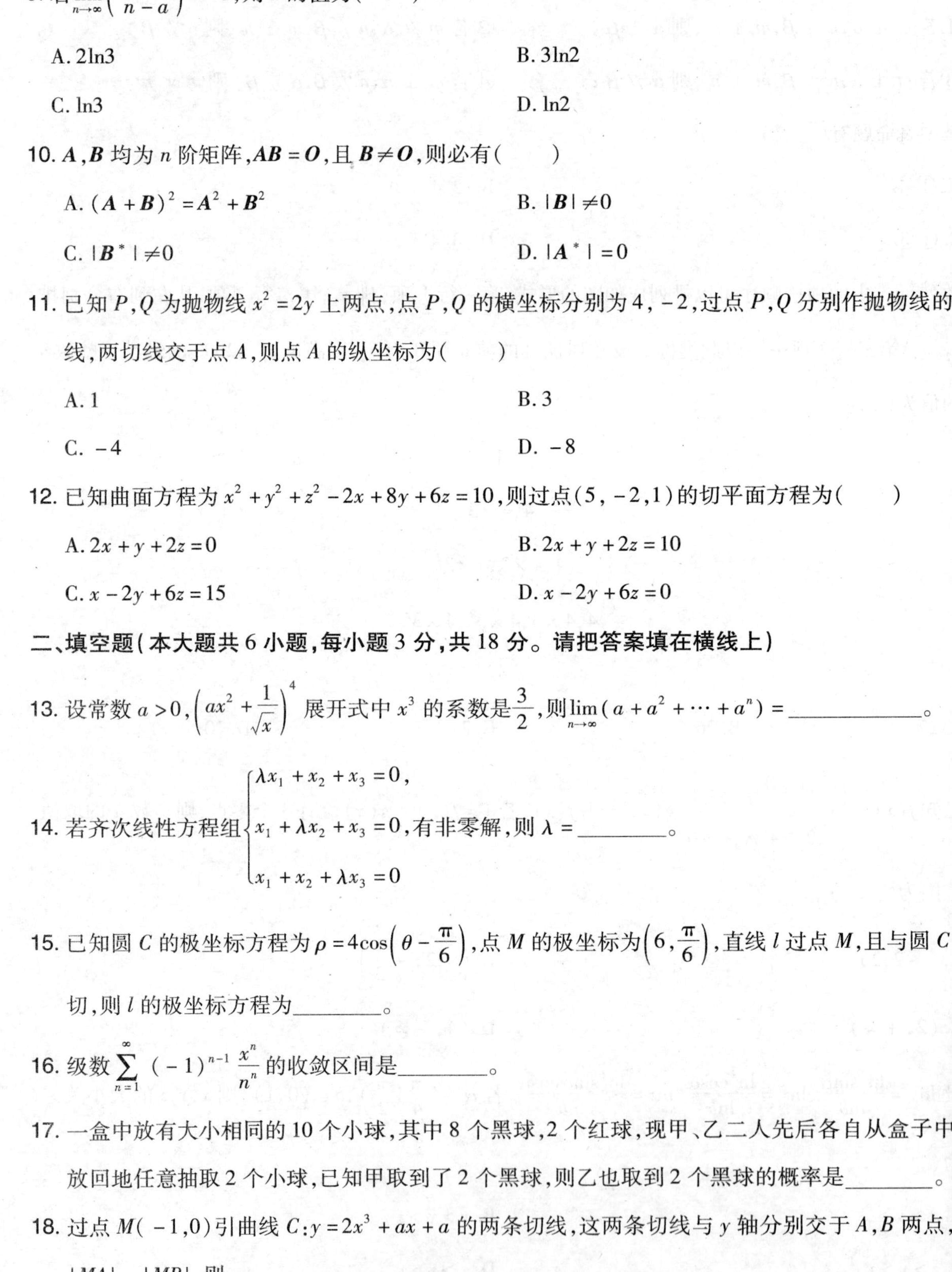

9. 若$\lim\limits_{n\to\infty}\left(\dfrac{n+2a}{n-a}\right)^{\frac{n}{3}}=8$,则 a 的值为(　　)

A. 2ln3　　　　B. 3ln2

C. ln3　　　　D. ln2

10. $\boldsymbol{A},\boldsymbol{B}$ 均为 n 阶矩阵,$\boldsymbol{AB}=\boldsymbol{O}$,且 $\boldsymbol{B}\neq\boldsymbol{O}$,则必有(　　)

A. $(\boldsymbol{A}+\boldsymbol{B})^2=\boldsymbol{A}^2+\boldsymbol{B}^2$　　　　B. $|\boldsymbol{B}|\neq 0$

C. $|\boldsymbol{B}^*|\neq 0$　　　　D. $|\boldsymbol{A}^*|=0$

11. 已知 P,Q 为抛物线 $x^2=2y$ 上两点,点 P,Q 的横坐标分别为 4, −2,过点 P,Q 分别作抛物线的切线,两切线交于点 A,则点 A 的纵坐标为(　　)

A. 1　　　　B. 3

C. −4　　　　D. −8

12. 已知曲面方程为 $x^2+y^2+z^2-2x+8y+6z=10$,则过点(5, −2,1)的切平面方程为(　　)

A. $2x+y+2z=0$　　　　B. $2x+y+2z=10$

C. $x-2y+6z=15$　　　　D. $x-2y+6z=0$

二、填空题(本大题共 6 小题,每小题 3 分,共 18 分。请把答案填在横线上)

13. 设常数 $a>0$,$\left(ax^2+\dfrac{1}{\sqrt{x}}\right)^4$ 展开式中 x^3 的系数是$\dfrac{3}{2}$,则$\lim\limits_{n\to\infty}(a+a^2+\cdots+a^n)=$__________。

14. 若齐次线性方程组$\begin{cases}\lambda x_1+x_2+x_3=0,\\ x_1+\lambda x_2+x_3=0,\\ x_1+x_2+\lambda x_3=0\end{cases}$有非零解,则 $\lambda=$________。

15. 已知圆 C 的极坐标方程为 $\rho=4\cos\left(\theta-\dfrac{\pi}{6}\right)$,点 M 的极坐标为$\left(6,\dfrac{\pi}{6}\right)$,直线 l 过点 M,且与圆 C 切,则 l 的极坐标方程为________。

16. 级数 $\sum\limits_{n=1}^{\infty}(-1)^{n-1}\dfrac{x^n}{n^n}$ 的收敛区间是________。

17. 一盒中放有大小相同的 10 个小球,其中 8 个黑球,2 个红球,现甲、乙二人先后各自从盒子中放回地任意抽取 2 个小球,已知甲取到了 2 个黑球,则乙也取到 2 个黑球的概率是________。

18. 过点 $M(-1,0)$引曲线 $C:y=2x^3+ax+a$ 的两条切线,这两条切线与 y 轴分别交于 A,B 两点,$|MA|=|MB|$,则 $a=$________。

. 已知袋中装有黑色球和白色球共 7 个,从中任取 2 个球都是白色的概率为$\frac{1}{7}$。现有甲、乙两人从袋中轮流摸出 1 个球,甲先摸,乙后摸,然后甲再摸,……,摸后均不放回,直到有一人摸到白色球后终止。每个球在每一次被摸出的机会都是等可能的,用 X 表示摸球终止时所需摸球的次数。

(1)求随机变量 X 的分布列和数学期望 $E(X)$;

(2)求甲摸到白色球的概率。

22. 已知点 $F(-1,0)$，直线 $l:x=-4$，P 为平面内的动点，过点 P 作直线 l 的垂线，垂足为 M，$\left(\overrightarrow{PF}-\frac{1}{2}\overrightarrow{PM}\right)\cdot\left(\overrightarrow{PF}+\frac{1}{2}\overrightarrow{PM}\right)=0$。

(1)求动点 P 的轨迹 C 的方程；

(2)过点 F 作直线 l_1（与 x 轴不重合）交轨迹 C 于 A,B 两点，求 $\triangle OAB$ 面积的取值范围。（O 为坐标原点）

已知函数$f(x)=\begin{cases}\log_2(4+x), -4<x\leqslant 0,\\ f(x-1)+1, x>0,\end{cases}$则$f(4)=($　　$)$

A. 4　　B. 5　　C. 6　　D. 7

甲罐中有 5 个红球、2 个白球和 3 个黑球,乙罐中有 6 个红球、2 个白球和 2 个黑球,先从甲罐中随机取出一个球放入乙罐,分别以 A_1,A_2,A_3表示由甲罐取出的球是红球、白球和黑球的事件,再从乙罐中随机取出一个球,以 B 表示由乙罐取出的球是红球的事件,下列结论中不正确的是(　　)

A. 事件 B 与事件 A_1 不相互独立

B. A_1,A_2,A_3 是两两互斥的事件

C. $P(B)=\dfrac{3}{5}$

D. $P(B|A_1)=\dfrac{7}{11}$

设$f(x)=x^3$,则$f[\ln(3x)]$的导数等于(　　)

A. $\dfrac{3\ln^2(3x)}{x}$

B. $3\ln^2(3x)$

C. $\dfrac{\ln^2(3x)}{x}$

D. $3\ln(3x)$

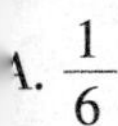

如图,在等腰直角三角形 ABC 中,$AB=1$,$\angle A=90°$,点 E 为腰 AC 的中点,点 F 在底边 BC 上,且 $FE\perp BE$,则$\triangle CEF$ 的面积为(　　)

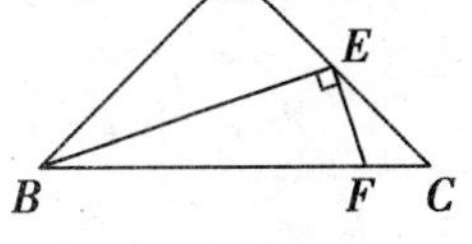

A. $\dfrac{1}{6}$

B. $\dfrac{1}{10}$

C. $\dfrac{7}{8}$

D. $\dfrac{1}{24}$

已知抛物线 $y^2=2px(p>0)$,F 为抛物线的焦点,且 MN 为过焦点的弦,若$|OF|=1$,$|MN|=8$,则$\triangle OMN$ 的面积为(　　)

A. $2\sqrt{2}$　　B. $3\sqrt{2}$　　C. $4\sqrt{2}$　　D. $\dfrac{3\sqrt{2}}{2}$

过坐标轴上一点 $M(x_0,0)$ 作圆 $C:x^2+\left(y-\dfrac{1}{2}\right)^2=1$ 的两条切线,切点分别为 A,B。若$|AB|\geqslant\sqrt{2}$,则 x_0的取值范围是(　　)

A. $\left(-\infty,-\dfrac{\sqrt{5}}{2}\right]\cup\left[\dfrac{\sqrt{5}}{2},+\infty\right)$

B. $(-\infty,-\sqrt{3}]\cup[\sqrt{3},+\infty)$

C. $\left(-\infty,-\dfrac{\sqrt{7}}{2}\right]\cup\left[\dfrac{\sqrt{7}}{2},+\infty\right)$

D. $(-\infty,-2]\cup[2,+\infty)$

已知四边形 $ABCD$ 的对角线相交于一点,$\overrightarrow{AC}=(1,\sqrt{3})$,$\overrightarrow{BD}=(-\sqrt{3},1)$,则$\overrightarrow{AB}\cdot\overrightarrow{CD}$的最小值是(　　)

A. 2

B. 4

C. -2

D. -4

12. 一个几何体的三视图如图所示(单位:cm),则该几何体的体积是(　　)

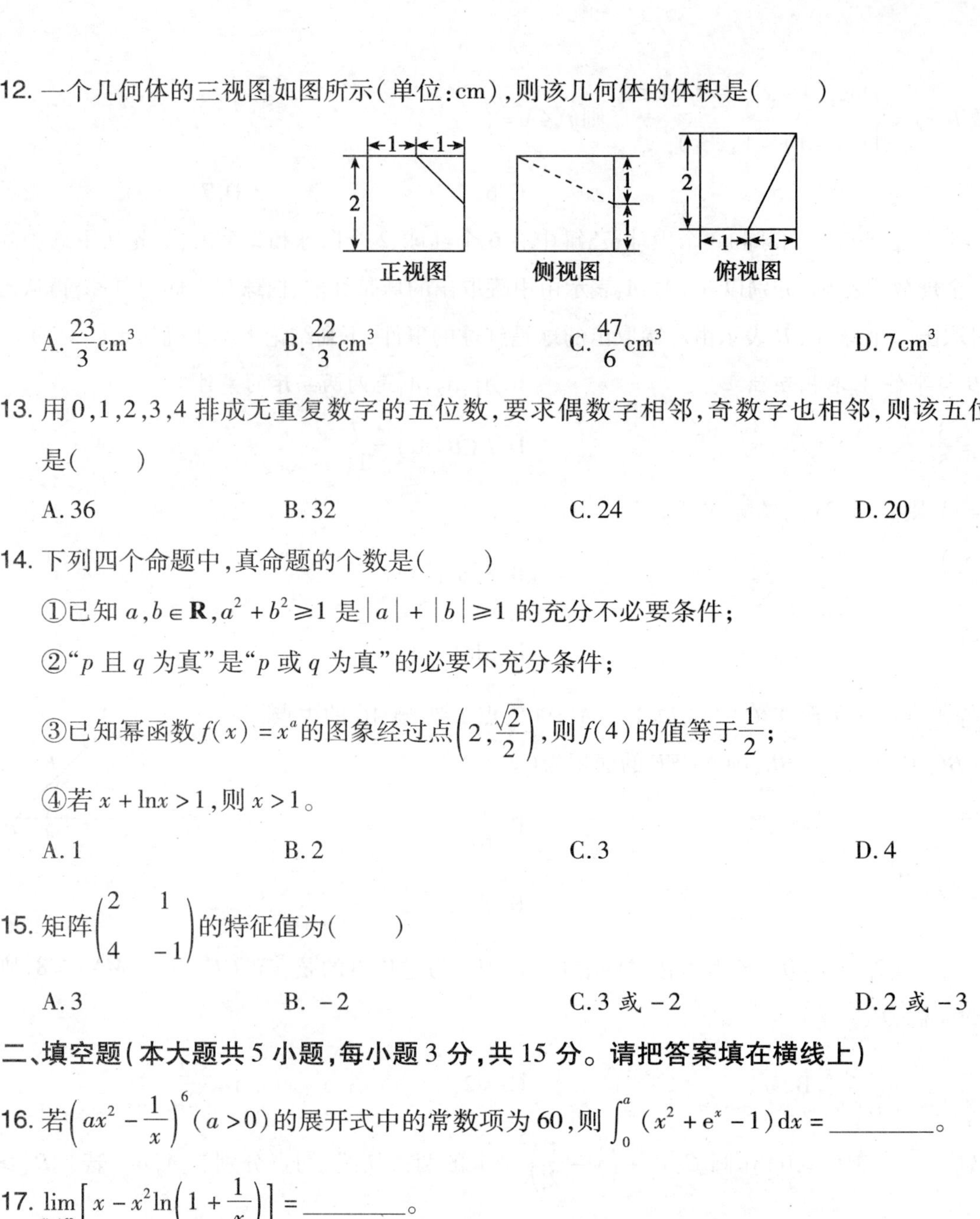

A. $\frac{23}{3}\text{cm}^3$　　B. $\frac{22}{3}\text{cm}^3$　　C. $\frac{47}{6}\text{cm}^3$　　D. 7cm^3

13. 用0,1,2,3,4 排成无重复数字的五位数,要求偶数字相邻,奇数字也相邻,则该五位数的个是(　　)

A. 36　　B. 32　　C. 24　　D. 20

14. 下列四个命题中,真命题的个数是(　　)

①已知 $a,b\in\mathbf{R}$,$a^2+b^2\geqslant1$ 是 $|a|+|b|\geqslant1$ 的充分不必要条件;

②"p 且 q 为真"是"p 或 q 为真"的必要不充分条件;

③已知幂函数 $f(x)=x^a$ 的图象经过点 $\left(2,\frac{\sqrt{2}}{2}\right)$,则 $f(4)$ 的值等于 $\frac{1}{2}$;

④若 $x+\ln x>1$,则 $x>1$。

A. 1　　B. 2　　C. 3　　D. 4

15. 矩阵 $\begin{pmatrix}2 & 1\\4 & -1\end{pmatrix}$ 的特征值为(　　)

A. 3　　B. -2　　C. 3 或 -2　　D. 2 或 -3

二、填空题(本大题共 5 小题,每小题 3 分,共 15 分。请把答案填在横线上)

16. 若 $\left(ax^2-\frac{1}{x}\right)^6$ $(a>0)$ 的展开式中的常数项为 60,则 $\int_0^a(x^2+e^x-1)\,dx=$ ________。

17. $\lim\limits_{x\to\infty}\left[x-x^2\ln\left(1+\frac{1}{x}\right)\right]=$ ________。

18. 已知某产品的销售额 y(万元)与该产品的广告费用 x(万元)的统计数据如下:

广告费用 x(万元)	1	2	3	4	5
销售额 y(万元)	50	52	56	62	70

根据上表可得回归直线方程为 $\hat{y}=\hat{b}x+\hat{a}$,经计算可知 $\hat{b}=5$,则当广告费用为 6 万元时,预测

额为________万元。

19. 用 $g(n)$ 表示自然数 n 的所有因数中最大的那个奇数,例如:9 的因数有 1,3,9,$g(9)=9$,10

数 1,2,5,10,$g(10)=5$,那么 $g(1)+g(2)+g(3)+\cdots+g(2^{2015}-1)=$ ________。

如图,已知椭圆$\frac{x^2}{a^2}+\frac{y^2}{b^2}=1(a>b>0)$的离心率为$\frac{\sqrt{2}}{2}$,以该椭圆上的任意一点和椭圆的左右焦点$F_1,F_2$为顶点的三角形的周长为$4(\sqrt{2}+1)$。一等轴双曲线的顶点是该椭圆的焦点,设$P$为该双曲线上异于顶点的任一点,直线$PF_1$和$PF_2$与椭圆的交点分别为$A,B$和$C,D$。

(1)求椭圆和双曲线的标准方程;

(2)设直线PF_1,PF_2的斜率分别为k_1,k_2,证明:$k_1\cdot k_2=1$。

(3)是否存在常数λ,使得$|AB|+|CD|=\lambda|AB|\cdot|CD|$恒成立?若存在,求$\lambda$的值;若不存在,请说明理由。

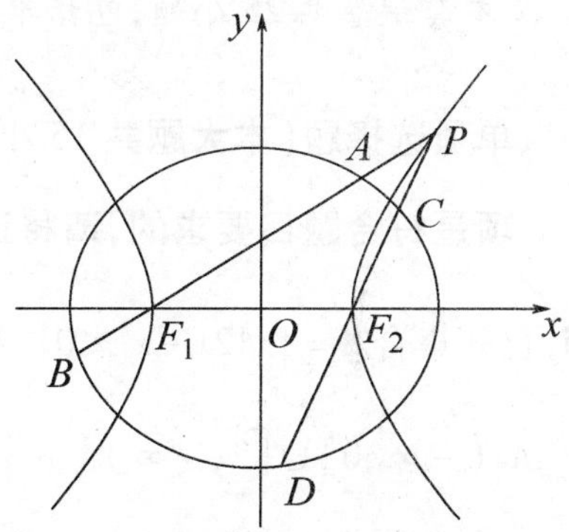

已知函数$f(x)=x-1-a\ln x$。

(1)若$f(x)\geqslant 0$在$(0,+\infty)$上恒成立,求a的值;

(2)设m为整数,且对于任意正整数n,$\left(1+\frac{1}{2}\right)\left(1+\frac{1}{2^2}\right)\cdots\left(1+\frac{1}{2^n}\right)<m$,求$m$的最小值。

绝密★启用前　　　　姓名＿＿＿＿　准考证号＿＿＿＿

教师招聘考试最后冲刺试卷（七）

中学数学

（时间：120 分钟　总分：100 分）

本套试卷共 25 小题，包括单项选择题（15 小题），填空题（5 小题），解答题（5 小题）。

一、单项选择题（本大题共 15 小题，每小题 3 分，共 45 分。在每小题给出的四个选项中，恰有一项是符合题目要求的，请将正确选项的代号填入题后括号内）

1. 已知集合 $A=\{x|2x-x^2\leqslant 0\}$，$B=\left\{x|\frac{x-2}{x-1}\leqslant 0\right\}$，则 $(\complement_{\mathbf{R}}B)\cap A=$（　　）

A. $(-\infty,0]\cup[2,+\infty)$　　B. $[0,1]$

C. $(-\infty,0]\cup(2,+\infty)$　　D. $(-\infty,1]\cup[2,+\infty)$

2. 若复数满足 $(3+\mathrm{i})\cdot z=|1+3\mathrm{i}|$，则 z 的虚部为（　　）

A. $\frac{\sqrt{10}}{10}$　　B. $-\frac{\sqrt{10}}{10}$

C. $\frac{\sqrt{10}}{10}\mathrm{i}$　　D. $-\frac{\sqrt{10}}{10}\mathrm{i}$

3. 已知 m,n 是两条不同直线，α,β,γ 是三个不同平面，下列命题中正确的是（　　）

A. 若 $m/\!/\alpha,n/\!/\alpha$，则 $m/\!/n$　　B. 若 $\alpha\perp\gamma,\beta\perp\gamma$，则 $\alpha/\!/\beta$

C. 若 $m/\!/\beta,n/\!/\beta$，则 $\alpha/\!/\beta$　　D. 若 $m\perp\alpha,n\perp\alpha$，则 $m/\!/n$

4. 已知 $p:|2x-1|\leqslant 5$，$q:x^2-4x+4-9m^2\leqslant 0(m>0)$，若 $\neg p$ 是 $\neg q$ 的充分不必要条件，则实数 m 取值范围是（　　）

A. $\left(0,\frac{1}{3}\right]$　　B. $\left(0,\frac{1}{3}\right)$

C. $\left(0,\frac{4}{3}\right]$　　D. $\left(0,\frac{4}{3}\right)$

5. 设向量 $\boldsymbol{a}=(1,2)$，$\boldsymbol{b}=(-3,5)$，$\boldsymbol{c}=(4,x)$，若 $\boldsymbol{a}+\boldsymbol{b}=\lambda\boldsymbol{c}(\lambda\in\mathbf{R})$，则 $\lambda+x$ 的值为（　　）

A. $-\frac{11}{2}$　　B. $\frac{11}{2}$　　C. $-\frac{29}{2}$　　D. $\frac{29}{2}$

设 $m>1$,当实数 x,y 满足不等式组 $\begin{cases}y\geqslant x,\\ y\leqslant 2x,\\ x+y\leqslant 1\end{cases}$ 时,目标函数 $z=x+my$ 的最大值等于 2,则 m 的值是________。

若 $(1+x)(1-2x)^7=a_0+a_1x+a_2x^2+\cdots+a_8x^8$,则 $a_1+a_2+\cdots+a_7=$________。

解答题(本大题共 5 小题,每小题 8 分,共 40 分。解答应写明文字说明和运算步骤)

在 $\triangle ABC$ 中,内角 A,B,C 所对的边长分别为 a,b,c,且满足 $\dfrac{2\tan B}{\tan A+\tan B}=\dfrac{b}{c}$。

(1)求角 A;

(2)若 $a=\sqrt{13}$,$b=3$,求 $\triangle ABC$ 的面积。

22. 已知数列 $\{a_n\}$ 满足 $a_1=1$, $a_{n+1}=3a_n+1$ 。

(1)证明数列 $\left\{a_n+\frac{1}{2}\right\}$ 是等比数列,并求数列 $\{a_n\}$ 的通项公式;

(2)证明 $\frac{1}{a_1}+\frac{1}{a_2}+\cdots+\frac{1}{a_n}<\frac{3}{2}$ 。

23. 某公司为确定下一年度投入某种产品的宣传费,需了解年宣传费 x(单位:千元)对年销售量y(

位:t)和年利润 z(单位:千元)的影响。对近 8 年的年宣传费 x_i和年销售量 $y_i(i=1,2,\cdots,8)$数

作了初步处理,得到下面的散点图及一些统计量的值。

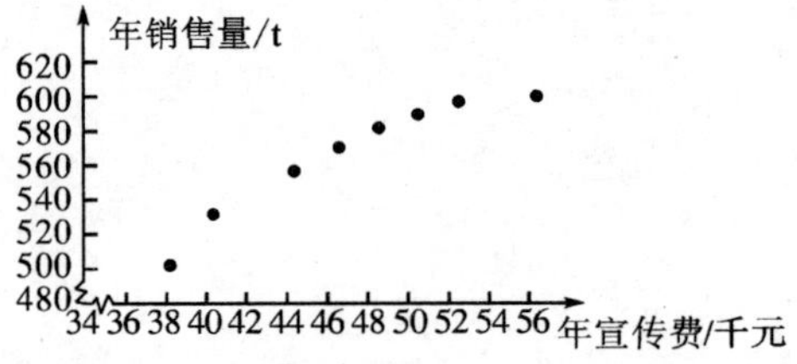

$\bar{x}$	$\bar{y}$	$\bar{\omega}$	$\sum_{i=1}^{8}(x_i-\bar{x})^2$	$\sum_{i=1}^{8}(\omega_i-\bar{\omega})^2$	$\sum_{i=1}^{8}(x_i-\bar{x})(y_i-\bar{y})$	$\sum_{i=1}^{8}(\omega_i-\bar{\omega})(y_i-\bar{y}$
46.6	563	6.8	289.8	1.6	1 469	108.8

其中 $\omega_i=\sqrt{x_i}$, $\bar{\omega}=\frac{1}{8}\sum_{i=1}^{8}\omega_i$ 。

已知函数$f(x)=-x+a\ln x(a\in\mathbf{R})$。

(1)讨论$f(x)$的单调性；

(2)设$g(x)=x^2-2x+2a$，若对任意$x_1\in(0,+\infty)$，都存在$x_2\in[0,1]$，使得$f(x_1)<g(x_2)$成立，求实数a的取值范围。

绝密★启用前　　　　　　　　　　　　　　　　　　姓名________　准考证号________

教师招聘考试最后冲刺试卷(八)

中学数学

(时间:120 分钟　总分:100 分)

本套试卷共25 小题,包括单项选择题(15 小题),填空题(5 小题),解答题(5 小题)。

一、单项选择题(本大题共15 小题,每小题3 分,共45 分。在每小题给出的四个选项中,恰有一项是符合题目要求的,请将正确选项的代号填入题后括号内)

1. 设 z_1,z_2 是两个复数,下列命题中的真命题是(　　)

A. $z_1=1+2i,z_2=3+4i$,则 $z_1<z_2$

B. 若 $z_1>0$,则 z_1 是实数

C. 若 $|z_1-1|=1$,则复数 z_1 对应的点的轨迹为直线

D. $z_1^2=|z_1|^2$

2. 已知点 P 在曲线 $y=\dfrac{4}{e^x+1}$ 上,α 为曲线在点 P 处的切线的倾斜角,则 α 的取值范围是(　　)

A. $\left[\dfrac{3\pi}{4},\pi\right)$　　B. $\left(\dfrac{\pi}{2},\dfrac{3\pi}{4}\right]$　　C. $\left[\dfrac{\pi}{4},\dfrac{\pi}{2}\right)$　　D. $\left[0,\dfrac{\pi}{4}\right)$

3. 函数 $f(x)=\dfrac{x^3}{e^x-e^{-x}}$ 的图象可能是(　　)

A

B

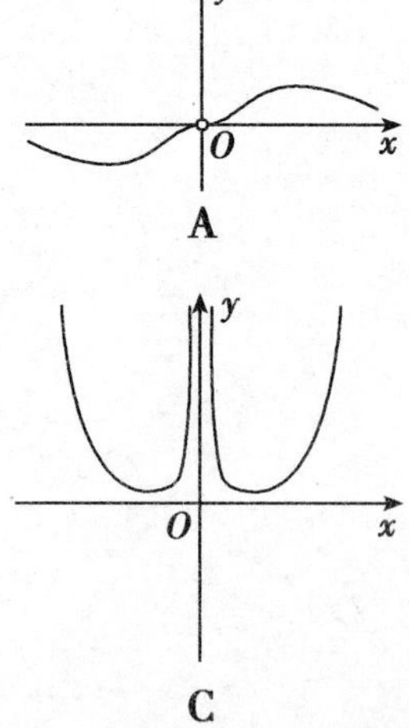

C

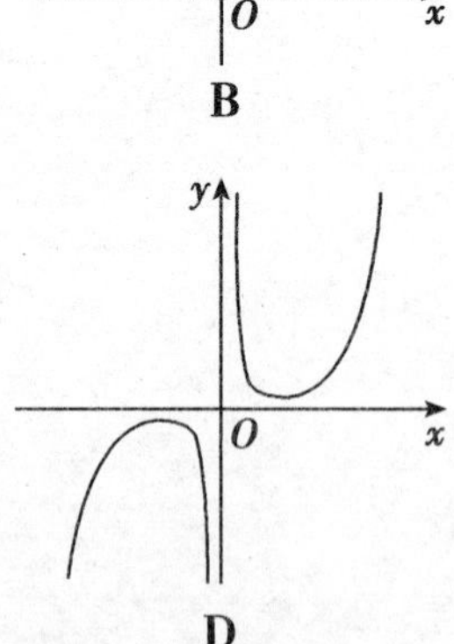

D

解答题(本大题共 5 小题,每小题 8 分,共 40 分。解答应写明文字说明和运算步骤)

"绿水青山就是金山银山"的理念越来越深入人心,据此,某网站调查了人们对生态文明建设的关注情况,调查数据表明,参与调查的人员中关注生态文明建设的约占 80%。现从参与调查的关注生态文明建设的人员中随机选出 200 人,并将这 200 人按年龄(单位:岁)分组:第 1 组[15,25),第 2 组[25,35),第 3 组[35,45),第 4 组[45,55),第 5 组[55,65],得到的频率分布直方图如图所示。

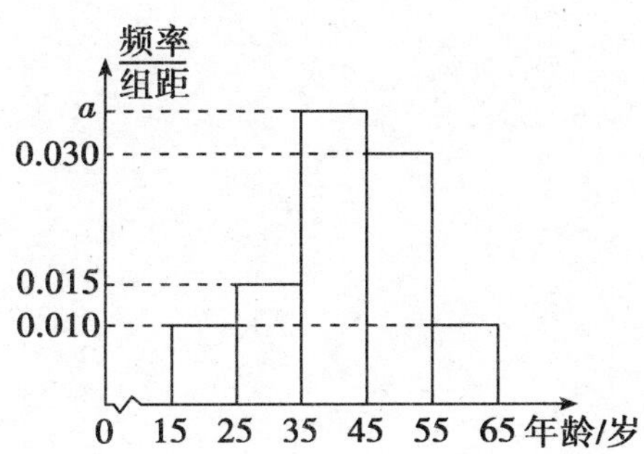

(1)求这 200 人的平均年龄(每一组用该组区间的中点值作为代表)和年龄的中位数(保留一位小数);

(2)现在要从年龄在第 1,2 组的人员中用分层抽样的方法抽取 5 人,再从这 5 人中随机抽取 3 人进行问卷调查,求抽取的 3 人中恰有 2 人的年龄在第 2 组中的概率;

(3)若从所有参与调查的人(人数很多)中任意选出 3 人,设这 3 人中关注生态文明建设的人数为 X,求随机变量 X 的分布列与数学期望。

22. 已知动圆过点 $M(2,0)$，且被 y 轴截得的线段长为 4，记动圆圆心的轨迹为曲线 C。

(1)求曲线 C 的方程；

(2) x 轴上是否存在一定点 P，使得对于曲线 C 上的任意两点 A 和 B，当 $\overrightarrow{AM}=\lambda\overrightarrow{MB}(\lambda\in\mathbf{R})$ 时，$\triangle PAM$ 和 $\triangle PBM$ 的面积之比等于 $\frac{|PA|}{|PB|}$？若存在，求点 P 的坐标，否则说明理由。

23. 已知函数 $f(x)=x-a^2\ln x(a>0)$。

(1)讨论函数 $f(x)$ 在 $(a,+\infty)$ 上的单调性；

(2)证明：$x^3-x^2\ln x\geqslant x^2$ 且 $2x^3-x^2\ln x-16x+20>0$。

知双曲线$\frac{x^2}{8}-\frac{y^2}{24}=1$的准线过椭圆$\frac{x^2}{8}+\frac{y^2}{b^2}=1$的焦点，则直线$y=kx+3$与椭圆至少有一个交点充要条件为(　　)

$k\in\left(-\infty,-\frac{\sqrt{6}}{4}\right]\cup\left[\frac{\sqrt{6}}{4},+\infty\right)$　　B. $k\in\left[-\frac{\sqrt{6}}{4},\frac{\sqrt{6}}{4}\right]$

$k\in\left(-\infty,-\frac{2}{3}\right]\cup\left[\frac{2}{3},+\infty\right)$　　D. $k\in\left[-\frac{2}{3},\frac{2}{3}\right]$

义务教育数学课程标准》(2011年版)在课程目标中将总目标分为四个方面具体阐述，下列不属"知识技能"方面的是(　　)

经历数与代数的抽象、运算与建模等过程，掌握数与代数的基础知识和基本技能

经历在实际问题中收集和处理数据、利用数据分析问题、获取信息的过程，掌握统计与概率的基础知识和基本技能

参与综合实践活动，积累综合运用数学知识、技能和方法等解决简单问题的数学活动经验

在参与观察、实验、猜想、证明、综合实践等数学活动中，发展合情推理和演绎推理能力，清晰地表达自己的想法

学学科核心素养是数学课程目标的集中体现，其中(　　)主要表现为：获得数学概念和规则，出数学命题和模型，形成数学方法与思想，认识数学结构与体系。

数学建模　　B. 数学抽象　　C. 逻辑推理　　D. 直观想象

以下哪一项不属于《普通高中数学课程标准》(2017年版2020年修订)的课程设计依据？(　　)

A. 依据高中数学课程理念，实现"人人都能获得良好的数学教育，不同的人在数学上得到不同的发展"，促进学生数学学科核心素养的形成和发展

B. 依据高中课程方案，借鉴国际经验，体现课程改革成果，调整课程结构，改进学业质量评价

C. 依据高中数学课程性质，体现课程的基础性、选择性和发展性，为全体学生提供全面的基础，为满足学生的不同志趣和发展提供丰富多样的课程

D. 依据数学学科特点，关注数学逻辑体系、内容主线、知识之间的关联，重视数学实践和数学文化

填空题(本大题共5小题，每小题4分，共20分。请把答案填在横线上)

某人射击一次击中目标的概率为0.6，经过3次射击，此人至少击中目标一次的概率为________。

已知向量$\boldsymbol{a},\boldsymbol{b}$满足$|\boldsymbol{a}|=1,\boldsymbol{b}=(2,1)$，且$\lambda\boldsymbol{a}+\boldsymbol{b}=\boldsymbol{0}(\lambda\in\mathbf{R})$，则$\lambda=$__________。

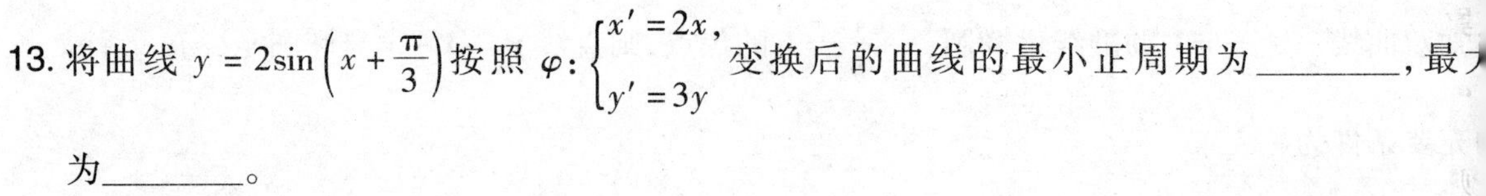

13. 将曲线 $y=2\sin\left(x+\frac{\pi}{3}\right)$ 按照 $\varphi:\begin{cases}x'=2x,\\y'=3y\end{cases}$ 变换后的曲线的最小正周期为________，最大

为________。

14. 计算定积分 $\int_0^1(x^3+2e^x)dx=$________。

15. 推理贯穿于数学教学的始终，推理能力的形成和提高需要一个长期的、循序渐进的过程。在第

学段中，应把________作为探索活动的自然延续和必要发展，使学生知道合情推理与演绎推理

相辅相成的两种推理形式。

三、解答题(本大题共 5 小题，每小题 8 分，共 40 分。解答应写明文字说明和运算步骤)

16. 已知函数 $f(x)=\frac{1}{2}\sin2x\sin\varphi+\cos^2x\cos\varphi-\frac{1}{2}\sin\left(\frac{\pi}{2}+\varphi\right)(0<\varphi<\pi)$，其图象过点 $\left(\frac{\pi}{6},\frac{1}{2}\right)$。

(1)求 φ 的值；

(2)将函数 $y=f(x)$ 的图象上各点的横坐标缩短到原来的 $\frac{1}{2}$，纵坐标不变，得到函数 $y=g(x)$

图象，求函数 $g(x)$ 在 $\left[0,\frac{\pi}{4}\right]$ 上的最大值和最小值。

案例分析题(本大题共 10 分)

“三角形内角和定理的证明”教学片段。

师:我们知道,三角形的内角和等于 180°,大家还记得这个结论的探索过程吗?

生 1:将三角形的两个内角撕下来,把它们与另外一个角拼成一个平角。

师:如果不实际移动角,还有什么办法来证明三角形的内角和等于 180°呢?

很快就有学生发言了。

生 2:过点 C 作射线 CE,使 $CE /\!/ BA$,这样,相当于把 $\angle A$ 移到 $\angle 1$ 的位置,把 $\angle B$ 移到 $\angle 2$ 的位置。

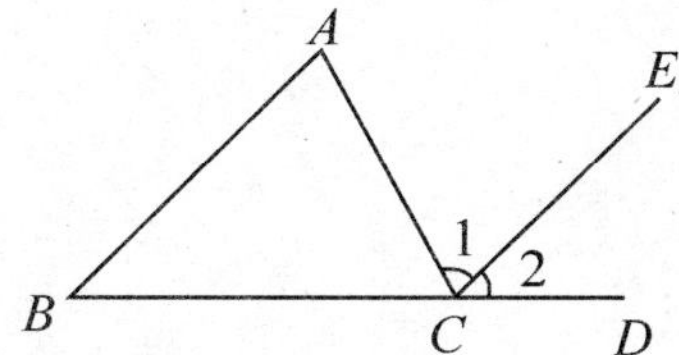

师:谁知道他的方法的依据是什么?

学生思考片刻,一位男生信心十足地站了起来。

生 3:他是利用平行线的性质和平角的定义。

下面还有几位学生嘀咕着:过点 A 或点 B 作平行线也可以。此时有的学生情绪不高,感到没有新鲜感,课堂气氛一下子沉闷了。

师:这位同学总结得很好,那么“搬”是唯一的方法吗?

学生纷纷拿起笔,在本子上画了起来,不一会儿交头接耳议论开了,一位学生发言了。

生 4:过点 A 作 $AH \perp BC$ 于点 H,$\because \angle 1 + \angle ABH = 90°$, $\angle 2 + \angle ACB = 90°$, $\therefore \angle ABC + \angle ACB + \angle BAC = 180°$。

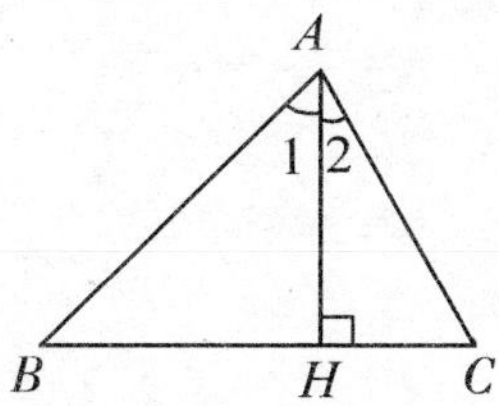

他的发言还没结束,很多只手就已经高高地举起来了。

师:他的证法有问题吗?

生 5:他用三角形内角和定理来证明三角形内角和的定理,这是不可行的。

师：刚才的证法虽然是错误的，但是他能想到把$\angle BAC$分成两个角，再进一步解决问题，与前面整个角的“搬”有很大区别，他这种敢于突破的想法值得大家学习啊。

问题：(1)分析上述教学片段，指出教学过程中教师的哪些行为值得肯定；

(2)如果你是教师，你将如何进行接下来的教学？

知$\triangle ABC$的外接圆的圆心为O,若$\overrightarrow{AB}+\overrightarrow{AC}=2\overrightarrow{AO}$,则$\triangle ABC$是(　　)

. 钝角三角形　　　　B. 锐角三角形

. 直角三角形　　　　D. 不能确定

数$f(x)=2ax^3+3x^2+2x+1$,若$\int_0^1 f(x)\mathrm{d}x=5$,则函数$f(x)$的拐点坐标是(　　)

. $(-1,5)$　　　　B. $\left(-\frac{1}{2},1\right)$

. $\left(-\frac{1}{4},\frac{5}{8}\right)$　　　　D. $\left(-\frac{1}{8},\frac{25}{32}\right)$

电台现录制好10首曲目,其中美声唱法2首,民族唱法4首,通俗唱法4首。拟分两期播出,每播放其中的5首,要求三种唱法每期都有,通俗唱法曲目不得相邻,且第一期的最后一首曲目必是美声唱法。则不同的编排方法有(　　)种。

. 40320　　　　B. 80640

. 35712　　　　D. 71424

知双曲线$C:\frac{x^2}{a^2}-\frac{y^2}{b^2}=1(a>0,b>0)$的左焦点为$F$,过点$F$作圆$O:x^2+y^2=\frac{1}{4}b^2$的切线,切点为,且交双曲线$C$右支于点$N$。若$\overrightarrow{FN}=2\overrightarrow{FM}$,则双曲线$C$的渐近线方程为(　　)

. $3x\pm y=0$　　　　B. $x\pm 3y=0$

. $2x\pm y=0$　　　　D. $x\pm 2y=0$

正四棱锥的顶点都在同一球面上,若该棱锥的高为4,底面边长为2,则该球的表面积为(　　)

A. $\frac{81\pi}{4}$　　　　B. 16π

C. 9π　　　　D. $\frac{27\pi}{4}$

在数列$\{a_n\}$中,$a_1=0$,$a_{n+1}=\frac{\sqrt{3}+a_n}{1-\sqrt{3}a_n}$,则$a_{2015}=$(　　)

A. $2\sqrt{3}$　　B. $\sqrt{3}$　　C. 0　　D. $-\sqrt{3}$

已知$f(x)$是定义域为$(-\infty,+\infty)$的奇函数,满足$f(1-x)=f(1+x)$。若$f(1)=2$,则$f(1)+f(2)+f(3)+\cdots+f(50)=$(　　)

A. -50　　B. 0　　C. 2　　D. 50

二、填空题(本大题共 6 小题,每小题 3 分,共 18 分。请把答案填在横线上)

13. 下表提供了某产品在一段时间内广告投入费用 x(万元)和销量 y(万件)的几组对应数据,根表中提供的数据,求出 y 关于 x 的线性回归方程为 $\hat{y}=0.6x+2.65$,那么表中 t 的值为________

x	2	3	4	5
y	3.5	t	5	5.5

14. 已知函数 $f(x)=\begin{cases}-x+1,x<0,\\x-1,x\geqslant 0,\end{cases}$ 那么不等式 $x+(x+1)f(x+1)\leqslant 1$ 的解集是________。

15. 已知等差数列 $\{a_n\}$ 的公差 d 是 2,前 n 项和为 S_n,则 $\lim\limits_{n\to\infty}\dfrac{a_n^2-n^2}{S_n}=$________。

16. 矩阵 $\begin{pmatrix}1&2&6\\0&3&5\\0&0&4\end{pmatrix}\begin{pmatrix}1&1&1\\-1&2&3\\0&3&4\end{pmatrix}$ 的秩为________。

17. 已知随机事件 A 和 B 互斥,且 $P(A\cup B)=0.7$,$P(B)=0.2$,则 $P(\bar{A})=$________。

18. 设 $f(x)=\begin{cases}\ln(1+ax)+b,x>0,\\e^{2x},x\leqslant 0,\end{cases}$ 且 $f'(0)$ 存在,则 $a=$________,$b=$________。

三、解答题(本大题共 5 小题,第 19 ~ 22 小题每小题 9 分,第 23 小题 10 分,共 46 分。解答应明文字说明和运算步骤)

19. 已知在 $\triangle ABC$ 中,角 A,B,C 的对边分别为 a,b,c,满足 $\sin^2A+\sin^2B-\sin^2C=-\sqrt{3}\sin A\sin B$。

(1)求角 C 的大小;

(2)若 $c=2$,求 $\sqrt{3}a+b$ 的取值范围。

知 $B(1,2)$ 是抛物线 $M:y^2=2px\ (p>0)$ 上一点，F 为 M 的焦点。

1)若 $A\left(\frac{1}{2},a\right)$，$C\left(\frac{5}{3},b\right)$ 是 M 上的两点，证明：$|FA|$，$|FB|$，$|FC|$ 依次成等比数列；

2)如图，过 B 作两条相互垂直的直线与 M 的另一个交点分别交于 P，Q（P 在 Q 的上方），求向

$\overrightarrow{QP}$ 在 y 轴正方向上的投影的取值范围。

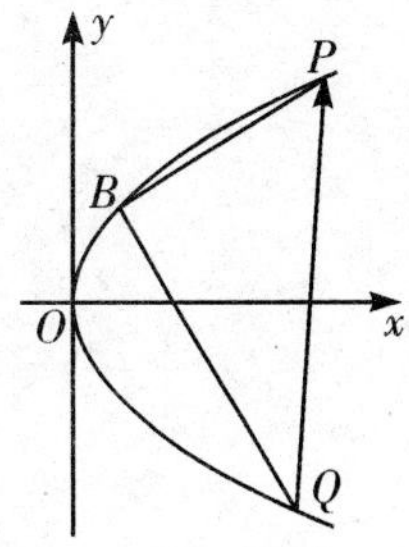

22. 已知函数$f(x)$的导函数$f'(x)$满足$(x+x\ln x)f'(x)>f(x)$对$x\in(1,+\infty)$恒成立。

(1)判断函数$g(x)=\dfrac{f(x)}{1+\ln x}$在$(1,+\infty)$上的单调性,并说明理由;

(2)若$f(x)=e^x+mx$,求m的取值范围。

知 $\cos\left(\alpha-\frac{\pi}{6}\right)+\sin\alpha=\frac{4\sqrt{3}}{5}$,则 $\sin\left(\alpha+\frac{7\pi}{6}\right)$的值是(　　)

$-\frac{2\sqrt{3}}{5}$　　B. $\frac{2\sqrt{3}}{5}$

$-\frac{4}{5}$　　D. $\frac{4}{5}$

函数 $f(x)=x+\frac{1}{x-2}\ (x>2)$ 在 $x=a$ 处取最小值,则 $a=$(　　)

$1+\sqrt{2}$　　B. $1+\sqrt{3}$

3　　D. 4

a,b 分别为先后抛掷一枚骰子得到的点数,则在先后两次出现的点数有 5 的条件下,方程 x^2+ $+b=0$ 有实数根的概率是(　　)

$\frac{7}{11}$　　B. $\frac{9}{11}$

$\frac{1}{8}$　　D. $\frac{7}{18}$

$-x-2y)^5$ 的展开式中不含 x 的项的系数和为(　　)

-1　　B. 1　　C. -3　　D. 3

数 $f(x)=\tan x-\frac{2}{2x-\pi}(-2\pi\leqslant x\leqslant 3\pi)$ 的所有零点之和等于(　　)

π　　B. 2π　　C. 3π　　D. 4π

$f(x)$为连续函数,且 $F(x)=\int_{\frac{1}{x}}^{\tan x}f(t)\mathrm{d}t$,则 $F'(x)=$(　　)

$\frac{1}{\cos^2x}f(\tan x)-\frac{1}{x^2}f\left(\frac{1}{x}\right)$　　B. $f(\tan x)+f\left(\frac{1}{x}\right)$

$\frac{1}{\cos^2x}f(\tan x)+\frac{1}{x^2}f\left(\frac{1}{x}\right)$　　D. $f(\tan x)-f\left(\frac{1}{x}\right)$

$f(x)=\begin{cases}2x^2\sin x, x>0,\\ ax+2b, x\leqslant 0\end{cases}$ 在 $x=0$ 处可导,则 a,b 满足(　　)

a 为任意常数,$b=0$　　B. a 为任意常数,$b=1$

$a=0,b=0$　　D. $a=1,b=1$

12. 已知椭圆$\frac{x^2}{a^2}+\frac{y^2}{b^2}=1(a>b>0)$的一个焦点是$F(1,0)$，若椭圆短轴的两个三等分点与一个

构成正三角形，则椭圆的方程为(　　)

A. $\frac{x^2}{4}+\frac{y^2}{3}=1$　　　　B. $\frac{x^2}{16}+\frac{y^2}{9}=1$

C. $\frac{x^2}{2}+\frac{4y^2}{3}=1$　　　　D. $\frac{x^2}{9}+\frac{y^2}{3}=1$

二、填空题(本大题共6小题，每小题3分，共18分。请把答案填在横线上)

13. 一条马路上有编号为1，2，…，9的九盏路灯，现为了节约用电，要将其中的三盏关掉，但不能

关掉相邻的两盏或三盏，则所有不同的关灯方法有________种。

14. $\lim\limits_{x\to 0}\frac{e^{x^2}-e^{2-2\cos x}}{x^4}=$________。

15. 已知$\boldsymbol{a}=(2,4,x)$，$\boldsymbol{b}=(2,y,2)$，若$|\boldsymbol{a}|=6$，且$\boldsymbol{a}\perp\boldsymbol{b}$，则$x+y$的值为________。

16. 已知函数$f(x)=e^x-mx+1$的图象为曲线C，若曲线C存在与直线$y=\frac{1}{2}x$垂直的切线，则

m的取值范围是________。

17. $\boldsymbol{A}=\begin{pmatrix}1&2&3\\2&2&1\\3&4&3\end{pmatrix}$的伴随矩阵为________。

18. 乌鸦喝水的故事家喻户晓，但是乌鸦真的能喝到水吗？事实并不一定，现在已知有一个正方

瓶子，一只聪明的乌鸦想喝到水，于是向瓶子里投大小、形状均相同的球形石子。如图所示

缘的石子与瓶子的内壁都相切，且整齐排列，若忽略石子内部渗进的水，不考虑乌鸦的嘴长

瓶子中的水不足瓶子容积的________时，乌鸦难以喝到水。

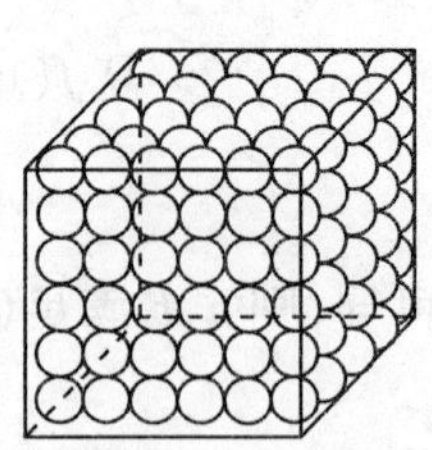

如图，在四棱锥 $P-ABCD$ 中，$AB\perp PC$，$AD/\!/BC$，$AD\perp CD$，且 $PC=BC=2AD=2CD=2\sqrt{2}$，$PA=2$。

(1)证明：$PA\perp$ 平面 $ABCD$；

(2)在线段 PD 上，是否存在一点 M，使得二面角 $M-AC-D$ 的大小为 60°？如果存在，求$\frac{PM}{PD}$的值；如果不存在，请说明理由。

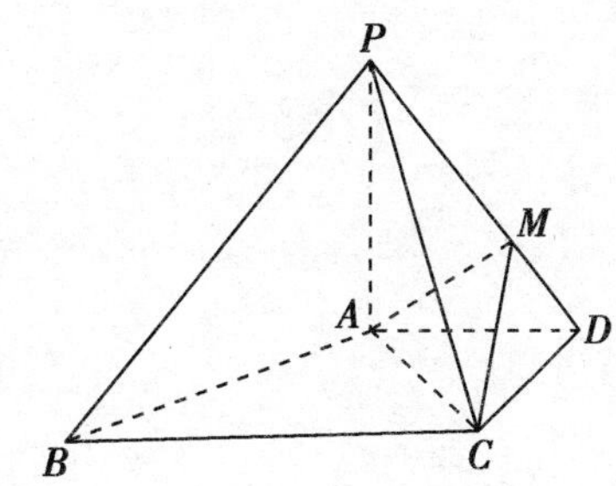

22. 设$f(x)=\dfrac{(x+a)\ln x}{x+1}$,曲线$y=f(x)$在点$(1,f(1))$处的切线与直线$2x+y+1=0$垂直。

(1)求a的值;

(2)若$\forall x\in[1,+\infty)$,$f(x)\leqslant m(x-1)$恒成立,求实数m的取值范围;

行如图的程序框图，则输出的 $S=($　　$)$

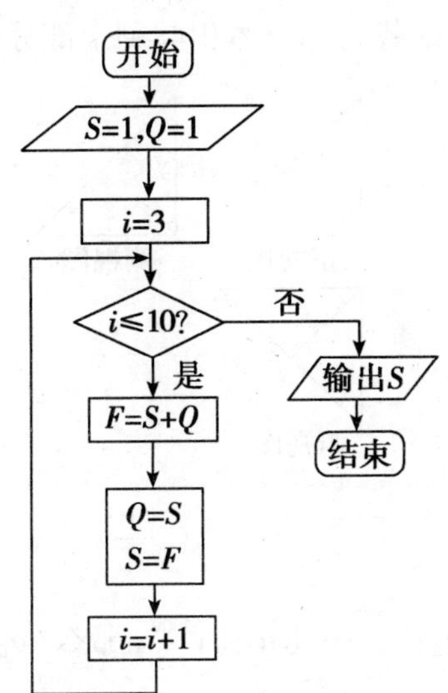

21　　B. 34　　C. 55　　D. 89

图，正方形 $ABCD$ 的边长为 4 厘米，动点 P,Q 同时从点 A 出发，沿正方形的边匀移动，点 P 沿 $A\to B\to C\to D$ 方向移动，速度为 1 厘米/秒，点 Q 沿 $A\to D\to C\to B$ 方向移动，速度为 2 厘米/秒，两点相遇时移动停止，设 $\triangle APQ$ 面积为 y（平方厘米），移动时间为秒），则以下图象能够正确反映 y 与 t 之间的函数关系的是（　　）

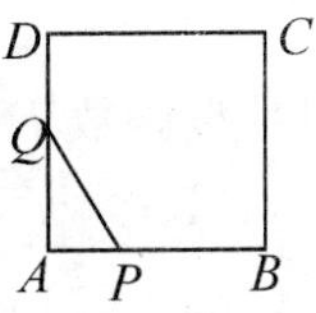

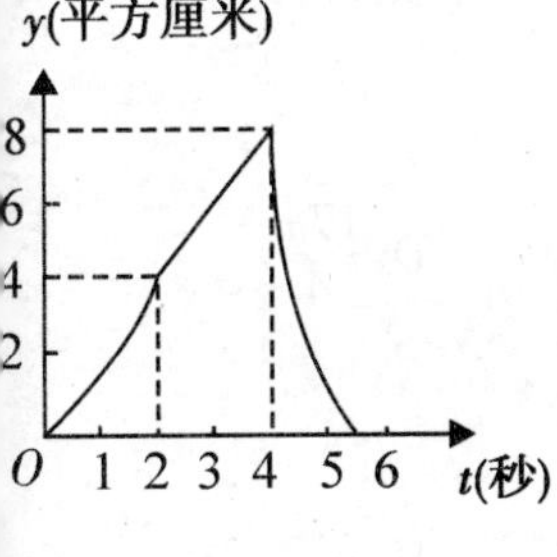

A

y(平方厘米)
8
6
4
2
O 1 2 3 4 5 6 t(秒)

B

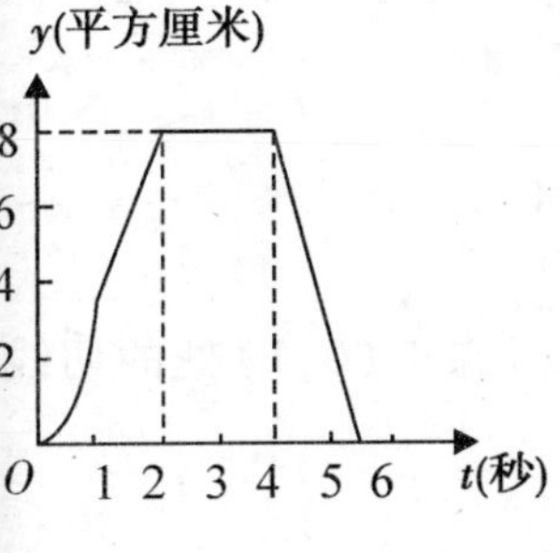

C

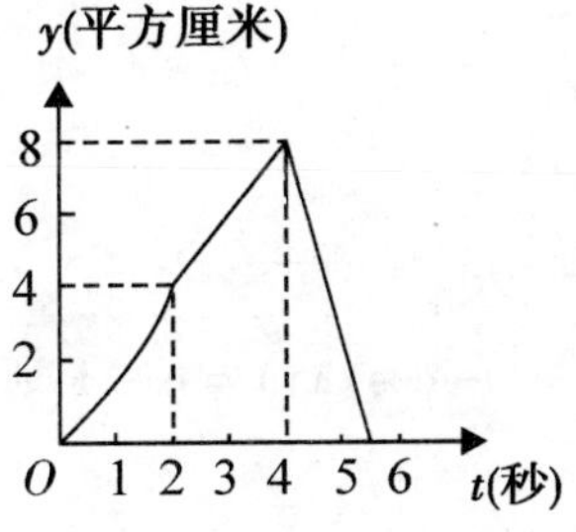

D

9. 在四棱锥 $P-ABCD$ 中,$PA\perp$底面 $ABCD$,底面 $ABCD$ 为正方形,$PA=AB$,该四棱锥被一平面截
部分后,剩余部分的三视图如图,则截去部分体积与剩余部分体积的比值为(　　)

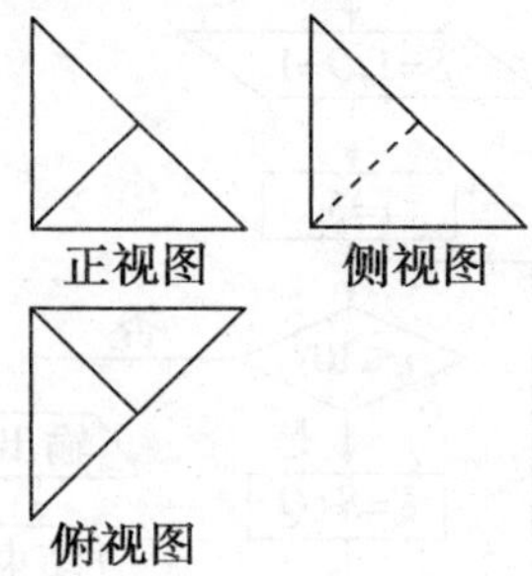

A. $\frac{1}{2}$　　B. $\frac{1}{3}$　　C. $\frac{1}{4}$　　D. $\frac{1}{5}$

10. 如果 $(2+\sqrt{5}x)^{2009}=a_0+a_1x+a_2x^2+\cdots+a_{2009}x^{2009}$,那么 $(a_0+a_2+a_4+\cdots+a_{2008})^2-(a_1+$
$a_5+\cdots+a_{2009})^2=$(　　)

A. 2　　B. -2　　C. 1　　D. -1

11. 设函数 $F(x)=\begin{cases}\frac{f(x)}{x}, x\neq 0,\\ f(0), x=0,\end{cases}$ 且 $f(x)$ 在 $x=0$ 处可导,$f'(0)\neq 0$,$f(0)=0$,则 $x=0$ 是
的(　　)

A. 可去间断点　　B. 跳跃间断点　　C. 无穷间断点　　D. 连续点

12. 将函数 $f(x)=2\sin\left(2x+\frac{\pi}{6}\right)$的图象向左平移$\frac{\pi}{12}$个单位,再向下平移 1 个单位,得到 $g(x)$ 的图
若 $g(x_1)g(x_2)=9$,且 $x_1,x_2\in[-2\pi,2\pi]$,则 $2x_1-x_2$ 的最大值为(　　)

A. $\frac{55\pi}{12}$　　B. $\frac{53\pi}{12}$　　C. $\frac{25\pi}{6}$　　D. $\frac{17\pi}{4}$

13. 曲线 $y=2x+\frac{\ln x}{3x}$的斜渐近线方程为(　　)

A. $y=2x$　　B. $y=-2x$　　C. $y=3x$　　D. $y=-3x$

14. 过点 $(0,2,4)$ 且与两平面 $x+2z=1$ 和 $y-3z=2$ 平行的直线方程为(　　)

A. $\frac{x}{-2}=\frac{y-2}{3}=z-4$　　B. $\frac{x}{-2}=\frac{y-2}{-3}=-z+4$

C. $x=\frac{y-2}{3}=z-4$　　D. $\frac{x}{-2}=y-2=\frac{z-4}{-6}$

15. 设 $y=f(x)$ 由方程 $e^{2x+y}-\cos(xy)=e-1$ 所确定,则曲线 $y=f(x)$ 在点 $(0,1)$ 处的切线
$f'(0)=$(　　)

A. 2　　B. -2　　C. $\frac{1}{2}$　　D. $-\frac{1}{2}$

巾抛物线 $C:y=\frac{1}{2}x^2$ 与直线 $l:y=kx-1$ 没有公共点,设点 P 为直线 l 上的动点,过点 P 作抛物

C 的两条切线,A,B 为切点。

求证:直线 AB 恒过定点 Q;

若点 P 与(1)中的定点 Q 的连线交抛物线 C 于 M,N 两点,求证:$\frac{|PM|}{|PN|}=\frac{|QM|}{|QN|}$。

25. 已知函数$f(x)=x^2+(a-2)x-a\ln x(a>0)$。

(1)若对$\forall x>0$,使得$f(x)>3a^2-3a$恒成立,求a的取值范围;

(2)设$P(x_1,y_1)$,$Q(x_2,y_2)$为函数$f(x)$图象上不同的两点,PQ的中点为$M(x_0,y_0)$,求证:$\frac{f(x_1)-f(x_2)}{x_1-x_2}<f'(x_0)$。